高等职业教育国际经济与贸易“新专标”配套教材

新编21世纪高等职业教育精品教材

经济贸易类

外贸跟单操作

（第三版）

主编 范越龙 刘 雪

中国人民大学出版社

·北京·

我国是世界第二大经济体，货物和服务净出口是拉动我国经济增长的三驾马车之一。我国进出口贸易总额已连续多年稳居世界第一，是名副其实的贸易大国。近几年，由于错综复杂的国际政治关系，逆全球化和贸易保护主义有所抬头，这给我国外贸公司带来了许多困难，我国外贸公司面对的国际市场竞争也日益加剧。人才是决定竞争结果的关键因素。我国要想实现从贸易大国到贸易强国的转变，除了加快经济发展方式的转变和产业升级，还要加速培养适应国际市场竞争的外贸专业人才。随着对外贸易的不断发展，外贸公司的岗位分工越来越细，要求从业人员掌握的外贸知识和技能更加系统和全面。目前，传统外贸行业的基本岗位设置可以分为外贸业务员、外贸跟单员和外贸单证员。其中，外贸业务员负责外贸业务各个环节的工作，外贸跟单员协助外贸业务员跟踪订单，确保订单的顺利履行和完成。外贸跟单员是外贸公司不可或缺的工作岗位，在实际业务中，由于外贸跟单员综合能力不足而造成的外贸纠纷和经济损失屡有发生。因此，培养具有高素质、高技能，综合能力强的外贸跟单员是一项重要的人才工程。

教材是教育教学的基本载体和人才培养的重要支撑，党的二十大报告明确提出了“加强教材建设和管理”这一重要任务。本教材编写全面贯彻党的教育方针，落实立德树人根本任务，围绕高素质高技能人才培养目标安排项目、编写内容。本教材强调知识目标、能力目标和素养目标三者并重，按照《高等学校课程思政建设指导纲要》要求挖掘思政元素，编写思政教育资源，将思政元素融入教材编写全过程。外贸跟单操作实践性很强，本教材以外贸跟单员工作业务流程为主线，选取了具有代表性的我国传统出口产品——服装的实际业务案例作为设计项目活动的载体，根据外贸跟单操作工作流程将全书分为 8 个项目，包括“寻找生产供应商”“样品跟单及验厂准备”“订单确认及分析”“生产前跟单”“生产过程跟单”“产品包装跟单”“出口运输跟单”和“出口结汇跟单”。每一个项目都首先明确知识目标、能力目标和素养目标，围绕目标，根据外贸跟单员岗位职业能力要求，结合业务案例的进程设计了明确的工作任务，项目的学习围绕工作任务的完成展开。外贸跟单操作理论知识体系围绕工作任务来搭建，即理论知识的选取紧紧围绕外贸跟单岗位职业能力的需要展开。

本教材为新形态一体化教材。教材编写团队建设了与教材配套的视频、课件、习题等数字化资源。学习者通过扫描教材中的二维码可以获得相应的数字化资源。“外贸跟单操作”在线开放课程已在“浙江省高等学校在线开放课程共享平台”（https://www.zjooc.cn/）成功上线并顺利运行。本教材由校企合作共同开发，教材中浙江金苑进出口有限公司出口女式夹克给德国 SKY 公司的业务案例改编自杭州数豪投资有限公司的真实外贸业务。本教材由浙江金融职业学院范越龙和深圳技师学院刘雪担任主编，杭州数豪投资有限公司总经理金剑锋、杭州琴阁贸易有限公司总经理杨光炜以及浙江金融职业学院章安平、吴远参与编写。全书由范越龙进行统稿，具体分工如下：

导　论：范越龙

项目一：范越龙　金剑锋

项目二：范越龙　金剑锋

项目三：范越龙　刘　雪

项目四：范越龙　杨光炜

项目五：范越龙　吴　远

项目六：范越龙　刘　雪

项目七：范越龙　刘　雪

项目八：范越龙　章安平

在本教材的编写过程中，我们调研了许多家外贸公司，就相关问题咨询了行业专家，在最大程度上确保本教材知识的合理性。同时，中国人民大学出版社的工作人员在本教材的编写过程中也给予了我们很多的宝贵意见和帮助，在此一并感谢。

本教材适合作为高等职业院校、应用型本科院校的国际经济与贸易、跨境电子商务、国际商务、商务英语等专业的教材，也可作为外贸公司从业人员特别是新进员工的参考读物。由于编者水平有限，书中难免存在诸多疏漏和不足，敬请广大读者批评指正。联系方式：fylong_2000@163.com。

范越龙

2024 年 1 月

CONTENTS ▸ 目 录

导 论

外贸跟单员概述

一、外贸跟单员及其工作范围和特点

（一）外贸跟单员的定义

微课视频

外贸跟单员
岗位描述

外贸跟单员是指在进出口业务中，在贸易合同签订后，依据相关合同或单证对货物的生产加工、装运、保险、报检、报关、结汇等部分或全部环节进行跟踪或操作，协助履行贸易合同的外贸从业人员。“跟单”中的“跟”是指跟进、跟随，“跟单”中的“单”是指合同项下的订单。而外贸跟单中的“单”，则是指企业的涉外合同或信用证项下的订单。对于外贸业务员来说，外贸跟单员是协助他们开拓国际市场、推销产品、协调生产和完成交货的业务助理。

外贸跟单按业务进程可分为前程跟单、中程跟单和全程跟单三大类。前程跟单是指“跟”到出口货物交到指定出口仓库为止，中程跟单是指“跟”到装船清关为止，全程跟单是指“跟”到货款到账、合同履行完毕为止。外贸跟单按企业性质可分为生产型企业跟单和贸易型企业跟单。外贸跟单按业务性质可分为外贸公司跟单和生产企业跟单。

（二）外贸跟单员的工作范围

外贸跟单员的工作范围非常广泛，既涉及企业（外贸公司和生产企业）生产过程和产品质量控制的事宜，又涉及与外贸业务有关的其他部门（如海关、商检机构、货物运输机构等）的事宜。在协助外贸业务员的磋商谈判（报价），以及与客户签订合同后的确认样的制作、生产过程、报检报关、理赔索赔、争端解决、仲裁诉讼等阶段，都会有外贸跟单员的身影。

（三）外贸跟单员的工作特点

1. 较强的责任心

外贸跟单员的工作是建立在订单与客户基础上的。订单是企业的生命，没有订单，企业就无法生存；客户是企业的“上帝”，失去了客户，企业就不能持续发展。而订单项下的产品质量，是决定企业能否安全收回货款、保持订单连续性的关键。因此，执行好订单、把握好产品质量就需要外贸跟单员具备敬业精神和认真负责的态度。

2. 协调与沟通多

外贸跟单员在跟单工作过程中，对内需要与多个部门（如生产、计划、检验等部门）沟通，对外需要与商检、海关、银行、物流等单位打交道，协调处理在跟单工作过程中遇到的问题，其协调与沟通能力直接影响工作效率。

3. 节奏快、变化多

外贸跟单员的工作方式、工作节奏必须适应客户的要求。客户来自世界各地，有不同的生活方式和工作习惯，因此外贸跟单员的工作节奏和工作方式必须与客户保持一致，具有高效率和务实性。另外，不同的客户需求也不同，而且这种需求因为产品不同而有区别，这些都需要外贸跟单员有快速应变能力。

4. 综合性和复杂性

外贸跟单员工作涉及企业所有部门，由此决定了其工作的综合性、复杂性。外贸跟单员对外履行的是销售人员的职责，对内从事的是生产管理协调工作，所以必须熟悉进出口贸易实务和工厂的生产运作流程，熟悉和掌握商品知识和生产管理全过程。

5. 涉外性和保密性

外贸跟单员的工作是围绕外贸订单进行的，订单具有涉外性，外贸跟单员在跟单过程中要与国外客户沟通，理解并贯彻他们对合同履行的要求，从而保证订单的顺利执行。

在外贸跟单员的跟单过程中，涉及客户、商品、工艺、技术、价格、厂家等信息资料。对企业来说，这些是商业机密，对外必须绝对保密。外贸跟单员必须忠诚于企业，遵守保密原则。

二、外贸跟单员与其他外贸岗位的关系

微课视频

外贸跟单员与其他外贸岗位的关系

国际贸易相关的工作岗位主要有业务、跟单、单证、报关、报检、货运代理等。随着我国国际贸易的扩大，岗位分工越来越细。在国际贸易中，上述工作岗位在工作性质上都属于与外贸业务有关的工作岗位，工作内容会涉及磋商谈判、货物运输与保险、商检与报关、制单结汇、争端解决、理赔索赔、仲裁诉讼等整个进出口贸易业务环节。

在工作重点方面，外贸跟单员与其他外贸岗位的关系存在明显的不同。外贸业务员主要负责业务操作全过程；外贸跟单员主要负责外贸业务员交办的涉及业务操作全过程的相关事务，侧重于订单获取后对订单执行的跟踪和操作，根据企业的不同及工作熟练程度的不同，其所涉及的工作内容是不同的，但工作重点都围绕产品的生产制作环节；外贸单证员主要负责商检、运输、保险、报关、结汇等环节的单证事务；报关员主要负责货物、运输工具、物品进出境时向海关办理进出口报关纳税等海关事务；报检员主要负责办理货物、运输工具、物品进出境时的商检事务；货运代理员主要负责办理货物进出境运输事务。此外，外贸跟单员在工作中还会涉及上述岗位的部分工作内容。

外贸跟单员与其他外贸岗位的关系如图 0－1 所示。

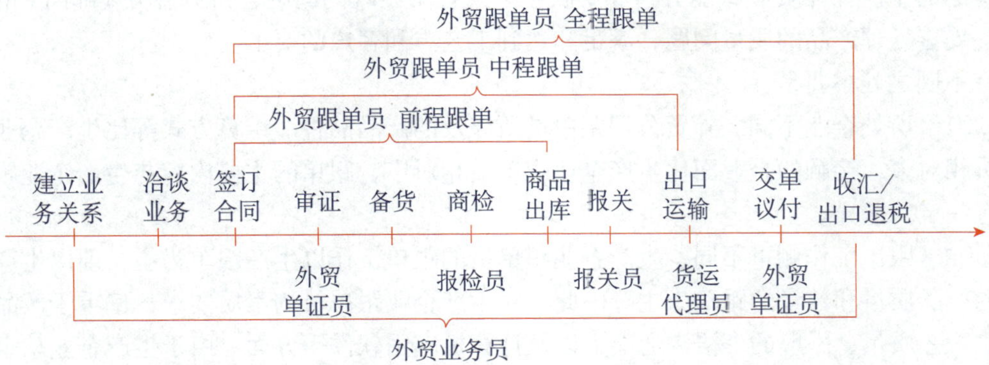

图 0－1 外贸跟单员与其他外贸岗位的关系

从外贸公司角度来看，工作岗位主要分为外贸业务员、外贸跟单员和外贸单证员三类，三个岗位的工作人员组成一个团队，共同完成外贸业务。从这三个岗位的工作任务来看，外贸单证员完成的是若干个业务点的工作，即相关环节的单证制作和办理；外贸跟单员完成的是其中一条业务线（主要是生产线）的工作；外贸业务员完成的是整个业务面的工作（见图 0－2）。

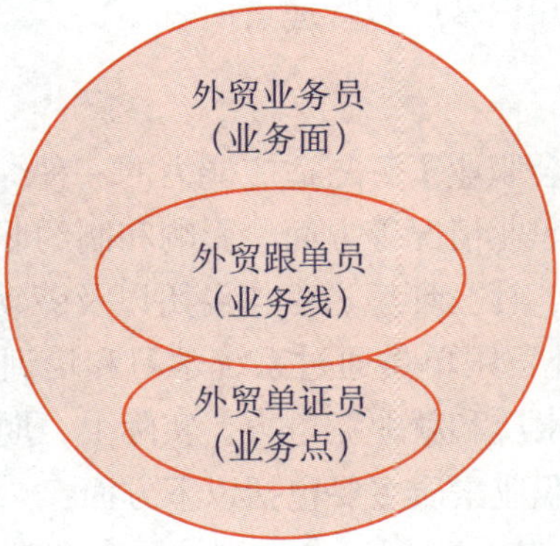

图 0－2 外贸业务员、外贸跟单员、外贸单证员的工作任务

三、生产企业跟单员与外贸公司跟单员的区别

生产企业跟单员和外贸公司跟单员，既有相同之处，又有不同之处。

相同之处主要是：

（1）就跟单目标而言，都是以外贸订单为中心，进行生产进度、产品质量和数量的跟踪，以保证订单项下的货物能够按时、按质、按量抵达合同或信用证要求的地方。

（2）就跟单人员的知识构成而言，不仅需要外贸知识、海关知识、商检知识、运输知识、保险知识、商品知识、外语沟通能力等，而且需要具备使用计算机应用软件（如 Word、Excel 等）的能力。

（3）就跟单范围而言，涉及前程跟单、中程跟单和全程跟单。

（4）就跟单的要领而言，一名合格的外贸跟单员要具备某种产品的专业知识，精通该产品的生产操作要领，能分析和解决生产过程中出现的问题，协调各方（部门）的利益，妥善处理产品的质量问题，满足和达到工艺单和客户的要求。

不同之处主要是：

（1）所处企业不同。外贸公司跟单员所涉及的产品品种、结算方式等比生产企业跟单员相对多，接触的企业面比生产企业跟单员相对广，跟单的主要内容与生产企业跟单员有一定的差异。

（2）跟单工作侧重不同。生产企业跟单员的跟单工作以生产跟单为主，即以生产过程的产品质量和数量的跟踪为主。因此，对生产企业跟单员的素质要求，偏重于产品知识、工艺质量、一般的外语沟通能力以及计算机应用软件等方面。由于生产企业从事外贸活动的能力不及专业的外贸公司，生产企业跟单员往往要从事几个岗位的工作，因此对外贸跟单员的要求是能够胜任全程跟单的工作。

就我国进出口贸易的实际情况而言，无论是外贸公司跟单员还是生产企业跟单员，不同的企业存在一定的工作差异，虽然有时分工是模糊的，但目标是明确的。

四、外贸跟单员的基本素质

外贸跟单员工作范围涉及面非常广，因此，对其素质也有一定的基本要求，包括良好的职业素质、能力素质、知识素质和管理素质。

（一）职业素质

职业素质是劳动者对社会职业了解与适应能力的一种综合体现，通常表现在职业兴趣、职业能力、职业个性及职业情况等方面。影响和制约职业素质的因素有很多，主要包括受教育程度、实践经验、社会环境、工作经历以及劳动者自身的一些基本情况（如身体状况等）。一般来说，外贸跟单员通过系统学习和培训，综合掌握外贸跟单的基础知识，将会极大地提高职业素质和就业竞争力。实际上，职业素质越高的人，获得成功的概率就越高。外贸跟单员职业素质主要包括以下方面：

微课视频

外贸跟单员的职业素养

（1）热爱祖国，自觉维护国家和企业的利益，关注国内外的政治经济形势，能正确处理国家、集体和个人之间的利益关系，为对外经济贸易事业勤奋工作；

（2）遵纪守法、廉洁自律，不行贿、索贿、受贿，在对外经济交往中珍视国格和人格；

（3）严守国家机密和维护商业机密，自觉遵守外事纪律，遵守企业的各项规章制度；

（4）对本职工作认真负责，忠于职守，努力学习，勇于实践，积极开拓，锐意进取。

（二）能力素质

从广义上来说，能力是指人们认识、改造客观世界和主观世界的本领；从狭义上来说，能力是指外贸跟单员胜任跟单工作的主观条件。外贸跟单员的能力素质是一个综合的概念，它是综合业务能力、市场调研和预测能力、推销能力、语言文字和口头表达能力、社交协调能力等的有机结合。

1. 综合业务能力

熟悉国际贸易各个环节和操作程序，能够辅助外贸业务员进行审证、改证和业务咨询；能较准确地判断企业生产加工、质量、交货期等；懂得产品的特性、工艺、技术要求；熟悉主要货币汇率的换算，会利用商品知识进行成本核算；了解处理异议、理赔、索赔等业务环节的主要内容。

2. 市场调研和预测能力

能运用市场营销学的方法，借助各种渠道收集和捕捉市场信息，及时了解和掌握市场变化和需求动态；能运用收集整理的市场信息资料，分析市场行情动态和客户需求状况，撰写市场调研报告，提出营销建议。

3. 推销能力

主动寻求市场机会，注意把握客户心理，努力培养和开发客户群体；能利用各种方式和方法进行企业和产品宣传，树立品牌意识，扩大企业和产品的知名度；服务热情、周到，在诚信、平等互利的基础上与客户建立长期、良好、稳定的贸易关系。

4. 语言文字和口头表达能力

基本掌握一门外语，能运用外语独立进行对外洽谈及有关的业务活动；能运用外语准确起草有关的贸易合同、协议和日常的业务信函；有较强的汉语言文字处理能力，善于运用语言文字与客户沟通和交流，具有较强的口头表达能力。

5. 社交协调能力

了解国际商务活动中的社交礼仪和公共关系学知识，能处理好与上级、同事以及有关人员的关系；善于同与业务有关的国内外客户沟通和交流，与之建立良好的双边和多边关系；能灵活运用各种正当的交际方法广交朋友。

（三）知识素质

知识素质是指外贸跟单员做好本职工作所必须具备的基础知识与专业知识。基础知识是外贸跟单员知识结构的基础。外贸跟单员只有掌握和运用这些知识，才能在外贸跟单实际工作中解决问题。专业知识是外贸跟单员知识结构的核心，也是区别于其他专业领域人才知识结构的主要标志。

1. 基础知识

对于基础知识，外贸跟单员应：

（1）了解我国对外贸易的方针、政策、法律法规以及有关国家（地区）的贸易政策；

（2）了解管辖商品销往国家（地区）的政治、经济、文化、地理情况及风俗习惯、消费水平；

（3）具备一定的文化基础知识，一般要求具有高中以上学历，具有一定的英语基础，会使用计算机常用软件；

（4）具备一定的法律知识，了解票据法、经济法、外贸法等，以及与外贸跟单员相关的法律知识，做到知法、懂法和用法。

2. 专业知识

对于专业知识，外贸跟单员应：

（1）懂得商品学的基本理论，熟悉所跟单的商品的性能、品质、规格、标准（生产标准和质量标准）、包装、用途、生产工艺和原材料等知识；

（2）了解管辖商品在国际市场上的行情，以及该项商品主要生产国和进出口国家（地区）之间的贸易差异，及时反馈信息给国内厂商，指导其生产；

（3）熟练掌握国际贸易理论、国际贸易实务、国际金融、市场营销及国际商务法律法规和有关国际惯例等专业知识，熟悉商检、报关、运输、保险等方面的业务流程。

（四）管理素质

管理促生产，管理出效益。良好的管理水平很大程度上是衡量外贸跟单员是否称职的重要标准。外贸跟单员既是跟进订单的专职人员，也是外贸业务员或经理或企业负责人的助手，因此，外贸跟单员应具备一定的管理素质，即具备良好的合作精神和一定的组织、协调、决策能力。外贸公司应把提高外贸跟单员的管理水平作为提高外贸事业发展水平的重要措施，用新的外贸跟单管理理念来提高跟单管理水平。

五、外贸跟单员的知识构成

（一）外贸跟单员的外贸基础知识

外贸跟单员在国际贸易工作岗位上工作，不仅要了解国际贸易的规则和政策，而且要了解海关、商检、运输、保险、外汇、银行结算等与外贸跟单有关的外贸基础知识。掌握这些基础知识是做好外贸跟单工作、成为优秀外贸跟单员的前提。

1. 国际商务基础理论

国际商务是指国家（地区）与国家（地区）之间进行的一切商务活动的总称，国际贸易就是其中之一。国际贸易活动包括业务磋商和订立合同的环节，会涉及价格和价格术语。价格术语是国际贸易中不可缺少的专门语言，要求每一个外贸从业人员充分了解和掌握，以便在实际外贸业务中能够正确运用，从而维护企业和国家利益。同样，外贸跟单员也必须了解和掌握这些价格术语对跟单工作的影响，并将掌握国际商务基础理论作为一种自觉行为。

2. 运输与保险

国际货物运输是国际贸易中必不可少的一个环节。国际货物运输具有线长面广、环节较多、时效性强、情况复杂、风险较大等特点。为了按时、按质、按量完成国际货物的运输任务，买卖双方在订立国际货物买卖合同时，需要选定合理的运输方式，订好各项装运条款，并备好有关装运单据。

由于在国际货物运输过程中会遇到意想不到的风险，为了分散风险，在合同中还必须确定保险条款和正确处理有关进出口货物运输保险事宜，因此外贸跟单员必须了解国际货运保险的有关知识。

3. 商检与报关

国际货物买卖中的商品检验（以下简称商检）是指商品检验机构对卖方拟交付货物

或已交付货物的品质、规格、数量 / 重量、包装、卫生、安全等项目按约定的标准所进行的检验、鉴定工作。

在国际货物买卖中，由于交易双方分处两地，相距遥远，货物在长途运输过程中难免会发生残损、短少甚至灭失。尤其是在凭单证交货的象征性交货条件下，买卖双方对所交货物的品质、数量等问题更易产生争议。因此，为了便于查明原因、确定责任归属，以利于货物的交接和交易的顺利进行，就需要一个客观、公正的第三者，即商品检验机构，对货物进行检验或鉴定。由此可见，商品检验是国际货物买卖中不可缺少的一个重要环节。

对于所有进出境的货物、物品、运输工具，在进境或出境地的海关，由进出口货物的收发货人、进出境物品的所有人、运输工具的负责人以自己的名义直接向海关或通过报关代理人向海关办理货物、物品、运输工具进出境手续及相关海关事务，即通常所说的报关。

总之，对于需要法定商检的商品，必须在报关前完成商检手续，遵循“先报检，再报关”的原则。同时，预留恰当的商检、报关所需时间，以防延误船期或航班时间。

4. 国际贸易规则、政策

国家（地区）贸易政策直接影响国家（地区）与国家（地区）之间的贸易往来。作为与国际贸易活动相关的从业人员，外贸跟单员必须了解出口国（地区）和进口国（地区）的国际贸易政策，如贸易管制政策（配额和许可证等）、知识产权、商品的准入条件和标准等。这些政策是保证和维系国际贸易正常开展的前提，必须引起外贸跟单员的足够重视。尤其是知识产权问题，由于价廉物美是我国商品的一个特点，有一些国外公司利用信息不对称，在我国境内从事涉及他人知识产权的生产或贸易，使我国外贸公司或生产企业不知不觉陷入了知识产权的纠纷之中。另外，也有些外贸公司或生产企业擅自将客户曾经生产或加工的商品在展览会或交易会中摆放，造成实质性侵权。

5. 金融外汇与银行结算

随着世界经济的发展，金融外汇业务在国际商务活动中扮演着越来越重要的角色。外贸跟单员必须重视和了解我国的外汇管理制度及相关规定，了解国际收支与外汇汇率的关系，以及我国以市场为基础的浮动汇率制度，掌握防范外汇风险的一般方法，以便在外贸业务中加以运用，减少风险，提高外贸公司的经济效益。

在国际贸易中，货款的收付直接影响贸易双方的资金周转和融通，而货款的收付大多是通过外汇和银行进行结算的。因为银行结算涉及支付工具、支付时间、支付地点及支付方式等，所以外贸跟单员不仅要了解银行的这些知识，还要从银行结算的运作过程出发，适时把握收取货款和货物发送的时机，提前做好防范风险的准备，从容应对并化解风险，将损失降至最低。

（二）外贸跟单员的工厂生产与管理知识

为了更好地完成订单项下的生产任务，保质、保量地把货物送交客户，顺利、安全地收回货款，外贸跟单员应该了解和熟悉有关工厂生产与管理方面的知识，主要包括制订生产计划以及原材料采购管理、仓库管理、生产管理、品质管理、客户管理等。

（三）外贸跟单员的商品知识

跟单工作重点之一是控制商品的质量，因此外贸跟单员除了具备国际贸易知识，还应该具备相应的商品知识。只有把握商品的特性，才能更好地推行生产工艺和生产技术，满足客户对质量的要求，完成跟单工作。具体而言，外贸跟单员在跟单过程中，应根据合同或信用证中的相关条款，仔细研究商品的特性与品质要求、商品包装及包装标志、商品计量单位、商品检验标准和客户的特殊要求、进口国（地区）的民俗等，圆满完成外贸跟单任务。

六、外贸跟单员的工作要求及工作技巧

微课视频

外贸跟单员的工作要求及工作技巧

想要成为一名合格的外贸跟单员也许不是很困难，但是想要在竞争激烈的社会中脱颖而出，就需要努力把工作做得更好，争取成为优秀的外贸跟单员。这就要求外贸跟单员除了具备较强的工作能力，还要掌握一定的工作技巧。

（一）较强的沟通和协调能力

外贸跟单员的工作涉及方方面面，工作跨度非常大，与每个部门都会打交道，要面对的人和事也很多，因此强有力的沟通和协调能力就显得十分重要。能力较强的外贸跟单员能在客户和公司之间、公司内部各部门之间游刃有余、得心应手地处理事情。如果沟通能力欠缺，那么就处理不好各方的关系，会严重影响工作的开展。外贸跟单员虽然只是助理岗位，职位小但权力大。外贸跟单员是订单的管理者，要跟踪订单的各个环节。任何部门都要跟外贸跟单员配合，必要的时候还要听从外贸跟单员的指挥。有些部门可能会不配合外贸跟单员的工作，这时外贸跟单员就要进行强势沟通："谁对外贸跟单员不负责，就是对订单不负责，也就是对公司不负责。"若你的想法和思路是正确的，就要坚持，你指出对方的错误，对方也会心服口服。外贸跟单员虽然有时在工作中要进行强势沟通，但是一定要注意技巧，包括称呼、态度、说话方式和语气等各个方面。此外，外贸跟单员在平时的工作和非工作时间要注意与不同部门做好相关的非工作的交流和沟通，建立一定的感情，这对今后的工作开展会有一定的帮助。

跟单工作中主要的沟通方法有以下两种：

1. 跟进沟通

跟进沟通即对工作的提醒、确认和督促，这是一种平常心态下的工作方法。

跟进沟通的适用场合：（1）订单期限不是很急，按计划正常进行，可以宽松地完成任务时；（2）订单很普通或微不足道时；（3）面对能力、信用和权力水平相对较高的人员和部门时。

跟进沟通的语气："赵经理，我来拿 ××× 型灯具的图纸。""张工，NT-06 的样机今天能确认吗？""王厂长，266 订单上的产品明天可以出货吗？""李经理，×× 产品塑胶件库存不多了，请抓紧时间采购哦！"

2. 催办沟通

催办沟通即对工作失误进行催促、要求和下通牒，这是一种自主的或强硬心态下的沟通方法。

催办沟通的适用场合：（1）订单期限比较紧张，按计划正常进行勉强可以完成任务时；（2）订单已处于延期状态，但仍须尽力完成时；（3）订单非常重要，对公司具有一定的影响力时；（4）面对能力、信用和权力水平相对较低的人员或部门时。

催办沟通的语气："赵经理，如果您在 8 月 21 日之前不给我 ××× 型灯具的图纸，供应商就会延期一周开模。""请问张工，NT-06 明天就要生产，为什么样机还得不到确认？""王厂长，266 订单上的产品出货有什么问题吗？""李经理，×× 产品塑胶件库存已低于安全存量，再不送货就断料了。"

（二）较强的时间管理能力

外贸跟单员一定要有非常强的时间观念和时间管理能力。外贸跟单员遵循的宗旨其中一条就是保证订单按时完成。企业给客户报价和确认订单时会确定一个具体的交期，一旦订单确定，企业就要开始备料准备生产。一般产品的生产需要经过如下几个过程：原材料的采购、原材料的按时处理、大货生产、产品的后期检验、包装、准备出货。

外贸跟单员要跟踪的范围很广，环节也很多，为了确保订单能按原始交期顺利出货，每个环节都应合理分配相应的时间，每个环节都要有控制点，整个流程要严格按照计划来执行，不能想到什么就做什么。单从时间方面来看，如果仅仅关注最后的完成日期，那么一旦中间环节出现问题，就不能及时发现，或者当发现的时候已经太晚了，无法及时修正。

环节划分越多、越清晰，控制点就越多，时间管理的力度要求就越大，出现问题也就能越早处理，这样才能保证订单按时完成。外贸跟单员要实时跟进各个控制点是否按时完成，如果没有完成，要找出原因和解决办法，否则就会影响订单的最终交期。比如，按原计划，零部件到工厂的时间是 7 月 10 日，但是如果到了 7 月 8 日零件供应厂商还没有把零件全部准备好，就要及时沟通，看问题到底出在哪里，若不及时处理，后面的环节都要顺延。

（三）较强的产品认知能力

不管是生产企业还是外贸公司外贸跟单员，必须对自己的产品了如指掌，包括产品的生产过程、产品的规格、产品的性能、产品的成本核算和报价等。如果外贸跟单员对产品不熟悉，在跟单过程中，比如在生产线上，就无法发现问题。或者在其他环节上，如果外贸跟单员不懂产品，就很难说服其他人，或者很难判断其他人的信息是否正确，这样就会处于被动的境地。同时，如果外贸跟单员对产品不熟悉，当某个环节出现问题时就会束手无策，无法提出改进意见。例如，当向工厂就某种产品询价时，如果外贸跟单员事先对这种产品了解得很少，就很难判断工厂的价格是否合理，也就很难及时谈到合适的价格。

因此，要想使自己的工作卓有成效，优秀的外贸跟单员首先要熟悉所跟进的产品。关于熟悉产品的建议有以下五点：

（1）生产企业的外贸跟单员要多到生产车间和样品制作部门去；外贸公司的外贸跟单员也要挤出时间多下工厂，多向操作工人和技术人员学习请教。

（2）外贸跟单员如果是接手先前同事的工作，通过整理同事以前与客户沟通过的信函，可以了解许多有关产品方面的知识。

（3）多向客户请教。客户既然敢下订单，说明其对产品是有一定了解的，甚至非常精通。外贸跟单员要做得比客户更专业，就要尊重客户，多向客户请教。

（4）多向前辈请教。如果还有其他外贸跟单员，那么创造机会成为他们的朋友。如果他们愿意传授知识和经验，那么外贸跟单员了解产品将会取得事半功倍的效果。

（5）勤做笔记，做有心人。外贸跟单员应将日常订单跟踪过程中的产品相关知识整理成文档并默记于心。

（四）清醒的头脑

外贸跟单员每天接触的订单可能很多，而且订单产品规格各不相同，下单时间不同，所处的状态也不同。这时就需要外贸跟单员保持清醒的头脑，各项工作都要安排得井然有序，知道什么工作是最紧迫的，分清轻重缓急。一个公司可能有不同的产品，每种产品有不同的供应商，每个供应商有许多不同型号的产品订单在操作，而且这些订单处于不同的进度，有时会出现混淆同一个客户的不同订单、同一个订单的不同型号产品、不同订单的同一个型号产品等情况。如果外贸跟单员无法保持清醒的头脑，很可能会张冠李戴，引起工作混乱。

（五）良好的工作习惯和工作态度

外贸跟单员要有端正的工作态度，平时工作要非常认真、细致，因为稍有不慎就会出错；同时要养成良好的工作习惯，学会使用各种常用的办公软件，学会设计各种各样的表格来记录日常工作内容，这样才不会有遗漏。以工作中最常用的办公软件 Excel 为例，外贸跟单员要结合自己的工作内容和性质，设计和建立各种相关的表格，按部就班地完成每一项工作。对于每个细节，外贸跟单员不仅要做到心中有数，而且要记录在表格中。通过表格，外贸跟单员的工作进度和状态就会一目了然。

（六）及时处理异常事件

外贸跟单员的工作环节比较多，各个环节都有可能出现问题，如果不及时发现和更正，最后就会影响订单产品的质量和交期，进而影响客户对公司的印象。当某个环节出现异常情况时，外贸跟单员要及时提出，要求相关人员或部门改正，并提醒其他人员注意这个问题，如果出现的问题比较大，就要找相关负责人。比如，如果原材料出了问题，可以找采购；如果生产过程中出现了质量问题，可以找厂长；如果出货方面出了问题，可以找外贸单证员等。当出现较大的问题时，为了及时处理，找对人很重要，不要去找该事件的操作者，因为他无权做决定，也拿不出处理办法，这时就要去找负责人。如果出现的是小问题，那么让操作者解决就可以了，这时去找总经理或企业负责人就显得有点小题大做了。综上，为了应对各种异常事件，外贸跟单员要找对人，花最少的时间，以最快的速度、最高的效率来处理各种问题。

项目一

寻找生产供应商

知识目标

通过学习，了解国际主要管理标准，熟悉寻找合格供应商的途径，熟悉供应商的选择标准。

能力目标

通过学习，能够选择合适的生产供应商，能实地考察供应商并制作验厂报告。

素养目标

培养积极探索、勇于开拓的职业素养；强化市场竞争意识、商业信息保密意识。

业务背景

浙江金苑进出口有限公司（ZHEJIANG JINYUAN IMP.&EXP.CO.，LTD.）（以下简称金苑公司）是一家流通型外贸公司，主营服装进出口贸易。金苑公司外贸跟单员杨华（英文名：Jacky Yang）参加了第133届中国进出口商品交易会（广交会），其间接待了许多来自世界各地的客户。广交会结束后，2023年5月8日，杨华收到了来自德国的SKY CORPORATION（以下简称SKY公司）业务经理David Queen的询盘函（见表1－1）。

表1－1　询盘函

Subject：sample request From：David@sky.com Date：May 8th，2023 To：Jacky@jinyuan.com
Dear Jacky Yang， I met you on April 15th during the Canton Fair，hope you still remember me. We are one of German professional importers of clothes. Your products left me good impression，and I'm sure we can establish business partnership. As you see，one of our final customers wants to purchase ladies' jacket style No.WJ0101，quality as follows：

续表

Shell：woven，100% cotton twill 20 × 16/128 × 60，reactive dyed，stone washed. Shell color：brown and gray. Padding：100% PES（body 100g/m^2，sleeves 80g/m^2）. Lining：100% cotton. Pls check the attached sketch file for detailed information. Would you please make 3pcs of salesman samples size 40# color in gray for us? Pls send the samples before May 20th if possible. Attention: AZO color is strictly forbidden in Germany，you must make sure the quality. Big order will be placed if your samples are approved by our final customer. We require the factory must be qualified with ISO 9001:2015，besides，according to the German law and relative regulation，we require your factory must comply with SA 8000 or BSCI. So factory evaluation will be done if we can make the contract. Since it's our first cooperation，the courier charge will be paid by us via our DHL No.966785901，we also would like to pay the sample charge against your fax copy of your DHL's courier receipt. Looking forward to hearing from you. Yours sincerely, David Queen SKY CORPORATION Rathausmarkt 100，20095 Hamburg，Germany TEL：0049-40-34108888 FAX：0049-40-34108888 附件：WJ0101 Sketch（详细内容见项目二）

工作任务

收到客户的电子邮件后，杨华首先翻阅了参加广交会期间的客户会谈记录本及客户留下的名片。根据对客户在广交会期间的业务洽谈印象以及在此封电子邮件中表现出的诚意，杨华认为该客户是有真实合作意愿的潜在客户。因此，杨华决定认真对待该客户，积极满足客户的样品制作要求。

杨华需要完成的工作任务如下：

【工作任务 1】理解电子邮件内容，明确客户要求。

【工作任务 2】寻找符合客户要求的生产供应商。

【工作任务 3】赴实地考察，了解工厂生产经营条件。

知识准备

一、国际管理标准体系

在国际贸易过程中，买卖双方对于商品、服务品质及企业管理水平的认定需要有国际通用的管理标准。目前国际上通用的四大国际管理标准体系在各国有着广泛的应用，下文将逐一介绍这四大国际管理标准体系以及一些相关的重要指令。

（一）ISO 9000 质量管理体系标准

ISO，英文全称为 International Standard Organization，是指国际标准化组织。国际标准化组织是一个由国家标准化机构组成的世界范围的联合会。根据该组织章程，每一个国家只能有一个最有代表性的标准化团体作为其成员。我国参加了 ISO。

微课视频

外商选择供应商与四大国际管理标准

1. ISO 9000 质量管理体系及认证介绍

ISO 9000 不是指一个标准，而是一族标准的统称。ISO 9000 族标准是国际标准化组织于 1987 年制定，后经不断修改完善而成的系列标准，现已被许多国家采用并转化为本国的国家标准。我国于 1992 年开始采用这套标准。我国等同采用 ISO 9000 族标准的国家标准是 GB/T 19000 族标准，该标准是国际标准化组织承认的中文标准。

一般来讲，企业活动由三方面组成——经营、管理和开发。管理活动又主要分为行政管理、财务管理和质量管理。ISO 9000 族标准主要针对质量管理，同时涵盖部分行政管理和财务管理的范畴。

具体来讲，ISO 9000 族标准就是在四个方面规范质量管理：

（1）机构。标准明确规定了为保证产品质量而必须建立的管理机构及其职责权限。

（2）程序。企业组织产品生产必须制定规章制度、技术标准、质量手册、质量体系操作检查程序，并使之文件化、档案化。

（3）过程。质量控制是对生产的全过程加以控制，是面的控制，不是点的控制。从根据市场调研确定产品、设计产品、采购原料，到生产检验、包装、储运，其全过程按程序要求控制质量，并要求过程具有标识性、监督性和可追溯性。

（4）总结。企业应不断地总结、评价质量体系，不断地改进质量体系，使质量管理呈螺旋式上升。通俗地讲，就是把企业的管理标准化，而在标准化管理下生产的产品，其质量是可信赖的。

ISO 9000 族标准认证是由国家批准的、公正的第三方机构，对企业的质量体系实施评定，向公众证明该企业的质量体系符合 ISO 9000 族标准，提供合格产品，公众可以相信该企业的服务承诺和企业产品质量的一致性。

由于各国都有自己的认证机构开展 ISO 9000 认证，因此国际认可论坛多边承认协议（英文简称 IAF/MAL，于 1998 年签订）对于 ISO 9000 质量管理体系认证证书在国际上的相互承认起着至关重要的作用。通过签订质量管理体系认证国际认可论坛多边承认协议，一方面可以提高签约国（地区）相应 ISO 9000 质量管理体系认证证书的权威性和有效性，促进和实现签约国（地区）相应 ISO 9000 质量管理体系认证证书的国际互认，避免或减少签约国（地区）企业为了开展国际贸易而申请多重 ISO 9000 认证，减轻企业负担，提高国际贸易的效率；另一方面，由于加入国际认可论坛多边承认协议并保持签约方地位具有严格的条件，签约前需要按国际准则接受国际认可论坛全面的同行评审，签约后还需要继续接受国际认可论坛定期的监督性同行评审，因此可以起到督促有关国家（地区）改进和提高质量管理体系的认证与认可水平，保证认证的质量，促进全世界

ISO 9000 质量管理体系认证持续、健康、有效和有序发展的积极作用。

2. ISO 9001 质量管理体系标准的具体内容

随着国际贸易的发展，ISO 在广泛征求意见、综合考虑各行业要求的基础上，于 1987 年颁布了第一版的国际质量标准 ISO 9000:1987，此后进行了多次修订。ISO 9000 族标准问世后，各国积极响应，纷纷将之转化为本国标准，等同或等效使用，认证企业数量迅速增加。如前文所述，ISO 9000 是一族标准的统称，最新版的 ISO 9000 族标准主要包括以下几个分标准：ISO 9000:2015《质量管理体系　基础和术语》；ISO 9001:2015《质量管理体系　要求》；ISO 9004:2018《质量管理　组织的质量　实现持续成功指南》；ISO 19011:2018《管理体系审核指南》。其中的核心标准，同时也是最广为人知，企业积极参与认证的标准是 ISO 9001:2015。ISO 9001:2015 质量管理体系是目前应用范围最广、发证量最多的国际标准体系，其之所以如此受欢迎，还要归功于该标准为各类组织提供了通用的质量管理框架和思路，同时为组织树立了提供满足顾客和法律法规要求的产品及服务的基本信心。

ISO 9001:2015 标准的一些重要变化包括：

（1）更加强调构建与各个组织特定需求相适应的管理体系；

（2）要求组织中的高层积极参与并承担责任，使质量管理与更广泛的业务战略保持一致；

（3）对标准进行了基于风险的通盘考虑，使整个管理体系成为预防工具并鼓励持续改进；

（4）对文档化的规范要求进行简化，组织现在可以决定其所需的文档化信息以及应当采用的文档格式；

（5）通过使用通用结构和核心文本与其他主要管理体系标准保持一致。

一方面，2015 版标准充分吸收了 2008 版标准的应用成果，继承了成熟的质量管理技术和经验，并继续采用 PDCA 循环的质量哲学思想，体现了对前一版标准的延续性；另一方面，2015 版标准在分析近年全球产业和技术发展的变化和趋势的基础上，充分考虑了前一版标准在应用及认证方面存在的问题，引入并强调“基于风险的思维”的概念，并考虑了组织对其不同管理体系进行融合的需求，使用统一的高级架构进行编写。

ISO 9001:2015 标准的七大质量管理基本原则是质量管理的核心思想，这七大原则分别是：

（1）以顾客为关注焦点。组织依赖于顾客，因此组织应该理解顾客当前的和未来的需求，从而满足顾客要求并超越其期望。

（2）领导作用。领导者将本组织的宗旨、方向和内部环境统一起来，并创造使员工能够充分参与实现组织目标的环境。80% 的质量问题与管理有关，20% 的质量问题与员工有关。

（3）全员参与。各级员工是组织的生存和发展之本，只有他们充分参与，才能给组织带来最佳效益。

（4）过程方法。将相关的资源和活动作为过程进行管理，可以更高效地取得预期结果。

（5）系统管理。针对设定的目标，识别、理解并管理一个由相互关联的过程所组成的体系，有助于提高组织的有效性和效率。

（6）持续改进。持续改进总体业绩是组织永恒的发展目标之一。

（7）关系管理。组织与供方相互依存，通过建立互利关系，增强组织与供方创造价值的能力。

3. 通过 ISO 9000 质量管理体系认证的意义

企业通过 ISO 9000 质量管理体系认证具有以下意义：

（1）通过 ISO 9000 质量管理体系认证，企业可以完善内部管理，使质量管理制度化、体系化和法制化，提高产品质量，并确保产品质量的稳定性。

（2）通过 ISO 9000 质量管理体系认证，企业表明尊重消费者权益和对社会负责，能增强消费者的信赖，使消费者放心地采用本企业生产的产品，提高产品的市场竞争力，并可借此机会树立企业的形象，提高企业的知名度，形成名牌企业。

（3）ISO 9000 质量管理体系认证有利于发展外向型经济，扩大市场占有率，是政府采购等招投标项目的入场券，是企业向海外市场进军的准入证，是消除贸易壁垒的强有力的武器。

（4）通过 ISO 9000 质量管理体系的建立，企业可以举一反三地建立健全其他管理制度。

（5）通过 ISO 9000 质量管理体系认证，企业可以一举多得，进行非一般广告投资、策划投资、管理投资或培训投资，具有综合效益；可享受国家的优惠政策及对获证单位的重点扶持。

（二）ISO 14000 环境管理体系标准以及欧盟 WEEE 和 RoHS 环保指令

1. ISO 14000 环境管理体系标准

自 20 世纪 90 年代以来，环保议题越来越受到世界各国的关注。为此，1993 年 6 月，ISO 成立了第 207 技术委员会（TC207），主要工作目的是支持环境保护，改善并维持生态环境的质量，减少人类各项活动所造成的环境污染，使之与社会经济发展达到平衡。ISO 制定了标准标号为 ISO 14001 ～ 14100 的 ISO 14000 系列标准，涵盖环境管理体系、环境审核、环境标志、生命周期分析等国际环境管理领域内的许多焦点问题，旨在指导各类组织做出正确的环境行为。

ISO 14000 系列标准是顺应国际环境保护的发展，依据国际经济贸易发展的需要而制定的。目前正式颁布的有 ISO 14001、ISO 14004、ISO 14010、ISO 14011、ISO 14012、ISO 14040 六个标准，其中 ISO 14001 是系列标准的核心标准，也是唯一可用于第三方认证的标准，该标准已经在全球获得了普遍的认同。ISO 14000 系列标准突出了“全面管理、预防污染、持续改进”的思想。作为 ISO 14000 系列标准中最重要也是最基础的一项标准，ISO 14001 标准站在政府、社会、采购方的角度对组织的环境管理体系（环境管理制度）提出了共同的要求，以有效地预防与控制污染，并提高资源与能源的利用率。ISO 14001 标准由职业健康安全方针、规划（策划）、实施与运行、检查与纠正措施、管理评审五个部分的 17 个要素构成，各要素之间有机结合、紧密联系，形成

PDCA 循环的管理体系，并确保组织的环境行为持续改进。

一经制定，ISO 14000 系列标准便在世界各国开始了如火如荼的认证推广过程。ISO 14000 环境管理体系认证被称为国际市场认可的“绿色护照”。许多国家，尤其是发达国家纷纷宣布，没有通过 ISO 14000 环境管理体系认证的商品，将在进口时受到数量和价格上的限制。如欧洲一些国家宣布，电脑产品必须具有“绿色护照”方可入境；美国能源部规定，政府采购只有取得认证的厂家才有资格投标。企业通过 ISO 14000 认证，无疑就获得了“国际通行证”。例如，青岛海尔公司通过 ISO 14001 标准认证后，其生产的冰箱顺利进入欧美市场；湖南省兰岭茶厂生产的无公害茶叶产品，自通过绿色食品认证和 ISO 9001 认证后，不仅出口到日本和东南亚国家，而且远销欧盟和美国。

2. 欧盟 WEEE 和 RoHS 环保指令

2005 年 8 月，欧盟开始实施《报废电气电子设备指令》（Waste Electrical and Electronic Equipment，WEEE）。该指令要求欧盟市场上流通的电气电子设备的生产商（包括进口商和经销商）承担自己报废产品回收费用的责任，同时在电气电子产品上加贴回收标志。WEEE 指令所涉及的商品包括大型家用电器类、小型家用电器类、IT 和通信设备类、消费产品类、照明设备类、电气电子工具类、玩具休闲及体育设备类、医疗设备类、监控仪器类、自动售货机类共十大类商品。

2006 年 7 月，欧盟制定的《关于限制在电气电子设备中使用某些有害物质指令》（Restriction of Hazardous Substances，RoHS）开始生效。RoHS 指令要求投放欧盟市场的电气电子设备不得含有铅、汞、镉、六价铬等重金属和多溴联苯、多溴二苯醚等阻燃剂，否则由提供商品的供应商负责。

（三）OHSAS 18000 职业健康安全管理体系标准

1. OHSAS 18000 与国际贸易

一般而言，职业健康安全属于境内的社会发展工作，国际贸易则主要是境外的经济贸易交流问题，两者似乎互不相干。但在和平与发展成为当今时代主题的世界格局下，经济与贸易已经成为国际活动的头等大事，环境保护、人权、劳工状况也都被涂上浓重的政治色彩和商业色彩。在关税壁垒被 WTO 禁止使用的情况下，欧美发达国家鉴于其在职业健康安全领域的有利地位，指责发展中国家在改善劳动条件方面投入不够，人为地“故意”降低生产成本，这对于发达国家而言是“不公平”的。因此，发达国家以此为借口开始对发展中国家施加压力和采取限制行为，如北美和欧洲一些国家都已在自由贸易区协议中做出规定，只有采用同一职业健康安全管理标准的国家与地区才能参与贸易区的国际贸易活动。

在此背景下，以及在 ISO 9000 和 ISO 14000 标准在世界各国得到广泛认可与成功实施的基础上，自 20 世纪 80 年代以来，一些发达国家率先开展研究及推广职业健康安全管理体系（Occupational Health and Safety Assessment Series，OHSAS）标准。OHSAS 18000 首先是由英国标准协会（BSI）、挪威船级社（DNV）等 13 个组织提出的，旨在帮助组织控制其职业健康安全风险，改进其职业健康安全绩效。虽然这可以视为发达国家所采取的一种非关税壁垒，但由于其确实存在保护员工的合理方面，因此该标准目前已成为国际社会普遍采用的职业健康安全管理标准。

2. OHSAS 18000 标准的内容

在 OHSAS 18000 标准颁布前后，许多国家制定了符合本国需要的职业健康安全管理体系标准，并在本国推广和发展。

OHSAS 18000 标准的内容包括：职业健康安全方针、规划（策划）、实施与运行、检查与纠正措施、管理评审等一级要素。OHSAS 18000 标准的管理模式可以用图 1－1 来表示。

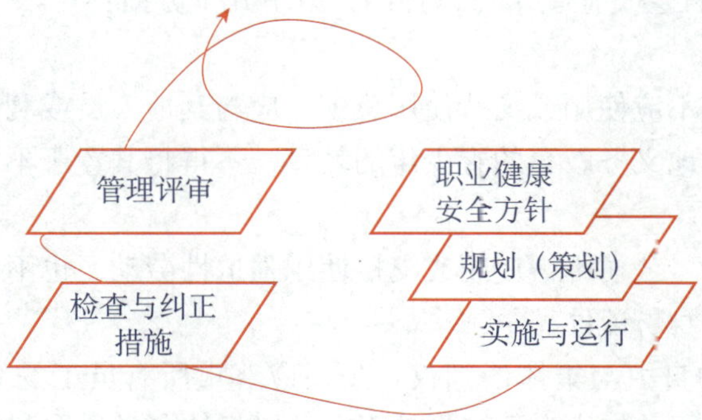

图 1－1 OHSAS 18000 标准的管理模式

从图 1－1 中可以直观看出，OHSAS 18000 标准的核心内容是职业健康安全方针、规划（策划）、实施与运行、检查与纠正措施、管理评审五个方面持续改进的运行模式。企业首先应确立“职业健康安全方针”；然后为实现方针进行“规划（策划）”；接着是对规划（策划）的职业健康安全管理体系的“实施与运行”；在实施过程中通过“检查与纠正措施”发现运行中的问题，制定纠正措施并有效实施，防止问题再发生；最后以“管理评审”对整个循环过程进行评价。OHSAS 18000 标准要求用人单位通过持续的改进，周而复始地进行“计划、实施、监测、评审”活动，不断加强体系功能，最终实现预防和控制员工伤亡事故、职业病及其他损失的目标。

建立与实施 OHSAS 18000 标准的目的是预防事故与职业病。由于主导当今国际经济贸易体系的发达国家对员工的职业健康与安全日益重视，因此 OHSAS 18000 标准的普遍推行和实施有利于我国企业提升国际形象，绕开发达国家的非关税壁垒，从而提升自身的国际竞争力。因此，专家称 OHSAS 18000 标准是继 ISO 9000 标准和 ISO 14000 标准之后的第三张国际通行证。

（四）SA 8000 社会责任管理体系标准和其他社会责任认证

SA 8000（Social Accountability 8000）是一种以保护劳动环境和条件、劳工权利等为主要内容的新兴管理标准体系。如果说 ISO 9000 标准针对的是产品质量，ISO 14000 标准针对的是环境质量，那么 SA 8000 标准针对的就是工人的生存质量。SA 8000 标准从劳动保障、人权保障和管理系统三个方面对企业履行社会责任提出最低的要求，以保护工人的权益。1997 年，总部设在美国的社会责任国际组织（Social Accountability

International，SCI）发起并联合欧美一些跨国公司和其他国际组织，制定了 SA 8000 社会责任国际标准。SA 8000 标准是全球首个道德规范国际标准，其宗旨是确保供应商所供应的产品，皆符合社会责任标准的要求。SA 8000 标准适用于世界各地、任何行业、不同规模的公司。其依据与 ISO 9000 质量管理体系及 ISO 14000 环境管理体系一样，是一套可被第三方认证机构审核的国际标准。SA 8000 标准规定了企业必须承担的对社会和利益相关者的责任，主要内容包括童工、强迫性劳动、健康安全、组织工会的自由与集体谈判权、歧视、惩罚性措施、工作时间、工资报酬、管理体系等要素，并具体制定了最低要求。

SA 8000 标准的社会责任要求可以归纳为以下几个方面：

1. 核心劳工标准

（1）童工。公司不应使用或支持使用童工，应与其他人员或利益团体采取必要的措施确保儿童和应受当地义务教育的青少年的教育，不得将其置于不安全、不健康的工作环境和条件下。

（2）强迫性劳动。公司不得使用或支持使用强迫性劳动，也不得要求员工在受雇起始时交纳押金或寄存身份证件。

（3）组织工会的自由与集体谈判权。公司应尊重所有员工的结社自由和集体谈判权，尊重全体员工组织并加入自己选择的工会，以集体名义争取利益。

（4）歧视。公司不得因种族、社会阶层、国籍、宗教、残疾、性别、性取向、工会会员或政治归属等而对员工在聘用、报酬、训练、升职、退休等方面有歧视行为；公司不允许强迫性、虐待性或剥削性的性侵扰行为，包括姿势、语言和身体的接触。

（5）惩戒性措施。公司不得从事或支持体罚、精神或肉体胁迫以及言语侮辱的行为。

2. 工作时间与工资报酬

（1）公司在任何情况下都不能经常要求员工一周工作超过 48 小时，并且每 7 天至少应有 1 天休假；每周加班时间不超过 12 小时，除非在特殊情况下及短期业务需要时，其他时间不得要求员工加班，且应保证加班能获得额外津贴。

（2）公司支付给员工的工资不应低于法律或行业的最低标准，并且必须足以满足员工的基本需求，并以员工方便的形式（如现金或支票）支付；对工资的扣除不能是惩罚性的；应保证不采取纯劳务性质的合约安排或虚假的学徒工制度以规避有关法律规定的对员工应尽的义务。

3. 健康安全

公司应具备避免各种工业与特定危害的知识，为员工提供健康安全的工作环境，采取足够的措施，降低工作中的危险因素，尽量防止意外或健康伤害事件的发生；为所有员工提供健康安全的生活环境，包括干净的浴室、洁净安全的宿舍、卫生的食品存储设备等。

4. 管理体系

公司高管应根据 SA 8000 标准制定符合社会责任与工作条件的公司政策，并对此定期审核；委派专职的资深管理代表具体负责，同时让非管理阶层自选一名代表与其沟通；建立适当的程序，证明所选择的供应商与分包商符合规定标准。

欧美采购商在审核供应商的社会责任之前都参考 SA 8000 标准，但因为 SA 8000 标准内容涵盖广，用工标准要求非常严格，这给发展中国家的供立商带来了很大的压力，所以能完全符合 SA 8000 标准的供应商较少。为了适度降低社会责任验厂的标准，在当前的外贸实务中，外商在对供应商进行社会责任审核时所采用的认证还有以下几类：

BSCI（Business Social Compliance Initiative）：中文称为“倡议商界遵守社会责任组织”。BSCI 是总部设在比利时布鲁塞尔的一个非营利组织。BSCI 的成员大多是欧洲的零售商和采购商，它们会积极主动地推动它们在世界各国的供应商接受 BSCI 验厂以改善人权状况。所有欧洲和欧洲以外的公司或协会均可成为 BSCI 的会员。成为 BSCI 的会员需要通过正式的审核，如果申请审核的供应商提交了涉及 BSCI 范围的有效 SA 8000 认证证书或者具有同等认可程度的证书，可以无须再次进行任何审核。如果供应商当前正在进行 SA 8000 认证或者同类标准的认证，也同样适用。BSCI 是欧洲社会一个针对遵守社会责任的普遍监控体系，旨在不断改进成员设在全球各地的生产商及供应商的社会作为。

Sedex（Supplier Ethical Data Exchange）：中文称为“供货商商业道德数据交换”。Sedex 是一家总部设在英国伦敦的非营利组织，世界上任何地点的公司都可以申请会员资格。Sedex 认证获得了许多大型零售商和生产商的青睐，会员包括 Coop、Geest、Grampian Country Foods、Hallmark、Sainsbury 和 Tesco 等知名跨国公司。申请 Sedex 认证的供应商需要通过道德经营审核（SMETA），以确保其经营符合相关道德标准的要求。审核结果可以得到所有 Sedex 会员的认可并被它们共享，所以供应商接受 Sedex 验厂可以省去很多来自客户的重复审核要求。

BSCI 和 Sedex 认证适用于所有行业。而行业性的社会责任认证，中国的供应商经常碰到的有“环球服装生产和社会责任组织认证”（WRAP 认证）、“国际玩具行业协会认证”（ICTI 认证）、“电子行业行为准则认证”（EICC 认证）等。

二、寻找供应商操作

对于流通型外贸公司而言，由于其自身缺乏生产实体，因此通常都会有定点合作的生产加工企业。但是当外商客户需要的产品和提出的要求原有供应商无法提供和满足时，外贸公司往往需要寻找新的合作供应商。对于寻找供应商，外贸公司不仅要知道寻找途径，而且要明确选择的标准和原则，同时需要有一套科学的选择程序，最后做全面的核查和评价。

（一）寻找供应商的途径

外贸公司可以通过以下途径寻找供应商：

（1）通过行业展会查找；

（2）通过 B2B 网站搜索；

（3）通过企业黄页查找；

（4）通过朋友推荐；

（5）通过同行企业推荐；

微课视频

供应商的寻找途径

（6）通过各种渠道发布采购信息吸引供应商自行找上门。

通过行业展会查找是获取供应商信息最有效的途径之一。在展会上，外贸公司不仅可以收集到同行业各供应商的样本目录，而且可以直观地看到供应商的最新产品，通过对新产品的观察和分析，了解供应商的开发能力；通过对一些已有产品的询价，了解供应商的成本控制；通过对交货期的了解，评估供应商的生产能力。行业展会的优点显而易见，但行业展会毕竟不是每天都有，所以有时间上的限制；也不是所有的优质供应商都会参加行业展会，因为会受到空间和参展成本的制约。通过一些专业的 B2B 网站，如阿里巴巴国内站、中国制造网、慧聪网、好订单网等，也能够找到大量的供应商信息，因此通过 B2B 网站搜索或发布采购信息是一种快捷、方便且有效的途径。

（二）选择供应商的标准

外贸公司寻找供应商的目的是采购好的产品，因此产品好是选择供应商的根本标准。而产品好表现为产品质量好，价格合适，技术含量高，产品发展前景好，具备同类产品中的优势、特点，以及产品货源稳定、供应有保障。这就要求供应商具备以下一些条件：

（1）高素质的管理人员。有了高素质、有能力的管理人员，企业的管理才会有效率、充满活力。

（2）稳定的员工群体。企业员工的稳定性能保证产品品质的稳定，流动性过大的员工群体会使企业产品品质受到相当大的影响。

（3）良好的机器设备。只有拥有良好的机器设备，产品品质才能得到保证。

（4）良好的技术。只有不断地进行技术创新和改进，才能使产品品质更加有保障。

（5）良好的管理制度。激励机制的科学、管理渠道的畅通，以及各种管理制度的健全能充分调动人的积极性，从而保证供应商整体是优秀的，其产品品质是优质的，其服务是一流的。

（6）地理位置。采购方总是期望供应商离自己近一些，或至少要求供应商在当地建立库存点。地理位置近，送货时间就短，这就意味着紧急缺货时可以快速送到。

（7）可靠性。可靠性是指供应商的信誉。在选择供应商时，采购方应该选择有较高声誉的、经营稳定的、财务状况良好的供应商。同时，双方应该相互信任，讲究信誉并把合作关系保持下去。

（8）售后服务。良好的售后服务是建立和维护供需双方的战略合作伙伴关系的关键，同时为供需双方就产品质量等其他方面的信息交流提供了条件。

（9）供货提前期。为了应付一些紧急缺货情况的发生，供应商的供货都应当有一个合理的提前期。

（10）交货准确率。供应商供应的商品的返退率要低，即交货的准确率要高。

（11）快速响应能力。订单变化更新很快，这就要求供应商对客户提出的要求能做出快速的响应，因此供应商对客户信息的响应能力是评价供应商的一项重要因素。

（12）合理的价格。采购方希望获取尽可能多的利润，因此，在其他条件都差不多的情况下，决定供应商选择的关键因素就是价格。

（三）选择供应商的一般步骤

微课视频

供应商的开发

1. 成立供应商评选小组

选择供应商不应是外贸跟单员个人的事情，而是一项集体决策，需要企业各部门有关人员共同参与讨论、共同决定，获得各个部门的认可。

供应商的选择涉及企业的生产、技术、计划、财务、物流、市场等部门，对于技术要求高、重要的采购项目来说，特别需要设立跨职能部门的供应商评选小组。

2. 搜集并整理供应商名单

根据上文讲到的途径搜集并整理供应商名单。

3. 决定评审的项目并逐项评估

由于供应商之间的条件存在差异，因此采购方必须以客观的评审项目作为选择合格供应商的依据，通常应包括对供应商基本经营信息及生产经营条件的评审。

（1）供应商基本经营信息。外贸跟单员或供应商评选小组立了解供应商的一般经营状况，包括掌握企业成立的历史、企业法人名称、经营地、经济性质、注册资本、主要客户、年产值或年营业额、财务状况。

对首次合作的供应商应首先核实其工商注册登记情况。核实营业执照是必需的一步。值得注意的是，工商管理部门要对营业执照进行年检，加贴年检标签。如果外贸跟单员在查看供应商营业执照时发现没有工商管理部门的年检标签，应当查明原因。工商管理部门对企业注册登记表的几十项内容是放开的，个人查询也可获得较为全面、真实的信息。外贸跟单员要十分重视这项基础工作，掌握供应商的工商注册登记情况，这对于了解供应商现状、核定其业务规模、降低自身经营风险等是非常必要的。

（2）供应商生产经营条件。对于供应商的生产经营条件，采购方一定要赴实地考察，不可轻信网络等媒体介绍。外贸跟单员到企业实地考察生产经营条件时，应重点核查以下几方面：

1）企业生产设备。各类生产设备的数量，生产设备的购买时间、使用及保养记录等。

2）经营场地。经营场地主要包括总面积、建筑面积、生产厂房面积、仓库面积、其他辅助用房面积等。

3）从业人员。包括：员工总人数；员工结构，如半熟练员工占多少、熟练员工占多少、技术员工占多少；学历结构，即具有大学本科及以上学历的人数比例、具有大专学历的人数比例、具有高中学历的人数比例。

4）质量管理情况。品质管理制度的推行是否落实、可靠，有无品质管理手册，有无制定品质保证的作业方案，有无政府机构的评价等级，是否通过 ISO 9000、ISO 14000、SA 8000 等国际标准认证。

5）交通、水电气热供应情况。距航空港、铁路、公路、水路的距离，运输成本如何；电力供应能否保证企业用电需求，电力不足的问题能否得到解决，不能保证时有无自备发电机；能否保证供水，供水量是否会因季节不同而变化，供水是否符合标准；供气能否保证工厂满负荷工作；供热不足的问题能否得到解决。

6）环保、安全情况。环保设施是否符合要求，生产、排污过程是否符合环保要求；厂区附近是否有干扰企业，如食品厂附近有无化工厂、农药厂等；有无消防安全制度，消防设施是否齐全有效；疏散通道是否畅通，生产车间发生意外（如起火）等，员工能否安全逃生。

7）技术能力情况。技术是自行开发还是依赖外界，有无与国际知名机构的技术合作，现有产品或试制样品的技术评估，技术人员人数及受教育程度。

8）企业内部经营管理能力。生产管理流程是否顺畅合理，产出效率如何；物料管理流程是否计算机化，生产计划是否经常改变；采购作业流程是否能够确实掌握材料来源及进度；会计制度是否为成本核算提供了良好的基础。

4. 综合评分并确定供应商

在综合考虑上述各方面的重要因素之后，就可以给每个供应商进行综合评分，继而选择合格的供应商。

专题：外贸与中国

稳定性成跨国公司供应链重要考量

跨国公司调整供应链并非简单转移至总部所在地周边，而是基于多方面因素综合研判。对于跨国公司来说，能在区域内最大限度完成研发、生产、销售等各环节是理想状态。当前，全球正形成以中国为中心的亚洲地区、以美国为中心的北美地区、以德国为中心的欧洲地区三大供应链布局热门区域。

受疫情、地缘政治冲突等因素影响，越来越多的跨国公司正在改变以成本为导向、在全球范围进行资源配置的供应链模式，转而构建兼具安全性和稳定性的供应链，提升供应链的韧性和抗风险能力。商务部国际贸易经济合作研究院发布的报告《跨国公司在中国：全球供应链重塑中的再选择》显示，全球供应链正朝着多元化、近岸化、本土化方向发展。一方面，跨国公司正结合其重点目标市场，将高度分散的生产工序和环节，逐步收缩到一个国家（地区）或邻近国家（地区）进行生产，推动供应链近岸化布局；另一方面，为降低依赖单一供应商的风险，跨国公司开展多元化采购和布局，实施供应链多元化、分散化战略。

面对近年来原材料供应短缺和物流运输成本大幅上升等方面的挑战，意大利服装公司贝纳通决定将其在泰国等亚洲国家和地区的产能削减一半，在塞尔维亚、克罗地亚、土耳其、突尼斯和埃及等距离意大利较近的国家和地区建立新的产能。而此前，贝纳通超过一半的产能位于亚洲。

贝纳通的供应链调整颇具代表性，不少跨国公司正在进行类似调整。不过，跨国公司调整供应链并非简单转移至总部所在地周边，而是基于多方面因素综合研判。对于跨国公司来说，能够在区域内最大限度地完成研发、生产、销售等各环节是最理想的状态。因此，拥有丰富的研发资源、庞大的市场规模以及完善的生产配套能力的国家和地区，成为跨国公司的优先选择。

专家认为，当前，全球正形成三大供应链布局热门区域：第一是以中国为中心，包括东盟国家、日本、韩国等周边国家和地区在内的亚洲地区；第二是以美国为中心，包括墨西哥、加拿大等周边国家和地区在内的北美地区；第三是以德国为中心，包括众多欧洲国家和地区在内的欧洲地区。

以中国为例，完善的生产配套能力已经成为中国市场的竞争优势。中国是全世界唯一拥有联合国产业分类中全部工业门类的国家，形成了一批产品集中生产、专业化协作配套、产业链条成熟的产业集群。这种由高度专业化分工和大规模协作形成的供应链，具有较强的韧性和修复能力。同时，中国的研发资源日益丰富，科技创新能力不断提升，越来越多的跨国公司在中国建设研发中心，且注重研发符合本地需求的技术和产品。此外，中国庞大且越来越成熟的消费市场也具备很强的吸引力。麦肯锡发布的报告指出，更多的生产正在靠近主要的消费市场，中国日益增长的中等收入群体将持续吸引全球跨国公司在中国深度布局。基于此，不少跨国公司近年来纷纷加强了在中国的投资布局，打造完善的本地化供应链。例如，法国公司施耐德电气供应链在中国实现了90%的本土采购率，在北京、上海、西安、深圳都设立了研发中心。德国公司卡赫在中国设立了生产中心、研发中心和销售中心，其工厂85%以上的原材料都在中国采购。

跨国公司供应链近年来遭遇的另一大挑战，就是关键部件和关键环节的供应不足，其中以芯片和航运最为典型。为了解决此类问题，一些跨国公司纷纷通过签订长期协议等方式锁定供应。

疫情发生以来，全球航运运力陡然紧张。为了锁定舱位，越来越多的公司选择与航运企业签订长期协议。马士基表示，尽管平均运价较2021年高出不少，但是2022年其超过80%的运力签订了长协运价。此外，赫伯罗特、以星航运在2022年的运力长协占比也显著增加。

类似的场景也发生在汽车芯片领域。面对缺芯局面，不少车企通过签订协议与芯片公司进行深度绑定，以保证未来的供货能力，提升供应链稳定性。

2022年7月20日，大众汽车和意法半导体宣布将共同开发一种新的汽车半导体。大众汽车采购主管穆拉特·阿克塞尔表示，大众汽车正在积极塑造半导体供应链，以确保生产汽车所需的芯片，并锁定未来几年关键微芯片的供应。

不少车企也有类似动作。2021年11月，福特汽车就与芯片制造商格罗方德达成合作协议，旨在通过联合开发汽车级芯片来增加供应。宝马汽车也与格罗方德等签订了长期供货协议。宝马方面表示，“我们正在供应链的关键节点上，深化与供应商的合作关系，直接与芯片制造商和开发商同步我们的产能规划，可以提高可靠性和透明度，并确保我们对芯片的长期需求得以满足”。

资料来源：袁勇. 稳定性成跨国公司供应链重要考量 [N]. 经济日报，2022-07-26.

操作指导

工作任务 1　理解电子邮件内容，明确客户要求

客户的邮件表达了以下几层意思：

（1）客户希望建立合作关系。该客户是德国一家专业服装进口商，在广交会期间参观过金苑公司展位，对金苑公司产品印象很深，希望建立合作关系。相关邮件内容为：

I met you on April 15th during the Canton Fair，hope you still remember me. We are one of German professional importers of clothes. Your products left me good impression，and I'm sure we can establish business partnership.

（2）客户的买家有意采购款号为 WJ0101 的女式夹克。品质要求：面料 100% 棉，填充物为涤纶（正身 100 克 / 平方米，袖子 80 克 / 平方米），里料为 100% 棉。产品的具体质量细节需要查看电子邮件附件中的产品设计图。相关邮件内容为：

As you see，one of our final customers wants to purchase ladies' jacket style No.WJ0101，quality as follows：

Shell：woven，100% cotton twill 20 × 16/128 × 60，reactive dyed，stone washed.

Shell color：brown and gray.

Padding：100% PES（body 100g/m^2，sleeves 80g/m^2）.

Lining：100% cotton.

Pls check the attached sketch file for detailed information.

（3）客户提出打样要求。客户希望金苑公司按照产品设计图的要求制作 3 件 40# 灰色的销售样，要求销售样在 5 月 20 日之前寄出，产品不可以含有 AZO（偶氮染料）。样品被最终买家确定的话就会下大的订单。相关邮件内容为：

Would you please make 3pcs of salesman samples size 40# color in gray for us？ Pls send the samples before May 20th if possible. Attention: AZO color is strictly forbidden in Germany，you must make sure the quality. Big order will be placed if your samples are approved by our final customer.

（4）客户对工厂的资质提出要求。客户要求工厂通过 ISO 9001:2015 认证。此外，企业必须遵守 SA 8000 或 BSCI 标准。若签订合同，则在签订合同之前需要进行验厂（言外之意：验厂通过是签订合同的前提）。相关邮件内容为：

We require the factory must be qualified with ISO 9001:2015，besides，according to the German law and relative regulation，we require your factory must comply with SA 8000 or BSCI. So factory evaluation will be done if we can make the contract.

（5）客户对样品费和快递费的规定。针对第一次合作，客户表示出很大的诚意：样品用DHL寄出，快递费到付，并且愿意支付样品费。相关邮件内容为：

Since it's our first cooperation，the courier charge will be paid by us via our DHL No.966785901，we also would like to pay the sample charge against your fax copy of your DHL's courier receipt.

客户邮件中提出了生产厂商资质要求，杨华知道ISO 9001认证，但是不知道什么是SA 8000和BSCI。为此，他搜索和查询了什么是SA 8000和BSCI，了解到SA 8000和BSCI是国际上关于企业社会责任的标准，这两个标准对企业生产过程中的用工、工作时间与工资报酬、健康与安全以及公司的管理体系都提出了很高的要求。

工作任务2 寻找符合客户要求的生产供应商

由于金苑公司现有的合作工厂不符合客户所提的生产资质要求，因此，杨华需要寻找新的生产供应商。对于供应商，杨华通过以下途径进行搜寻：

1. 通过合作企业或接触过的企业查找

杨华整理了几家以前有过接洽但还未合作过的企业，发现萧山永新服装有限公司已经与公司的业务部接触了很长一段时间，对方也相当有诚意，只是还没有机会合作。在了解到对方公司的产品质量比较过硬以及生产条件比较不错后，杨华决定把该公司作为备选供应商。

2. 通过B2B网站搜索

杨华通过知名的B2B网站搜索生产供应商，如阿里巴巴国内站（http://www.1688.com）、慧聪网（https://www.hc360.com/）、环球资源网（http://www.globalsources.com）、中国制造网（http://cn.made-in-china.com）。另外，各行业还有自己的专门网站，国内纺织服装的主要网站有好订单网（https://www.haodingdan.com/）、纺织网（http://www.texnet.com.cn）、中服网（http://www.efu.com.cn）等。杨华通过这些专业网站有针对性地进行了搜索。

通过B2B网站发布采购信息也是一种寻找供应商的重要途径。特别是随着网络贸易和电子商务的日益壮大，许多企业都开始通过网络平台拓展业务，金苑公司也不例外。金苑公司是阿里巴巴的诚信通会员，为此，杨华在阿里巴巴国内站和中国制造网上发布了采购信息，以吸引供应商找上门。

3. 通过朋友推荐

广泛的朋友圈和关系网是业务拓展的重要资源。杨华及金苑公司其他同事都有许多同行的朋友。因此，杨华也想到了通过朋友圈来打听生产供应商。非常幸运，杨华的一个大学同学也从事服装外贸工作，他向杨华推荐了符合资质要求的义乌宝顺服装厂，并提供了该厂的联系方式及相关信息。因此杨华将义乌宝顺服装厂也作为备选供应商。

通过以上方法，杨华仅在2天时间内就在浙江范围内找到了3家符合要求的服装生产供应商：萧山永新服装有限公司（以往有过联系的供应商）、嘉兴天赐服装有限公司

（通过阿里巴巴国内站搜索获得）和义乌宝顺服装厂（朋友介绍）。杨华找的这几家工厂只从事产品的生产制造业务，没有外贸业务，这样做的好处是防止今后国外进口商直接与工厂签约交易。

工作任务 3　赴实地考察，了解工厂生产经营条件

对于找到的 3 家工厂，杨华首先了解了它们的基本信息（见表 1－2 至表 1－4）。

表 1－2　萧山永新服装有限公司信息

公司名称和地址	萧山永新服装有限公司 地址：浙江省杭州市萧山区瓜沥镇临港工业园		
主营产品	各式服装的生产加工和销售	主要客户	品牌服装生产商，欧美客户、东南亚客户
企业类型	私营有限责任公司	法定代表人/负责人	郑永新
注册资本	人民币 1 000 万元	公司注册地	浙江省杭州市
员工	300 人；用工遵守《中华人民共和国劳动法》，符合国际劳工标准	公司成立时间	2000 年
年营业额	人民币 3 亿元以上	主要经营地点	浙江省杭州市
主要市场	中国、日本、韩国、新加坡，北美、南美、西欧、东欧	质量控制	内部，通过 ISO 9001 质量管理体系认证
年出口额	人民币 2 亿元以上	研发部门人数	25～45 人
厂房面积	64 000 平方米	月产量	20 000 件以上

表 1－3　嘉兴天赐服装有限公司信息

公司名称和地址	嘉兴天赐服装有限公司 地址：浙江省嘉兴市东升西路 2000 号		
主营产品	各式服装的生产加工和销售	主要客户	品牌服装生产商、国内各贸易公司、纺织品进出口公司
企业类型	私营有限责任公司	法定代表人/负责人	王天赐
注册资本	人民币 800 万元	公司注册地	浙江省嘉兴市
员工	280 人；用工遵守《中华人民共和国劳动法》，符合国际劳工标准	公司成立时间	2001 年
年营业额	人民币 6 000 万元～8 000 万元	主要经营地点	浙江省嘉兴市
主要市场	中国，北美、南美、西欧、东欧	质量控制	内部，通过 ISO 9001 质量管理体系认证
年出口额	人民币 4 000 万元～6 000 万元	研发部门人数	10～20 人
厂房面积	22 000 平方米	月产量	18 000 件

表 1－4　义乌宝顺服装厂信息

公司名称和地址	义乌宝顺服装厂 地址：浙江省义乌市山头村 168 号		
主营产品	各类服装的生产加工	主要客户	进出口公司和贸易公司
企业类型	私营独资企业	法定代表人 / 负责人	张宝顺
注册资本	人民币 100 万元	公司注册地	浙江省义乌市
员工	101 ～ 200 人；用工遵守《中华人民共和国劳动法》，符合国际劳工标准	公司成立时间	2002 年
年营业额	人民币 500 万元～ 700 万元	主要经营地点	浙江省义乌市
主要市场	中国、日本、韩国，东南亚	质量控制	内部，通过 ISO 9001 质量管理体系认证
年出口额	人民币 400 万元～ 600 万元	研发部门人数	5 ～ 10 人
厂房面积	10 000 平方米	月产量	10 000 件

比较 3 家工厂的基本信息，杨华发现义乌宝顺服装厂实力相对较弱（注册资本只有人民币 100 万元，产能只有另外两家工厂的一半左右）。而且义乌宝顺服装厂存在明显的弱点，它的主要市场是中国、日本、韩国以及东南亚，也就是对欧美市场不熟悉。因为对于服装产品，不同地区的客户有不同的风格偏好，所以客户的版型要求也存在很大差异。金苑公司的潜在客户 SKY 公司是欧洲客户，因此，如果选择义乌宝顺服装厂作为生产供应商，将要冒较大的风险。在咨询了业务经理兼师父 Chris 的意见后，杨华决定不考虑义乌宝顺服装厂，重点考虑萧山永新服装有限公司和嘉兴天赐服装有限公司。

对于新找的工厂，必须赴实地考察才能有深入的了解，因此 2023 年 5 月 11 日，杨华到两家工厂做了实地考察。在两家工厂，杨华重点查看了各项生产经营条件，包括：

（1）企业生产设备。杨华查看了各类生产设备的数量，生产设备的购买时间、使用及保养记录等。

（2）经营场地。杨华查看了工厂的总面积、建筑面积、生产厂房面积、仓库面积、其他辅助用房面积等。

（3）从业人员。杨华了解了员工总人数；员工结构，如半熟练员工占多少、熟练员工占多少、技术员工占多少。

（4）质量管理情况。杨华了解了两家工厂的品质管理制度，查看了工厂品质管理手册。因为客户要求工厂通过 ISO 9001 质量管理体系认证，所以杨华特意查看了两家工厂的 ISO 9001 认证证书。

（5）环保、安全情况。杨华重点查看了车间的消防设施、疏散通道等。

（6）技术能力情况。杨华查看了工厂技术部门，了解了工厂技术人员人数及受教育程度。

（7）产品特色、生产工艺。在挑选工厂过程中，工厂所生产的产品与本公司所采购的产品是否对口这一点非常重要，因此杨华准备重点查看两家工厂的产品特色和生产工艺。杨华重点参观了两家工厂的样衣陈列室，对工厂以前生产的服装留样进行查看，发现两家公司生产的外贸服装以梭织类的夹克、裤子居多，款式也以欧美款式居多，与此次采购的产品非常对口；从留样来看，做工和材质也都令人满意。

除了生产经营条件，因为SKY公司要求生产供应商遵守SA 8000或BSCI标准，所以杨华特意询问了两家工厂的相关情况，告知工厂负责人国外客户的要求，要求两家工厂做好社会责任方面的工作。

通过实地考察，杨华认为两家工厂的生产经营条件都不错，表示满意。

同步训练

一、单项选择题

1. 国际标准化组织为顺应国际环境保护的发展，依据国际贸易发展的需要而制定的标准是（　　）。

A. ISO 9001　　B. ISO 14001　　C. OHSAS 18000　　D. SA 8000

2. 下列不属于ISO 9001:2015标准中七大质量管理基本原则的是（　　）。

A. 领导作用　　B. 过程方法　　C. 采购管理　　D. 系统管理

3. 面对国外客户需求变化快的情况，出口商在选择供应商时需要优先考虑（　　）。

A. 供货提前期　　B. 良好的技术

C. 稳定的员工群体　　D. 快速的响应能力

4. 外贸跟单员小张去供应商A工厂实地考察，重点参观了A工厂的样品间，请问这属于供应商生产经营条件考察的哪个方面？（　　）

A. 经营场地　　B. 从业人员

C. 企业内部管理能力　　D. 技术能力

5. 我国出口至欧盟的下列哪一项产品不受欧盟颁布的WEEE环保指令的影响？（　　）。

A. 冰箱　　B. 电脑　　C. 毛巾　　D. 医用呼吸机

6. 下列不是OHSAS 18000标准颁布的内容的是（　　）。

A. 职业健康安全方针　　B. 规划（策划）

C. 职业员工评聘　　D. 实施与运行

7. 下列不属于SA 8000社会责任管理体系要求的是（　　）。

A. 实施流程　　B. 核心劳工标准　　C. 健康与安全　　D. 管理体系

8. 下列说法不正确的是（　　）。

A. BSCI认证适用于所有行业

B. ICTI是指国际玩具行业协会认证

C. EICC是指电子行业行为准则认证

D. WRAP是指环球家具生产和社会责任组织认证

9. 下列不是选择供应商的标准的是（　　）。

A. 良好的技术　　　　B. 流动性大的员工体系

C. 良好的管理制度　　　　D. 合理的价格

10. 外贸公司寻找供应商的其中一种方法是通过 B2B 网站查找，下列不属于 B2B 网站的是（　　）。

A. 阿里巴巴国内站　　　　B. 中国制造网

C. 环球资源网　　　　D. 淘宝网

二、判断题

1. ISO（International Standard Organization）是指国际标准化组织，总部位于瑞士苏黎世。（　　）

2. 顾客是上帝，因此对出口商而言，客户的重要性显然远高于供应商的重要性。（　　）。

3. 企业通过 ISO 9000 质量管理体系认证可以一举多得，完善企业内部管理，并提高产品市场竞争力，同时有利于发展外向型经济，扩大市场占有率，消除贸易壁垒。（　　）

4. 按照我国《劳动法》的规定，企业不得雇用 18 周岁以下的员工。（　　）

5. 网络寻找供应商的一大优点是不受时间和空间的约束，且成本低。（　　）

6. OHSAS 18000 首先是由英国标准协会（BSI）、挪威船级社（DNV）等 13 个组织提出的，旨在帮助组织控制其职业健康安全风险，改进其职业健康安全绩效。（　　）

7. BSCI 是美洲社会一个针对遵守社会责任的普遍监控体系，旨在不断改进成员设在全球各地的生产商及供应商的社会作为。（　　）

8. Sedex 中文称为“供应商商业道德数据交换”，其总部设在英国伦敦，是一个非营利组织。（　　）

9. 当采购量大、金额高，供应市场竞争激烈时，比较适合采用招标方法来选择供应商。（　　）

10. 质量管理情况是外贸跟单员在实地考察企业生产经营条件时的重点核查方面。（　　）

三、案例分析题

浙江某制造企业生产的机器上有一种零件需要从供应链上的其他企业采购，年需求量为 10 000 件。有三家供应商可以提供该种零件，它们的价格不同，质量也有所不同。详细数据见表 1 - 5：

表 1 - 5　三个供应商的比照表

供应商	价格（元 / 件）	合格率（%）
A	9.50	88
B	10.00	97
C	10.50	99

如果零件出现缺陷，需要进一步处理才能使用。每个有缺陷的零件处理成本为 6 元，主要是返工的费用。

请试以供应商总运作成本（包括价格、质量等）为标准，按以下两个级别对三家供应商进行供货运作绩效综合评价和排序，选择最优的供应商合作伙伴。

第一级：按零件价格排序。

第二级：按价格和质量水平排序。

请按价格和质量水平两项指标进行综合评价与分析，择优选择一家供应商。

提示：

（1）该企业拟采购的这种零件的质量成本公式为：

每个零件的质量成本 =（每个缺陷零件的处理成本 × 缺陷数量）÷ 年需求量

（2）缺陷率 = 100% – 合格率。

拓展训练

浙江新力进出口有限公司（ZHEJIANG XINLI IMP.&EXP.CO.，LTD.）（以下简称新力公司）是一家流通型外贸公司，主要经营纺织服装、五金器械和手工艺品等的进出口业务，在欧洲、北美和亚洲地区拥有众多合作关系良好的客户。

2023 年 3 月 19 日，新力公司业务经理李立（英文名：Karl）收到公司老客户——英国 PRINCE TRADING CO.，LTD.（以下简称 PRINCE 公司）的来函。PRINCE 公司为满足秋季英国服装市场的需要，准备采购一批 PU 男式外套。函电内容如表 1－6 所示。

表 1－6 询盘函

Subject：business chance From：Dick@prince.com Date：March 19th，2023 To：Karl@xinli.com
Dear Karl， How are you going these days？ As you see，our final customer wants to purchase one style PU men's coat for this autumn's sale. But the customer requires that the manufacturers of the goods must have obtained certificates of ISO 9001，ISO 14001 and BSCI. Big order will be probably placed down if the factory and the samples are confirmed by the customer. Please note，I will send the detailed information of the samples to you later. Yours truly， Dick PRINCE TRADING CO.，LTD. ADD：88 CHESTNUT AVENUE，BUCKHURST HILL，ESSEX IG9 6EP JERSEY 10024，UK TEL：+44（020）72807700 FAX：+44（020）72807700

业务经理李立收到客户来函后立刻回复表示愿意合作，随后把该意向订单的跟单工作交由新进外贸跟单员马斌负责，以培养和锻炼马斌的外贸跟单能力。

马斌的工作任务如下：

【工作任务 1】理解电子邮件内容，明确客户要求。

【工作任务 2】寻找符合客户要求的生产供应商（假定新力公司现有生产供应商都不符合客户要求）。

【工作任务 3】赴实地考察，按照外商要求进行验厂，填写验厂报告。

经过 2 天时间，马斌找到了一家符合客户要求的工厂——嘉兴长长服装有限公司。为了核实工厂生产经营条件，马斌专门到工厂进行了实地考察，并且按照外商的标准对工厂进行了验厂，得到了以下信息。

嘉兴长长服装有限公司成立于 2000 年，位于浙江省嘉兴市桐乡人民路 999 号，是一家私营独资企业，通过了 ISO 9001、ISO 14001 管理体系认证和 BSCI 认证，企业法人代表是赵长荣，总经理是李天，现有管理人员 15 名，质量管理人员 8 名，生产工人 180 人，员工总数是 203 人。该公司主要生产产品为各类皮革服装、鞋帽，内外销兼顾，主要外销西欧、北美及澳大利亚等地（其中西欧市场占 40%，北美市场占 40%，澳大利亚市场占 20%），年出口额为 1 000 万美元；主要生产设备全部自日本进口，设备都是 2005 年购买的，维护良好；每周生产能力为服装 10 000 件。厂区总体印象是：整洁，生产组织有序；从原料进厂到成品出厂都有专人根据质量检测指标进行检验，每次检验都有检验记录；有独立的包装流水线。厂区有 3 幢主要建筑物：1 幢 3 层楼建筑为生产车间用；1 幢 2 层楼建筑用作仓库（仓库面积 1 000 平方米，仓库总体干净、宽敞、干燥）；1 幢 5 层楼建筑是工人宿舍，其中 1 楼为员工食堂，宿舍为 4 人一间。

马斌在验厂过程中发现以下情况：

（1）当地月平均最低工资标准是人民币 2 470 元，该公司支付给部分工人的平均工资是 2 400 元。当地正常工作时间是每周 40 小时，该公司工作时间为每周 48 小时。

（2）生产车间的应急疏散通道标示不明显。有两个灭火器已经过了有效期。

（3）成年员工每年都体检一次，但没有给 3 名即将退休的员工提供体检。

（4）用工方面不存在雇用童工及歧视、强迫劳动等行为，该公司和所有工人都签署了劳动合同。

该公司联系电话为 0573-88718867，传真为 0573-88718879；负责该订单事宜的人是金雷（英文名：Kingley）。

请你根据以上信息，为马斌填写验厂报告（见表 1－7）。

表 1-7 验厂报告

FACTORY EVALUATION

Project description: ______________________ Project No.: ______________________

Supplier: ____

Date of factory visit: ____

Address: ____

Telephone: __________ Fax: __________ Contact person: ______________________

Factory name:		Company status:	Established:
Person in charge for this project:		General manager:	Factory owner:
Export countries:		Turnover export:	
Country ration:			
Total staff:	Administration:	Production:	QC:
Production capacity:		Technical equipment:	
Technology & age:	Factory cleanness:	Production organization:	
Packing:		ISO-certification:	
Material incoming inspection:	Inline inspection:	Final inspection:	
Number of building the factory operates in:			
Warehouse capacity:		Warehouse condition:	
Average wage (monthly) paid in local currency (RMB)			
Local minimum wage:			
Average wage paid at this factory:			
Working hours			
Local normal working hours:			
Average total hours worked weekly in this factory:			
Health & safety			
Emergency preparedness:			
Employee health examinations:			
Machine safety:			
Labor			
Child labor:			
Juvenile employees:			
Forced labor:			
Discrimination:			
Employment contracts:			

项目二

样品跟单及验厂准备

知识目标

通过学习，掌握主要样品种类及功能，熟悉产品选样、打样、寄样的操作流程；熟悉外商验厂标准、验厂流程和验厂内容。

能力目标

通过学习，能够处理样品资料翻译、书写打样函、寄送样品及跟踪管理等相关事宜。

素养目标

培养积极创新、精益求精的工匠精神；强化客户服务意识和产品质量意识。

业务背景

SKY 公司的业务经理 David 在 5 月 8 日的来函中希望金苑公司配合打样，邮件附件（见表 2-1）是详细的样品设计图，金苑公司需要按照样品设计图的要求制作样品。

工作任务

为了制作出符合客户要求的样品，外贸跟单员杨华需要将样品设计资料翻译整理成中文并转达给工厂，以便其顺利开展样品生产工作。假如样品合格，工厂则需进一步接受客户验厂，做好验厂准备工作。

杨华需要完成的工作任务如下：

【**工作任务 1**】翻译整理样品资料。

【**工作任务 2**】书写打样函给工厂。

【**工作任务 3**】寄送样品给客户。

【**工作任务 4**】样品修改及确认。

【**工作任务 5**】做好验厂准备，接受外商验厂。

微课视频

动画：案例导入

表 2－1　邮件附件

SKY CORPORATION		TEL：0049-40-34108888 FAX：0049-40-34108888 E-MAIL：DAVID@SKY.COM		GARMENT DESIGN WORKSHEET	
PRODUCT TYPE	JACKETS	DESCRIPTION	LADIES' JACKET	DESIGNED BY	SKY
SENT DATE	18/05/2023	STYLE NAME	WJ0101	SUPPLIED BY	JINYUAN

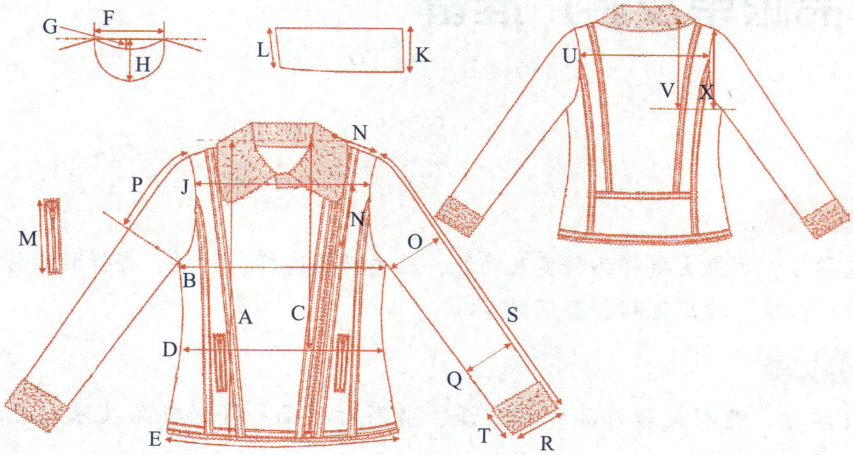

Measurements	ref.	38#	40#	42#	44#	46#	48#
Front length，from HPS	A	56	57	58	59	60	61
1/2 Bust 2cm below armhole	B	50	52	54	56	58	60
Waist position from HPS	C	40	40.5	41	41.5	42	42.5
1/2 Waist	D	45	47	49	51	53	55
1/2 Bottom	E	52	54	56	58	60	62
Neck width across	F	19	19.4	19.8	20.2	20.6	21
Neck drop back	G	1.5	1.5	1.5	1.5	1.5	1.5
Neck drop front	H	9.5	9.65	9.8	9.95	10.1	10.25
Across front 10–13cm from HPS	J	36	37	38	39	40	41
Collar depth CB	K	10	10.5	10.5	10.5	11	11
Collar point	L	12	12.5	12.5	12.5	13	13
Pocket zip length	M	13	13	13	13	13	13
Shoulder	N	11	11.25	11.5	11.75	12	12.25
Upper sleeve 2cm below armhole	O	18	18.5	19	19.5	20	20.5
Top of sleeve（crown）depth，approx.	P	15	15.3	15.6	15.9	16.2	16.5
1/2 Sleeve width 15cm above opening	Q	13.5	13.85	14.2	14.55	14.9	15.25
1/2 Sleeve opening	R	13	13.25	13.5	13.75	14	14.25

续表

Measurements	ref.	38#	40#	42#	44#	46#	48#
Sleeve length incl.cuff	S	62	62.5	63	63.5	64	64.5
Cuff length	T	6	6	6	6	6	6
Across back 10–13cm from HPS	U	38	39	40	41	42	43
Armhole depth inner shoulder point	V	25	25.5	26	26.5	27	27.5
Armhole depth outer shoulder point	X	21	21.5	22	22.5	23	23.5

Shell：woven，100% cotton twill 20 × 16/128 × 60，reactive dyed，stone washed.

Color in gray.

Color fastness to washing   4

Color fastness to light   4

Color fastness to rubbing   wet   dry

3–4   4

Padding：100% PES（body 100g/m^2，sleeves 80g/m^2）.

Lining：100% cotton.

Fake fur at collar and cuff，color：to tone of the garment.

Front and pockets zipper：metal，5#.

The sample should contain the following labels：

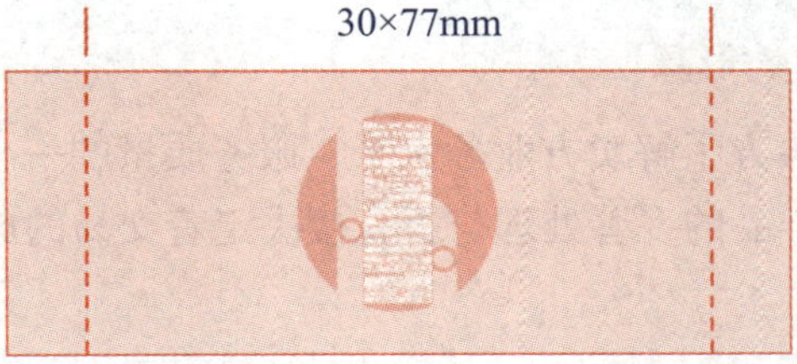

Main label

Size label

Hangtag

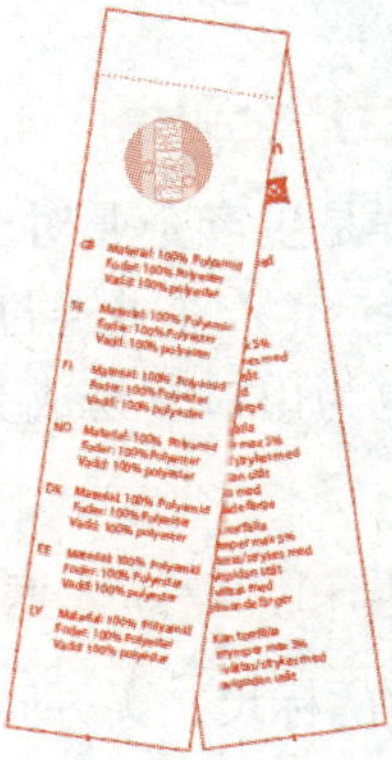

Care label

Main label：Centred under collar band，and sewed with stitching around.

Size label：Centred under Main label.

Hangtag：should be through the Size label.

Care label：should be at inside left side seam 8cm above the bottom.

知识准备

样品在外贸交易中是买方与卖方首次接触的媒介，样品的加工、寄送等环节能够反映一家企业的经营推广能力、生产制造能力和售后服务能力。样品环节的处理是否得当是一家企业生产、管理水平的直接反映。对于凭样品买卖的国际贸易，样品确认是国外客户下订单的前提。与此同时，样品作为交易货物品质的代表，能够直接反映企业产品的市场定位和产品的价格水平。样品能够将图片上的商品转化为买方对企业产品的直观印象。精明的买方能够从企业的样品中了解到其需要的足够的信息，包括产品品质、产品价格、企业管理、生产管理、企业服务等。此外，样品是工厂进行大货生产的依据，也是买方验货和索赔的依据。

微课视频

样品的作用与种类

一、样品的作用

（一）样品代表产品的品质

样品是整批商品品质的代表，凭样品买卖时，样品的品质就是卖方交付货物的品质依据。如果卖方交付的货物与样品的品质不同，则要承担违约责任。

（二）样品代表企业的形象

样品的处理过程是买方了解卖方业务水平、服务质量的一个有效窗口。外贸跟单员不能小视样品的处理。样品的妥善处理与否直接决定着交易的成败。

（三）样品决定成交价格

按质论价是商品经济的基本原则，凭样品买卖就是依据样品的品质来确定商品的成交价格。

（四）样品是对生产企业生产能力的检验

样品的制作过程是生产企业对产品生产工艺、生产工序和生产效率的确认，是对自身生产能力的检验。生产企业通过打样确定了生产能力，为出口企业准确估计交货期提供了科学依据，也为出口贸易成交以后按时、按质、按量履行交货义务奠定了扎实基础。

（五）样品是验货和索赔的依据

样品是商品品质的标尺，买方验货的一项重要的内容就是衡量卖方所交货物品质是否与样品品质相同。一旦发生争议，样品也是买方索赔的依据。

二、样品的种类

在外贸业务中，根据样品出现的顺序和所发挥功能的不同，可以将样品分为不同的种类：

（一）原样

原样通常是指由卖方提供的供货样品，是能充分代表日后成交商品品质的实物。

（二）复样

复样是指卖方向买方提供原样时，卖方留存的同样的样品。复样的留存可以保障卖方在遇到品质纠纷时不至于因为没有样品说明品质而陷入被动。

（三）对等样

对等样通常是指在由买方提供样品的情况下，卖方根据买方来样仿制或从现有货物中选择品质相近的样品提供给买方，以供买方确认的样品。采用对等样作为成交的品质标准对卖方更为有利，可以避免卖方在未能全部理解买方样品品质的条件下贸然应允而产生品质纠纷。在使用对等样的情况下，卖方必须注意与买方约定关于买方来样的知识产权问题，即由此引发的知识产权纠纷应该由买方负责。

（四）确认样

原样或对等样品品质经买方确认后即成为确认样。买方一旦确认样品，该样品的品质即成为该批货物的品质标准。由此可见，确认样在凭样品买卖的交易中非常重要，是买卖双方交易的商品品质标准的依据，也是买卖双方处理品质纠纷的依据。

（五）产前样

一般在大货生产之前，买方会要求卖方寄送样品以确定商品的颜色或工艺是否正确，此样品即为产前样。产前样的品质得到买方的确认是卖方生产大货的前提条件，所以寄送产前样可以使卖方避免因个别环节疏忽造成大批货物不符合合同规定，避免造成难以弥补的巨额损失。

（六）生产样

生产样通常是指卖方在大货生产过程中，应买方要求随机抽取的样品。生产样用以反映大货的品质，买方通过对生产样的跟踪，可以监控产品生产的品质，及时掌握产品生产的情况，如果出现意外情况可以及时发现，并尽早采取措施加以弥补。

（七）出货样

出货样通常是指在大货生产完成后，卖方在做好全部出货准备后寄送的样品。买方对出货样的关注是多方面的，即不仅关注产品的品质是否符合要求，而且关注出货样的包装、标志等外部因素，确定卖方为货物的运输等后续环节做好了准备。

（八）封样

封样是从样品保管主体角度加以区分的样品，是指由第三方或公证机关在一批货物中抽取同样质量的，采用铅丸、钢卡、封条等各种方式加封识别，由第三方或公证机关留存备案的样品。

产品的样品种类根据产品特点不同而有所不同。在服装进出口业务中，根据服装产品特点的不同衍生出不同种类的样品（见表2－2）。

表 2－2　服装产品样品种类

样品种类	样品功能	样品制作要求
款式样	确定服装款式效果、用料，向客户展示生产工艺水平	1. 面料可采用同类面料替代，并非必须采用指定面料； 2. 款式、尺寸必须严格按客户指示制作； 3. 配色要合适
水洗样	确定面料的水洗效果，确定产品水洗后的尺寸稳定性	按成衣通常的洗涤方法进行水洗测试，确定成衣尺寸变化情况及成衣形态
色样	确定面、辅料的染色效果	1. 同一种颜色需提供给客户至少 A、B、C 三种选择； 2. 保留客户确认的色卡； 3. 颜色核对必须在统一的光线下进行，通常需要在自然光或专用灯箱光线下进行颜色的辨认
辅料样	确定辅料品质	需特别注意服装辅料中如染料、纽扣或拉链中金属含量等指标，注意保证其符合客户所在国及出口国的法规要求
尺码样	确定服装各部位尺寸	根据客户要求制作，需提前确认面料品质

三、样品操作实务

（一）如何处理客户的索样要求

微课视频

如何处理客户的索样要求

国外客户索样在外贸业务过程中是出口商经常会碰到的问题。面对客户的索样，新老客户要区别对待，一般的处理原则如下：（1）如果是老客户，则积极配合寄样。（2）如果是新客户，则首先判断客户的索样意图：如果纯粹是收集样品的话，则不予理会；如果新客户有合作意愿，则应配合寄样。作为出口商，当然是寄出的样品越多，接单的可能性越大。但从公司的整体利益及长远发展来看，出口商分辨自己是否需要提供样品非常有必要，原因有：第一，公司资源有限，包括每天制作样品的数量、样品制作成本、公司整体出样效率 / 速度；第二，产品款式曝光过多会使产品销售寿命缩短，使新款式利润减少。

（二）如何选择、推荐样品

选择、推荐样品是样品操作实务中的基础性环节，在推荐样品时尤其要注意以下原则：

（1）卖方向买方推荐样品时，应坚持“平均品质”原则。样品是交易商品的代表，必须能够反映整批交易货物的平均品质，所以卖方在选择样品时必须坚持“平均品质”原则。当交易商品属于工业制成品时，商品个体品质相对变化不大，卖方在选择时应注意甄别是否存在生产瑕疵。当交易商品属于农副产品时，商品个体品质差别则相对较大，样品的选取就非常重要，平均品质的体现就显得非常困难。在这种情况下，要借助品质条款来明确商品品质的范围，否则极易造成履约过程中的纠纷。

（2）卖方向买方推荐样品时，应选择本公司擅长操作的产品，新款、新开发的产品，以及热销的产品和对方市场受欢迎的产品。

样品在买卖双方的交易过程中很有可能伴随着双方磋商而出现，直至货物交付而中止。在不同的阶段虽然有不同的样品名称，但卖方应该自始至终保持认真的态度，平等对待任何样品，不要只重视确认样，认为只有确认样才会影响交易的达成与否。事实上，样品本身及对待样品的态度都是企业生产、管理水平的反映，不能小视。

（三）打样实务

样品工作中，除了外贸公司向国外客户推荐样品，有的时候国外客户也会来样或寄送样品资料给出口商，要求配合打样。样品环节是订单确认的前奏，如果样品让客户满意，则客户下单的可能性就很高；如果客户对样品不满意，则很可能不下单，严重的话可能会影响今后的合作机会。客户对样品的不满意一般表现为：第一，产品不符合要求（如颜色、结构、配置、包装等）；第二，产品质量有问题；第三，样品根本不是客户需要的样品。无论哪一种情况，都会令客户对出口商的服务水平产生怀疑。所以，外贸跟单员需要认真对待打样工作，在打样过程中注意把握好以下几个方面：

微课视频

样品制作的注意事项

1. 打样要求

外贸跟单员在打样实务操作过程中，必须高度重视客户的打样要求，准确、全面理解客户的打样要求。

首先，外贸跟单员对打样要求的理解要准确。外贸跟单员要对产品的专业生产过程有准确的把握，对专业术语有准确的翻译，要能够将客户的打样要求准确地传达给国内生产厂商，保证信息在传递过程中不出现失真的情况。

其次，外贸跟单员对打样要求的理解要全面。之所以强调全面理解客户的打样要求，是因为在实践操作中有些外贸跟单员存在麻痹心理，只注意客户对产品品质的要求，忽略了客户对生产厂商、辅料、环境保护等方面的要求。这些要求往往是很多客户非常重视的方面，往往与某些国家政策相关联。外贸跟单员对此也必须给予高度重视。

2. 打样时间

外贸跟单员在打样实务操作过程中，必须注意打样时间需要与客户要求的寄样时间相吻合。

首先，打样的生产时间需要在寄样时间之前，一般预留寄样时间。如果采用航空快递寄样，所需寄样时间较短；如果采用海运等方式寄样，寄样时间则相对较长。外贸跟单员需要根据寄样的安排，调整对生产厂商打样时间的要求。

其次，打样时间不仅包括样品的生产时间，而且必须考虑样品面料、辅料的采购时间，如果客户对样品的包装也有详细要求，还必须考虑包装及包装材料的购置时间。

3. 打样数量

外贸跟单员在要求生产厂商打样时，可以不局限于客户的样品数量要求。一方面，对于寄交客户的样品，出口商最好保留复样，即保留一套相同的样品，此套样品作为业务人员将来与客户沟通的基础，也作为订单确认的标准。这一点非常重要。但是有些公司没有充分认识到留样的重要性，为客户提供样品后，自己手上没有了样品，而只留下了设计资料、材料样等。当客户需要进一步确认细节时，业务人员就没有任何与客户沟通的实物基础了。如果没法给客户及时的回应和解答，会给客户留下不专业的印象，十分不利于业务的进一步开展。另一方面，对于某些不涉及知识产权、专利等问题的产品，保留一定数量的样品可以方便出口商以后的业务开展，不必每次接到客户的询盘函后都重新打样。所以，在确定打样数量时，外贸跟单员需要结合业务的具体情况、产品是否具有普遍性等特点来考虑打样数量。

4. 打样费用

对于出口商而言，打样费用的处理涉及国外进口商和国内工厂两方面的关系。如果出口商与国内工厂有长期的良好合作关系，则打样费用就显得不是很重要，国内工厂出于对未来订单的需求会放弃眼前的小利益而免费承担打样任务，这样对出口商来讲自然最为理想。如果出口商与工厂是首次合作，一般而言，出口商需要承担打样费用，能够争取双方共同承担则最好。

国外进口商的样品费用是许多外贸公司非常关心的问题，是否收取进口商的样品费用是根据公司不同时期的策略来决定的。样品分为客户询价打样和客户来样的回样。一般而言，外贸公司与进口商的样品费用处理可采取以下措施。

（1）新客户的样品费用处理方法。

1）对于初次交往的客户，采取收取样品费用、快递到付的原则。对于有合作意愿的客户，为了表示诚意，可以许诺客户，将来在下订单时（如货款总额达 1 万美元以上），从货款总额中扣除当初收取的样品费用。

2）对于一些稀缺的样品，按照产品正常报价的 3 倍收取样品费用（客户下单达到一定金额予以退还），另收快递费用。这种策略可以将许多没有诚意下订单而只是索取样品的国外公司从潜在真实客户中过滤掉，从而方便出口商将精力放在有效的客户身上。

（2）老客户的样品费用处理方法。

1）如果是大客户（下订单频率较高，成交额大），样品费用一般免收。但如果样品费用确实较高（如达到 100 美元或涉及印刷、制模成本等），则可与客户协商让其支付样品费用或支付部分费用。

2）对于合作过的但下订单频率不高、金额不大的客户，如果样品费用较少且公司主营产品与工厂产品对口，可免费提供样品，只让客户支付快递费用。对于连运费都不愿支付的客户，可以将其纳入放弃类的客户类型。当样品费用较高时（如达到 100 美元或涉及印刷、制模成本等），须收取样品费用，承诺在对方下单后从货款中全部扣除。

关于样品费用问题，两种处理方式（收取样品费用及免费）都是正确的，具体视实际情况而定，主要看公司在客户开发上的策略。下面，我们来分析一下这两种处理方式的优势和劣势。

（1）收取样品费用：使公司有限的资源得到更有效的利用，过滤掉许多无价值的客户，使公司更好地为真实客户提供服务，同时可以减少公司在样品成本方面的开支。

（2）样品免费：从态度上来说是积极的进攻，同时为竞争对手制造障碍，但是公司承担所有样品的制作费用，从财务角度来说负担会较大。

（四）寄样实务

1. 寄样准备

微课视频

样品的寄送

（1）样品确认。确认客户需要的样品型号及规格、包装、说明书、每单数量、形式发票格式等细节。

（2）取样原则。样品要有代表性，要从批量生产的产品中抽样获得；保证待寄样品的质量严格符合客户要求；制作样品标签，对样品的款号、规格等做出说明。

（3）与客户确认寄样地址。因为贸易中介等的存在往往导致公司地址与寄样地址不一致，一旦寄错会严重影响公司的商业机会，所以在寄样前有必要和客户确认寄样地址。

2. 寄样费用

样品制作完成后，外贸跟单员应该将样品及时寄交客户。寄样可能发生的费用包括样品费及邮寄费。

（1）样品费。对于样品费，外贸跟单员可以通过对样品费的处理来判断客户的购买需求真实与否。一般而言，从客户对样品费的态度可以判断其现在有没有真实需求。客户如果有真实需求，并且可能在很短的时间内购买，那么其通常不会介意支付样品费。外贸跟单员也会利用这点来促成交易。对于比较在意样品费支出的客户，外贸跟单员可以承诺订单签订后退还样品费。通过这种方法既可以提升交易达成的概率，又可以减少公司的费用支出。

（2）邮寄费。在国际贸易中，寄送样品一般通过快递公司。从事国际快递业务的公司主要有 EMS、FedEx、DHL、TNT、UPS 等。不同的快递公司价格不一样，外贸跟单员可联络两三家快递公司商谈价格折扣，最终确认一两家进行长期合作并建立快递账号。如果不事先谈好价格折扣，没有建立快递账号，那么国际快递费用会比较高。快递公司邮寄费用一般采用寄件方支付（预付）、收货方支付（到付）或第三方支付的方式。

1）预付（Freight Prepaid）：寄件方支付所需邮寄费用。此支付方式多用于寄送费用低、客户信誉好或老客户、成交希望大的情况下。

2）到付（Freight Collect）：收货方支付所需邮寄费用。此支付方式多用于寄送费用高、客户信誉差或新客户、成交无法确定的情况下。但需注意，有时收货方会采取拒付的行为，最后快递费用仍须寄件方支付。因此，一般要求收货方提供某一快递公司的到付账号。

3）第三方支付：由寄件方、收货方以外的第三方支付所需邮寄费用。此支付方式较少使用。

3. 寄样方式

（1）邮政的航空大包。此方式价格较便宜，航程在两周左右（不含目的国的海关检验及其国内的邮政通关时间），适用于大宗的低值产品寄送，可在各地邮局办理。一般商品（非危险品）可正常寄送。所寄物品如系普通化工品，仅需出具一般的品质证书（证明其无毒、无害、无爆破性等），便于海关查验核实；如系危险化工品，须出具特殊证明，办理特殊托运。

（2）航空快递。航空快递公司包括 EMS、FedEx、DHL、TNT、UPS 等，其费率大致相当。航空快递较邮政的航空大包贵，若与快递公司有协议，则可有折扣价；时间一般在 5 ～ 7 天。所寄物品如系普通化工品，仅需出具一般的品质证书（证明其无毒、无害、无爆破性等），便于海关查验核实；如系危险化工品，须出具特殊证明，办理特殊托运。

主要快递公司服务比较如表 2－3 所示。

表 2－3　主要快递公司服务比较

快递公司	价格	速度	优势
EMS	较低	较慢	扣关后，免费运回
FedEx	21kg 以上比较低	较快	东南亚有价格优势，速度快
DHL	21 ～ 100kg 比较低	较快	运送中等货物运价较低
TNT	较高	较快	西欧地区有优势
UPS	6 ～ 21kg 比较低	较快	美国、加拿大、英国、南美等几个区域有优势，速度快

4. 寄样通知和快递跟进

外贸跟单员应做好以下工作：

（1）在产品包装前从各个角度拍照，留作备份，以便发给客户。

（2）包装完成后，称重量、量尺寸，然后将相关内容填到快递面单上并贴好面单。

（3）将形式发票和装箱单装在背胶袋（背面有不干胶）里，并贴到包装箱侧唛位置，以备清关用。

（4）多个角度拍摄包装好、贴好快递面单、贴好装箱单和形式发票的包装箱，尤其应正面拍摄包装箱，并通过电子邮件第一时间通知客户寄样信息，以便客户看清快递面单上的信息，从而方便跟进包裹物流状况。

（5）快递发出 4 天后即可通过快递单号查看快递运送是否一切正常，如出现意外情况（如推迟到达），则可通过邮件告知客户。

（6）当查询到包裹已经到达时，可于次日发邮件询问客户是否已经收到包裹。

5. 跟踪样品情况

外贸跟单员在样品寄出后，根据寄样所需时间，在适当的时候询问客户样品是否顺利到达，既体现了企业对客户的重视程度和外贸服务技能，也提醒客户关注此笔业务。

随后，外贸跟单员应密切关注客户对样品的反馈意见，并对客户的反馈做出积极回应，促进业务的深入。如果无法在短期内与客户建立业务关系，外贸跟单员也应该尽量与客户建立一种长期的联系，不间断地通知其产品的最新情况。

外贸公司通常有自己的样品管理流程。一般情况下，外贸跟单员需要将一笔交易对应的不同阶段的样品进行登记管理，将样品留样分别编号管理，同时设计样品管理表，搜集包括送样国别、客户、样品名、样品的版本及生产批次、编号、样品数量、金额、客户对样品评估内容等信息。

四、外商验厂

验厂已经成为目前进出口贸易活动中的一个重要环节。从20世纪90年代开始，外商（主要是欧美跨国公司）就开始到我国的工厂进行检查，并且把检查结果与下单直接挂钩。这给我国企业带来了前所未有的压力，很多企业往往由于达不到外商的要求而丢失订单甚至被取消供应商资格。外商验厂的原因主要在于以下几个方面：确保合作工厂产品质量，保护公司品牌形象，外商国内法律有要求，优化供应链管理等。外商验厂的标准可参照目前几大国际管理标准体系以及一些区域组织或国家颁布的重要指令。

微课视频

外商验厂的原因、内容及方式

（一）外商验厂的方式

目前，外商来我国验厂的基本方式有两种：自行验厂和委托公证行验厂。

1. 自行验厂

许多外商都在我国设有办事处，外商驻我国办事处的一个重要功能就是配合母公司验厂。绝大多数外商都采用自行验厂方式，向合作工厂派驻外贸跟单员，由外贸跟单员来监督和检查合作工厂。

2. 委托公证行验厂

除自行验厂之外，有些外商还会委托国际知名的第三方公证行进行验厂。例如，瑞典宜家家居、美国西尔斯百货都采用自己制定的社会责任行为守则，自行或部分委托独立的第三方公证行对其供货工厂实施验厂。美国沃尔玛超市由其全资采购子公司——沃尔玛全球采购中心制定自己的社会责任守则，即沃尔玛供应商守则。沃尔玛全球采购中心单独成立了一个社会责任审核部，即道德标准审核部。在中国，由分驻在广东、福建和上海的100多名道德标准审核员对全国的5 000 ～ 6 000家供货工厂进行通知或者不通知的社会责任审核。如果在一定时期内，供货工厂一些高风险的社会责任问题无法得到有效改善，将被中止合作关系。国际上比较知名的第三方公证行有瑞士通用公证行（SGS）等。

（二）外商验厂的内容

外商验厂涉及的内容包括以下三方面：

1. 社会责任

优秀的企业除创造财富，对股东负责之外，还要承担对社会的责任，即为雇员、社区、供应商带来福祉，这就是企业的社会责任。企业的社会责任包括商业道德、保护劳工权利、保护环境、发展慈善事业、捐助公益事业、保护弱势群体等。外商验厂重点关注的是劳工标准，通常按照SA 8000、BSCI、Sedex等标准进行审核。

2. 产品质量控制

产品质量始终是外商关注的核心。由于大部分外商首次验厂时把重点放在社会责任上，因此有的工厂会误认为外商对产品质量控制不做要求。美泰是全球最大的玩具生产商之一，其制定的全球生产守则明确指出，公司产品无论产于何地都必须符合全球质量标准。东亚等国（如韩国、日本）的外商验厂时，则主要以产品质量控制为主。

3. 环境管理

在近代工业发展过程中，由于人类过度追求经济增长速度而忽略环境的重要性，因此导致水土流失、土地沙漠化、水体污染、空气质量下降、全球气候反常、臭氧层耗竭、生态环境失衡等环境问题。这些已成为制约经济发展和人类生存的重要因素，各国政府纷纷制定环境标准，并要求严格执行。因此，工厂的产品如果不符合环境标准，外商就会拒绝合作。

（三）外商验厂的类型

外商验厂的类型包括初次验厂、定期验厂、跟踪验厂和突袭验厂。

1. 初次验厂

初次验厂的目的是对合约工厂的整体情况及管理水平进行评估，主要关注工厂是否违反法规。一些存在严重问题的工厂往往在初次验厂不合格后就失去了接单的机会。

2. 定期验厂

定期验厂是指外商按一定时间间隔对合约工厂进行例行的检查，主要根据以往的验厂报告，全面检查合约工厂未达标项目的改进情况，有时会根据国际贸易中出现的新内容（如国际组织或区域集团颁布的新法令）增加一些新的验厂内容。

3. 跟踪验厂

跟踪验厂是针对上次的验厂报告，在约定的时间内查看合约工厂的纠正进度及效果。如果合约工厂在约定期内没有改进，外商就有可能取消订单。

4. 突袭验厂

这是外商常用的一种验厂策略，目的是防止合约工厂弄虚作假，以便得到真实的信息。

（四）外商验厂的步骤

对合约工厂实施验厂是外商管理活动中的大事。外商验厂前会预先开展一系列的策划工作，并制定规范的制度。虽然不同的外商验厂的方法和计划各不相同，但目的都是推动合约工厂改善工人的工作条件，提高产品质量，创造符合标准的生产环境。大部分外商验厂时要经过以下步骤：

1. 制定验厂标准

以社会责任为主进行验厂时，标准往往是外商的社会责任守则，或者使用统一的标准，如 SA 8000 等；以环境为主进行验厂时，主要参照 ISO 14001 标准；以质量为主进行验厂时，主要使用合约工厂自己提交的品质控制计划书。

2. 建立验厂组织机构

大的外商往往会设立专门的验厂机构，对合约工厂进行评估，机构的高级经理负责推广、实施、监督以及报告验厂实施结果。

3. 向合约工厂传达验厂计划

外商会将验厂标准传达给合约工厂，并解释相关标准及公司的相关政策，帮助合约工厂进行自我检查和评估。

4. 实施验厂

外商会对合约工厂进行审核，编制验厂审核报告。

5. 对合约工厂进行分级管理

根据验厂结果，外商可将合约工厂分为 A、B、C、D 四个级别进行管理：各方面评估均达标的企业为 A 级；存在轻微不符合情况的企业为 B 级；存在较大问题需要立即纠正的企业为 C 级；工作条件很差，严重违反法规，弄虚作假、欺骗审核员的企业为 D 级。

6. 跟踪验厂

跟踪验厂的目的是检查合约工厂的纠正行动是否有效。

7. 定期验厂

定期验厂的目的是确保合约工厂持续遵守验厂标准。

（五）外商验厂的流程

微课视频

外商验厂的流程

外商验厂的流程包括首次会议、现场检查、文件审核、工人面谈、管理代表面谈、末次会议六个环节。

1. 首次会议

验厂审核员召集工厂负责人了解工厂基本情况，介绍验厂的目的、方法和时间安排，提出需要审核的文件资料清单，回答工厂代表提出的问题等。

2. 现场检查

验厂审核员检查生产车间、仓库、宿舍（休息时间）、食堂（午餐时间）、厕所、门卫及医务室等，主要关注工厂是否雇用童工或存在强迫劳动，检查安全、消防、环保及工厂生产运作情况。

3. 文件审核

文件审核是外商验厂的一个重点。重要的文件包括工厂简介、营业执照、员工手册、厂规厂纪、招工登记资料、劳动合同、工时记录、工资制度、工资表、福利政策、安全制度、培训记录、会议记录、安全检查和演习记录。外商一般要检查全部的人事资料，检查至少一年内的工时及工资记录。验厂审核员通过核算工时工资记录的完整性和正确性，确定工资福利是否符合法律要求。

4. 工人面谈

工人面谈是大多数外商验厂的必经程序，往往被安排在工厂外或者非工作时间进行。进行工人面谈时，审核员和工人代表单独谈话，旨在了解工人的看法和体会，了解工厂的管理制度和运作情况，以便使审核结果更加真实、客观和完整。工人面谈一般以小组或者一对一的形式进行，不邀请工厂管理代表参加。工人代表由审核员亲自挑选，不由工厂指派。

5. 管理代表面谈

在整个验厂过程中，工厂管理代表应配合审核员，审核员会随时就有关问题向管理代表咨询和核实，以便了解工厂的运作情况。有时，审核员还会安排与管理代表进行面谈，确认工厂的政策和做法。

6. 末次会议

末次会议主要是审核员向工厂管理代表通报审核结果，指出不合格项及法规、标准要求，同时回答厂方提出的疑问。

（六）外商验厂前工厂的准备工作

外商验厂前工厂的准备工作包括确认外商验厂标准，确定验厂日期、时间和审核员人数，按外商要求准备文件资料，模拟审核，以及安排验厂陪同人员等内容。

1. 确认外商验厂标准

除 ISO 9001、ISO 14001 和 SA 8000 标准外，外商会有自己的一些特殊要求。因此在外商验厂前，工厂一定要针对不同客户，做好充分的准备工作，确认外商验厂的具体标准，研究外商的验厂文件，确认验厂的侧重点，确认审核标准和审查范围。

2. 确认验厂日期、时间和审核员人数

外商进入工厂前，一般会提前通知工厂。在确定验厂日期后，外商会安排 1 ～ 2 名审核员，每次审核时间为 1 ～ 2 天，跟踪审核的时间会短一些。但有的外商不会通知具体的验厂日期而突袭检查，往往到了工厂门口才打电话给工厂负责人。

3. 按外商要求准备文件资料

外商在验厂前，一般会将验厂所需文件清单发给工厂。例如，Jo-Ann Stores，Inc. 是美国最大的织品及手工艺品零售商之一，其验厂文件清单如表 2－4 所示。

表 2－4 Jo-Ann Stores，Inc. 验厂文件清单

质量管理和生产能力
1. 人事架构图 2. 工序流程图 3. 质量手册 4. 检验指引 5. 生产计划及生产进度报告 6. 原材料检验报告 7. 试产办检验报告 8. 半成品检验报告 9. 收件检验记录 10. 成品检验报告 11. 纠正预防记录 12. 次品分析报告 13. 成品测试记录 14. 相关安全标准及测试报告 15. 测试仪器校验

续表

16. 利器控制程序及断针记录 17. 金属探测机每小时校验记录 18. 培训计划 / 记录 19. 外发加工检验记录 20. 不合格品的控制程序及记录 21. 机器设备清单 22. 人员结构图表 23. 机器维修保养记录 24. 每日清洁计划 25. 防虫计划及报告，防虫剂的使用及存储记录 26. 害虫活动研究报告，诱饵或灭虫装置地点的记录
用工道德规范，工时和工资，工作健康和安全，工作和居住环境
27. 营业执照 28. 厂规 / 宿舍管理及其他规章制度 29. 劳动合同 30. 员工记录（入厂登记及身份证复印件、照片） 31. 未成年工（16 ~ 18 岁）的登记证和健康证或体检记录（若有未成年工） 32. 规定本地最低工资标准的文件 33. 工卡或考勤表 34. 计件工人的计件单（若有计件工人） 35. 工资册 36. 加班批文 37. 社会保险登记证 38. 购买社会保险的发票或证明 39. 人力资源和社会保障局关于本地应购买社会保险类型及相应比率的文件 40. 医务人员证书 41. 急救培训记录 / 照片 42. 药箱药品使用 / 补充记录 43. 急救指南 44. 厂房灭火及疏散演习记录、照片 45. 宿舍灭火及疏散演习记录、照片 46. 疏散指南 47. 消防疏散员证书 48. 消防设施保养合同 / 证书 49. 劳动保护用品使用指南 50. 化学危险品存储清单和使用方法 / 人员培训 51. 特种设备的使用许可证（电梯 / 锅炉）及操作工的上岗证 52. 厂房清洁计划 / 记录 53. 洗手间清洁计划 / 记录 54. 工伤记录 55. 食堂工作人员健康证明 56. 食堂卫生许可证 57. 环保证书 58. 排污许可证 59. 废水检查报告 60. 每层消防设备、洗手间、安全出口及人数统计

续表

供应链保安计划
61. 保安制度 / 保安计划 / 记录
62. 外来访客登记记录
63. 车辆进出记录
64. 邮件、包裹的检查记录
65. 保安员每日的巡厂记录
66. 工厂内发现陌生人的应对程序
67. 岗位交接记录（包括钥匙、人员等交接）
68. 原料仓 / 成品仓 / 化学品仓货物进出记录及入库单 / 领料单
69. 货柜上落货记录
70. 员工档案资料及背景调查记录
71. 有关供应链保安计划的培训记录
72. 对员工参与保安计划或举报不法行为的鼓励政策
73. 保安计划内部审核记录

4. 模拟审核

在外商验厂前，工厂最好安排一次模拟审核，过程和方法应与实际审核相同，尽量发现不合格项，并采取纠正措施。如果有条件，可聘请咨询公司进行指导，或联系有经验的公司提供帮助。

5. 安排验厂陪同人员

（1）召开首次会议时，工厂主要领导及人事部、财务部、品质管理部的负责人均应参加，管理代表也要参加，以表明工厂对验厂工作的高度重视。

（2）现场检查时，陪同人员可以是行政人员和品质管理部负责人，同时要有联络员陪同，以随时通知相关部门负责人到本部门迎接、陪同验厂审核员，并解答审核员提出的问题。

（3）审核文件时，陪同人员应包括财务部、人事部负责人及文件档案管理人员，主要领导也应在场，以便回答有关工程运作方面的问题。

（4）工人面谈时，工厂管理人员均应回避。如果验厂审核员要求，可派人事文员在谈话室附近做联络工作。

（5）管理代表接受面谈时，工厂其他高层管理人员可在场，对工厂的重大方针和政策做必要的解释。

（6）验厂审核员在整理文件时，文件档案管理人员应陪同，以了解验厂审核员的需求，若有需复印的资料，应及时安排。

（7）末次会议的出席人员与首次会议相同。

（七）外商验厂后的改进工作

外商验厂后的改进工作包括分析不符合项产生的原因、尽快制定纠正措施或实施补救方案、逐步完善管理制度、实施整体性改善计划、定期进行内部审核等内容。

1. 分析不符合项产生的原因

外商验厂结束后，工厂要对不符合项产生的原因进行分析，制定补救和预防措施。

需要注意的是，许多外商都会把 SA 8000 标准作为第一标准，凡未达到 SA 8000 标准的，就会成为致命不符合项。有些外商公开申明，任何不符合有关 SA 8000 标准方面的重要问题，不论其他方面的评分高低，这个工厂都将自动被评为不合格。

微课视频

外商验厂的事后改进

2. 尽快制定纠正措施或实施补救方案

验厂后，工厂应对不符合项尽快制定纠正措施或实施补救方案，并在验厂审核员规定的时间内提交。

3. 逐步完善管理制度

工厂应逐步完善管理制度，设法引进先进的管理方法，推行标准化、人性化的管理模式，努力改善企业文化。

4. 实施整体性改善计划

工厂应寻求专业咨询公司的帮助，并请专业人员系统地评估工厂的管理制度和现状，引进国内外先进企业的做法，从而提高整体管理水平。

5. 定期进行内部审核

工厂应定期进行内部审核，及时纠正存在的问题，使审核工作日常化，从而进一步改善管理制度和责任制度，使之标准化、系统化。

专题：外贸与中国

外贸人背 60 斤样品包机去欧洲：“一趟搞定全年三分之一订单”

虽然是周末，刚刚回国的宁波瑞曼克斯门窗配件有限公司总经理丁言东还在忙碌地安排着工作。

作为全国首架拓市场商务往返包机的成员之一，外贸人丁言东说，今年整体行情不太好，而海外的工厂已经基本恢复，除了提高企业自身的竞争力，的确有“抢单”的紧迫感。为此，他此次出去专门背了近 60 斤重的样品去见新老客户，“肯定是当场见面好，沟通深度和诚意都不同”。

总行程 12 天的欧洲之行，丁言东跑了 7 个地方，见了 7 位客户，拿下了总共约 200 万欧元（约合 1 380 万元人民币）的订单，“一部分是意向订单，一部分是直接落定的”，总额接近公司年订单额的三分之一，也稳住了原本降势明显的下半场，“今年整体预计会比去年微降一些，好的话能持平，这已经超出预期了”。

同行者魏国文在欧洲的行程比丁言东还要紧凑。作为宁波宝林达进出口有限公司总经理、搭乘全国首架拓市场商务往返包机的 36 名外贸人之一，魏国文带着公司的原创玩偶见了 10 位客户，其中有 7 位老客户、3 位新客户。

“前两年我们的订单增长稳定，但今年上半年开始发现接单力度下降了。”魏国文表示，出去了一趟，所走访的客户目前在订单上都没问题了，今年一些客户还会有新增订单，总共收获了价值约为 1 000 万欧元的意向订单，也占公司年销售额的三分之一左右。

对外贸人来说，一次见面，胜过 1 000 封邮件。出海稳住订单、敲定新单的逐一攻破，也给外贸人带来了比黄金更重要的信心。

第一次带着原创玩偶“小艺”出国的魏国文，是此行收获最大也准备最充足的外贸人之一。她表示，这次出国不是临时的，而是很早就做好了准备，“疫情期间好多次都订好了机票，也办好了签证，无奈没有回程的机票，所以不得不又取消。这次包机，非常有针对性地解决了我们的问题”。

从 2020 年 2 月起就没有出过国的魏国文说，以出口为主要市场的他们已经整整 882 天没有见到客户了。作为专注于儿童益智玩具研发和生产的创新型企业，在疫情之前，他们公司旗下的自主品牌在欧洲已具备一定的知名度，目前六成出口份额在欧洲，并在全球 70 多个国家和地区建立了经销体系。

由于做的是创意产品，她说，很多点子要在当面沟通中才能碰撞出来，见面特别重要。为此，她按照长期制订的访客计划，在 12 天的欧洲旅程里如愿地见到了所有预约好的新老客户，不仅把准备好的一系列新样品送到了客户的手中，与匈牙利新客户签下了长达三年的代理协议，而且带回了海外市场流行或客户喜欢的样品。在她看来，宁波市政府为企业组织商务包机的举措，让海外客商看到了中国人的决心和力量，这也包含了政府作为后盾的实力。从企业自身而言，带去了自主研发的创新材料和最新设计的魏国文团队，也让客户看到了独特性与不可替代性。

丁言东将继续出海开拓市场或参展。卓力电器集团有限公司副总经理刘杰也说，此次欧洲之行与老客户见面畅聊的感觉，真是久违了。除了面对面增进感情，他们也在观察摸底市场，为 9 月的欧洲展会作准备。

资料来源：缪琦. 外贸人背 60 斤样品包机去欧洲：“一趟搞定全年三分之一订单”[EB/OL]. 第一财经，2022-07-24.

操作指导

工作任务 1　翻译整理样品资料

为了使工厂方面看得清楚明了，杨华将客户资料的中文翻译写在对应英文的旁边。这里需要特别注意的是，外贸跟单员要牢记保护外贸公司的商业机密，最常见的如国外客户的公司名称、地址、联系电话和传真，以及电子邮箱等企业信息，不可透露给合作工厂，以防合作工厂绕开外贸公司直接跟客户签约。除此之外，如果国外客户有明确要求，或者出于外贸公司自身商业利益保护的需要，外贸跟单员也不可将诸如商品的设计资料、产品配方、制作工艺、生产方法等商业信息透露给合作工厂。在本业务员中，外贸跟单员杨华在将客户的样品资料翻译整理成中文的时候特意删除了 SKY 公司的电话、传真、电子邮件这三项内容。翻译整理的样品资料如表 2－5 所示。

表 2－5 翻译整理样品资料

Measurements 服装各部分尺寸	ref.	38#	40#	42#	44#	46#	48#
Front length，from HPS 衣服前长（从高肩点处测量）	A	56	57	58	59	60	61
1/2 Bust 2cm below armhole 1/2 胸围（袖笼下 2 厘米处）	B	50	52	54	56	58	60
Waist position from HPS 腰点（从高肩点处测量）	C	40	40.5	41	41.5	42	42.5
1/2 Waist 1/2 腰围	D	45	47	49	51	53	55
1/2 Bottom 1/2 下摆	E	52	54	56	58	60	62
Neck width across 领宽	F	19	19.4	19.8	20.2	20.6	21
Neck drop back 后领深	G	1.5	1.5	1.5	1.5	1.5	1.5
Neck drop front 前领深	H	9.5	9.65	9.8	9.95	10.1	10.25
Across front 10–13cm from HPS 前阔（从高肩点下 10 ～ 13 厘米处测量）	J	36	37	38	39	40	41
Collar depth CB 后中领高	K	10	10.5	10.5	10.5	11	11
Collar point 领点距离	L	12	12.5	12.5	12.5	13	13
Pocket zipper length 袋拉长	M	13	13	13	13	13	13
Shoulder 小肩宽	N	11	11.25	11.5	11.75	12	12.25
Upper sleeve 2cm below armhole 袖宽（袖笼下 2 厘米处）	O	18	18.5	19	19.5	20	20.5
Top of sleeve（crown）depth，approx. 上袖峰长	P	15	15.3	15.6	15.9	16.2	16.5
1/2 Sleeve width 15cm above opening 1/2 袖宽（从袖口上 15 厘米处测量）	Q	13.5	13.85	14.2	14.55	14.9	15.25
1/2 Sleeve opening 1/2 袖口长	R	13	13.25	13.5	13.75	14	14.25
Sleeve length incl.cuff 袖长（包括克夫）	S	62	62.5	63	63.5	64	64.5
Cuff length 克夫宽	T	6	6	6	6	6	6
Across back 10–13cm from HPS 后阔（从高肩点下 10 ～ 13 厘米处测量）	U	38	39	40	41	42	43
Armhole depth inner shoulder point 袖笼深（从内肩点处测量）	V	25	25.5	26	26.5	27	27.5
Armhole depth outer shoulder point 袖笼深（从外肩点处测量）	X	21	21.5	22	22.5	23	23.5

Shell：woven，100% cotton twill 20 × 16/128 × 60，reactive dyed，stone washed.

主面料：100% 斜纹梭织面料，规格为 20 × 16/128 × 60，活性染色，砂洗。

Color in gray.

颜色为灰色。

Color fastness to washing：4

水洗色牢度：4 级

续表

Color fastness to light：4 日晒色牢度：4 级 Color fastness to rubbing　　wet　　dry 　　　　　　　　　　　　　3–4　　4 摩擦色牢度：3 ～ 4 级（湿摩擦），4 级（干摩擦） Padding：100% PES（body 100g/m^2，sleeves 80g/m^2） 填充物：100% 涤纶（正身 100 克 / 平方米，袖子 80 克 / 平方米） Lining：100% cotton 里料：100% 棉 Fake fur at collar and cuff，color：to tone of the garment. 领子和袖子部位有人造毛，人造毛的颜色须与服装面料配色。 Front and pockets zipper：metal，5#. 前拉链和袖子拉链为 5 号金属拉链。 The sample should contain the following labels： 样品必须有下列标唛： Main label：Centred under collar band，and sewed with stitching around. 领圈线中央下面有主唛，四周缝线。 Size label：Centred under Main label. 主唛中央下面有尺码唛。 Hangtag：should be through the Size label. 吊牌（位置）必须穿过尺码唛。 Care label：should be at inside left side seam 8cm above the bottom. 洗水唛在内左侧缝下摆以上 8 厘米处。

工作任务 2　书写打样函给工厂

杨华找到两家潜在合作工厂后，让两家工厂根据样品信息各自报了出厂价。萧山永新服装有限公司的报价为 78 元 / 件，嘉兴天赐服装有限公司的报价为 78.5 元 / 件，两家工厂报价基本接近。对此，杨华决定让两家工厂分别打样，以做比较，根据样品的质量与客户的反馈意见再决定选择合作工厂。

在理解了客户的打样要求后，杨华将样品资料及其翻译件打印后，通过快递寄送给两家工厂（萧山永新服装有限公司和嘉兴天赐服装有限公司），并随即书写了两封打样函给这两家工厂的负责人（见表 2 - 6、表 2 - 7）。

表 2 - 6　打样函（1）

Subject：请配合打样 From：Jacky@jinyuan.com Date：May 12th，2023 To：Zhengyongxin@163.com
郑老板： 　　您好！有一国外客户需要采购 1 款女式夹克，请配合打样，具体要求如下： 　　款号：WJ0101。 　　面料：灰色全棉梭织斜纹，规格为 20 × 16/128 × 60，活性染色，砂洗。

续表

里料：全棉。 填充物：100% 涤纶（正身 100 克 / 平方米，袖子 80 克 / 平方米）。 样衣数量：4 件 40#。 样衣尺寸和其他品质要求详见样衣设计图及中文翻译。 样衣完成时间：2023 年 5 月 19 日前。 样品确认后，客户会下大订单，请重视。 如有任何疑问，请随时与我联系。 希望今后合作愉快，谢谢！ 杨华 浙江金苑进出口有限公司 浙江省杭州市下沙区学源街 118 号 TEL：0571-86739177 FAX：0571-86739177 2023 年 5 月 12 日

表 2－7　打样函（2）

Subject：请配合打样 From：Jacky@jinyuan.com Date：May 12th，2023 To：Wangtianci@sina.com
王老板： 您好！有一国外客户需要采购 1 款女式夹克，请配合打样，具体要求如下： 款号：WJ0101。 面料：灰色全棉梭织斜纹，规格为 20 × 16/128 × 60，活性染色，砂洗。 里料：全棉。 填充物：100% 涤纶（正身 100 克 / 平方米，袖子 80 克 / 平方米）。 样衣数量：4 件 40#。 样衣尺寸和其他品质要求详见样衣设计图及中文翻译。 样衣完成时间：2023 年 5 月 19 日前。 样品确认后，客户会下大订单，请重视。 如有任何疑问，请随时与我联系。 希望今后合作愉快，谢谢！ 杨华 浙江金苑进出口有限公司 浙江省杭州市下沙区学源街 118 号 TEL：0571-86739177 FAX：0571-86739177 2023 年 5 月 12 日

工作任务 3　寄送样品给客户

2023 年 5 月 18 日，两家工厂如期完成了样衣的制作并快递给了金苑公司。杨华首先检查了两家工厂的样品的生产工艺及尺码大小，发现嘉兴天赐服装有限公司生产的样衣无论是选料还是做工都明显比萧山永新服装有限公司的样衣要差。因此在跟师父 Chris 商量后，杨华决定寄送萧山永新服装有限公司的样品给 SKY 公司，放弃与嘉兴天赐服装有限公司的合作。在寄送样品之前，杨华制作了样品清关所需的形式发票（见表 2－8），以便样品顺利通关。样品通关也要申报价格，但样品不是商品，因此在制作形式发票时，价格可以定得低一点。不同目的国的样品申报定价原则不同，一般不超过 50 美元，否则样品很有可能会被进口国海关征收关税。但如果样品数量或价值较高，申报价格也不能过低，否则海关会认为申报不实，也会引起海关的扣关。外贸跟单员要根据实际情况灵活处理。

表 2－8　形式发票

ZHEJIANG JINYUAN IMP.&EXP.CO.，LTD.

NO. 118，XUEYUAN STREET，XIASHA，HANGZHOU 310018，CHINA

TEL：0086-571-86739177　FAX：0086-571-86739177

PROFORMA INVOICE

NO.：230221　DATE：19/05/2023

MESSRS：SKY CORPORATION

Rathausmarkt 100，20095 Hamburg，Germany

TEL：0049-40-34108888

FAX：0049-40-34108888

Dear Sirs：

We are pleased to offer you the following items，please check and confirm.

QUANTITY	ITEMS	AMOUNT
3PCS	100% COTTON LADIES’ JACKET	USD24.00
	TOTAL	USD24.00

TOTAL： SAY US DOLLARS TWENTY FOUR ONLY.

It’s only for customs use! No commercial values!

DHL# H8927056851

For and on behalf of

ZHEJIANG JINYUAN IMP.&EXP.CO.，LTD.

Lee Hua

Authorized signature

杨华将样衣和形式发票一并交给 DHL 快递员，于 5 月 19 日寄出。样品寄出后，杨华随即写了一封通知函（见表 2－9）给 SKY 公司的 David，通知其样品寄出一事。

表 2－9 通知函

Subject：WJ0101 samples send out From：Jacky@jinyuan.com Date：May 19th，2023 To：David@sky.com
Dear David， Samples of WJ0101 have been finished，and I have already sent 3pcs of SMS size 40# color in gray to you today via DHL# H8927056851，pls track. Please give us the comment on the samples ASAP after the receipt. Best regards! Jacky Yang ZHEJIANG JINYUAN IMP.&EXP.CO.，LTD. NO. 118，XUEYUAN STREET，XIASHA，HANGZHOU 310018，CHINA TEL：0086-571-86739177 FAX：0086-571-86739177

工作任务 4 样品修改及确认

杨华寄出样品后，每天登录 DHL 网站查看物流信息。2023 年 5 月 23 日，物流信息显示快递被客户签收。

2023 年 5 月 24 日，SKY 公司的 David 给杨华来函，指出样品存在如表 2－10 所示的问题。

表 2－10 样品存在的问题

MEASUREMENTS Problem	40#
Front length，from HPS	－1CM
1/2 Waist	+0.5CM，BUT OK
1/2 Bottom	－1.5CM
Shoulder	－2CM
Sleeve length incl.cuff	－1.5CM
OTHER MEASUREMENTS ARE OK.	

Under part of pocket back is from fake fur fabric，this makes the jacket too thick when the jacket is closed. Please use pocket lining，at both under and upper part，and attach a pocket facing（shelter）under the zipper opening! Pls see the following sketch.

Workmanship problems：

1. Front zipper is a little bit wavy. This quality of zipper is not acceptable.
2. Dirty spots，like we found at your samples，must be avoided for bulk.
3. Outside visible points of sewing thread must be avoided.

Attention：adjust all measurement deviations and workmanship problems!

Please send one piece of modified sample quickly.

续表

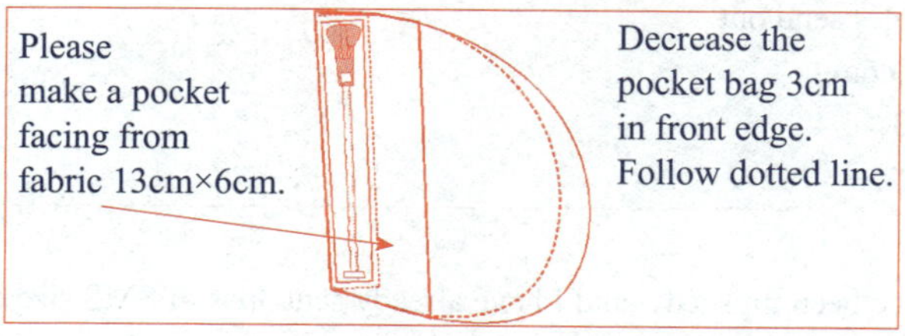

杨华仔细阅读了客户的样品修改意见，了解到样品存在下列问题：

1. 尺寸方面的问题

尺寸方面的问题如表 2－11 所示。

表 2－11　尺寸方面的问题

MEASUREMENTS Problem 尺寸问题	40#
Front length，from HPS 衣服前长（从高肩点处测量）	−1CM 偏小了 1 厘米
1/2 Waist 1/2 腰围	+0.5CM，BUT OK 偏大了 0.5 厘米，但没关系
1/2 Bottom 1/2 下摆	−1.5CM 偏小了 1.5 厘米
Shoulder 小肩宽	−2CM 偏小了 2 厘米
Sleeve length incl.cuff 袖长（包括克夫）	−1.5CM 偏小了 1.5 厘米
OTHER MEASUREMENTS ARE OK. 其他部位尺寸都正确。	

2. 样品做工方面的问题

衣服口袋存在如下问题：口袋布因为是用人造毛做的，所以衣服的拉链拉拢时，口袋部位显得很紧、很厚，宜改用常规的里布做口袋。同时，拉链口下需要做一块袋唇，袋唇采用服装主面料，尺寸为 13 厘米 ×6 厘米。样品口袋偏大，应按图点线位置缩进 3 厘米。

其他做工问题如下：（1）衣服前拉链有点起拱、不平整；（2）样衣上有污渍；（3）衣服上有外露的线头。

杨华将上述样品修改意见传达给工厂，要求工厂严格按照客户修改意见对样品进行修改。5 天后，工厂按照修改意见将两件修改样快递给了杨华，杨华随即再次通过 DHL 将 1 件修改样寄送给 SKY 公司的 David。

又经过 4 天，SKY 公司的 David 来函，表示修改样品质合格，最终确认了样品，待验厂合格、价格谈妥后就会下订单。

工作任务 5 做好验厂准备，接受外商验厂

2023 年 6 月 3 日，SKY 公司给金苑公司发来验厂审核通知（见表 2－12），表示近期将进行验厂，要求杨华做好验厂准备和配合工作。非常幸运的是，萧山永新服装有限公司在做其他订单时已经多次接受过外商验厂，因此工厂的社会责任、质量控制和环境管理等几方面工作都做得很好，表示对本次验厂能通过非常有信心。但杨华还是不敢大意，因为验厂通不过，客户就不会下单。所以杨华密切与工厂联系，并几次赴工厂查看，协助工厂做好验厂准备工作。

表 2－12 验厂审核通知

SKY Audit Advice
SKY 公司审核通知

Dear Vendor/Factory，
尊敬的供应商 / 工厂：

SKY now is planning to audit your factory on following parts to evaluate the compliances with SKY requirements：

SKY 公司准备就以下几个方面对贵工厂进行审核：

—Quality Management System/ 品质管理系统
—Social Accountability/ 社会责任
—Enviormental Management System/ 环境保护管理系统

The whole audit process will consist of the following parts：
整个审核过程包括以下几部分：

—Opening meeting/ 首次会议
—On-site observation/ 现场检查
—Documentation check/ 文件审核
—Workers interview/ 工人面谈
—Management interview/ 管理代表面谈
—Closing meeting/ 末次会议

During the audit，we will take photos，copy documents/records，conduct interviews with factory management and interviews with employees both in groups and individuals. We will also visit workshops and living facilities belonging to the factory，examine documents such as factory policies，procedures，production records，personnel records，time records as well as payroll records，etc. Please make sure that all processes are in operation and responsible management staffs are available during the date of audit.

在审核过程中，我们会拍摄照片，复印相关文件和记录，与管理层及工人进行团体面谈和个人面谈。我们还会审核全部的生产及生活场所，查阅文件（如工厂政策、生产流程）、生产记录、人事资料、工作时间记录、工资单等。请确保工厂所有工序都在正常运转及相关的负责人在场。

Enclosed is a Document Requisition List，please prepare it if available.

附件是文件审核清单，请准备清单所列文件和记录。

We would take this opportunity to confirm that all information/documents/records we get during the audit would not be disclosed to other parties and it's for SKY reference only.

我们在此承诺，所有有关这次审核的信息、文件、记录不会透露给第三方，仅作为 SKY 公司参考使用。

Shall you have any queries or problems on above，please let us know immediately.

如您有任何疑问或困难，请立即联系我们。

Best regards！
祝好！
Vendor Assessment & Development Team/ 供应商审核及发展组

2023 年 6 月 7 日深夜，SKY 公司派出的两位验厂审核员到达杭州，并电话通知杨华第二天一早陪同他们去萧山永新服装有限公司进行验厂。杨华随即电话通知工厂联络人转告验厂事宜。

2023 年 6 月 8 日上午 9 点，杨华与 SKY 公司两位验厂审核员到达萧山永新服装有限公司，随即按照预先设计的流程进行验厂。

1. 首次会议

审核员与工厂各个部门的负责人以及杨华开了短会，了解了工厂的基本情况，并向工厂方介绍了验厂安排：验厂的重点包括工厂相关文件审核以及工作现场检查。

2. 现场检查

首次会议后就开始现场检查。两位审核员首先检查了生产车间，认真查看车间的生产环境，车间地面、走道、窗户的清洁卫生情况、通风情况，车间的生产秩序情况等。SKY 公司严禁工厂使用童工，因此对看起来年龄较小的工人进行了专门的求证；还重点检查了安全消防情况，如消火栓、灭火器的摆放和检验证书，车间的应急疏散通道是否通畅、标识是否明显，开关电闸是否有保护盖等。萧山永新服装有限公司是一家规模较大的生产企业，建有自己的员工宿舍和员工食堂。SKY 公司审核员检查了员工的住宿条件，包括每个宿舍的人数、卫生间和淋浴间的卫生状况；在食堂，两位审核员在午饭时间对餐厅的就餐环境、餐厅职员的个人卫生以及工作餐的饭菜品质都进行了检查；在门卫处，两位审核员查看了工厂是否对外来人员进行安全登记；在仓库，两位审核员查看了原材料和产成品的保管存储、料件和产品出入库的领用和登记情况。现场检查环节，验厂审核员对于每项检查都做了书面记录工作。

3. 文件审核

文件审核是 SKY 公司验厂的一项重点，萧山永新服装有限公司因为有过验厂的经历，因此顺利地按照 SKY 公司的验厂文件清单整理好了所有的文件。审核员查看了工厂的营业执照、员工手册、厂规厂纪、招工登记资料、劳动合同、工时记录、工资制度、工资表、福利政策、安全制度、员工培训记录、公司相关会议记录、历次安全检查和演习记录。

4. 工人面谈

当天下午，SKY 公司两位验厂审核员来到生产车间，随机挑选了两名工人，并让工厂方安排了两间单独的办公室，按照 SKY 公司的面谈问卷（见表 2－13）与工人进行了面谈。

表 2－13　SKY 公司验厂工人面谈问卷

调查问卷（EIQ）		
基本信息		
工人姓名	工人工号	职位
工资工时		
1. 你是什么时候入厂的？		
2. 你是如何找到这份工作的？（广告、熟人介绍、中介或经纪人）		

续表

3. 每个月通常有几天休息？
4. 每个月有几个星期六工作？
5. 每天正常工作时间是多少？几点上下班？
6. 上班当中有时间休息吗？每次休息有多长时间？
7. 平时每天晚上加班多长时间（从几点到几点）？
8. 旺季是从几月到几月？
9. 旺季每晚加班多长时间？
10. 平时是怎么打卡的（纸卡、IC 卡或没有考勤记录）？
11. 谁负责打卡？自己还是主管或保安？
12. 如果是主管负责打卡，你有机会确定工作时间吗？
13. 平时是不是要打两套卡？
14. 有没有平时上班不用打卡？
15. 你是计件、计时还是月薪制？
16. 平时加班费怎么算？
17. 周末加班费怎么算？
18. 发工资时你可以核对金额是否正确吗？
19. 多久发一次工资？最近一次发工资是什么时候？发哪个月的？多少钱？
20. 工厂有没有向你解释工资里面的扣除项？
21. 你明白扣除费用吗？
22. 工厂有没有收取工具费用或扣除诸如伙食、水电等费用？这些扣款是否合理？
23. 你有没有在工厂以外工作？有没有工资？
24. 知道什么是带薪年假吗？
25. 知道产假多长时间吗？
26. 为了得到这份工作，你是否欠人才中介的钱？

童工

27. 你的出生年月是什么？
28. 你在这里工作多久了？
29. 你看到过有儿童在这里或在这里帮他们的父母工作吗？

强迫性劳工

30. 晚上可以不加班吗？
31. 如果不加班会有处罚吗？
32. 下班时间可以离开工厂吗？
33. 上洗手间有没有什么规定？
34. 工厂有没有克扣你的工资？
35. 工厂是否扣留了你的身份证或其他身份证明文件？
36. 辞工必须提前多少天通知工厂？
37. 你觉得你按照工厂规定的时间提出离职申请，他们会同意吗？

胁迫与骚扰

38. 你是否看到其他人或你自己备受管理层的性骚扰、辱骂和殴打？

歧视

39. 你是否因为种族、宗教、年龄、国籍、社会或民族团体、性别、政治观点或残疾等原因在工资、福利、提拔、惩戒、终止或退休等方面享受低于其他同事的待遇？

续表

健康安全 40. 你有没有参加过消防演习？如果有，多久一次？ 41. 你有没有受过伤？如果发生意外事故受伤，工厂如何处理？ 42. 你知道怎样使用灭火器吗？ 43. 有没有干净的水饮用？ 44. 有洗手间供使用吗？ 45. 车间的通风好吗？ 46. 你能看懂疏散标识吗？ 47. 在上班时间，紧急出口有没有上锁？ 48. 晚上宿舍的门上锁吗？ 49. 在宿舍里可以煮饭吗？ 50. 在工作中如果需要使用化学品，工厂有没有提供如何使用的培训？ 51. 在工作时工厂有没有提供个人防护用品（如耳塞、口罩、手套等）？ 监测与守法 52. 你有没有看到过公司的生产守则？ 其他法律 53. 你有没有接受过怀孕测试？如果有，什么时候进行？是受聘之前还是工作之后？所有的女性工人均要接受该测试吗？如果结果是阳性，会有什么结果？ 54. 你有没有接受过身体检查？如果有，检查了什么？ 55. 工厂有没有要求你服用药物？如果有，你知道是什么吗？ 56. 你加入工会了吗？如果是工会成员，会费由谁支付？ 57. 你知道其他同事有没有加入工会吗？ 58. 如果你加入工会，你觉得工厂还会继续聘用你吗？ 其他 59. 你觉得这家工厂怎么样？ 60. 你对工厂有没有什么意见？

5. 管理代表面谈

两位审核员与工厂负责人、各部门负责人等工厂管理层人员进行了面谈，询问了工厂的基本概况和基本政策、各部门的基本运行情况及管理现状。审核员对相关问答环节做了笔录。

6. 末次会议

下午 4 点，SKY 公司两位审核员完成了对工厂的各项审核，召集工厂负责人和管理人员以及杨华召开了末次会议，通报了本次验厂结果：验厂的各项内容基本合格，但存在如下几个问题需要工厂进行整改：（1）仓库保管员过去 3 年都未接受过健康体检；（2）公司的工资记录和工人面谈都无法证实工人是否得到了加班费；（3）工厂没有与工人就生产安全和生产环境方面的问题进行沟通，也没有听取工人的相关意见。对于上述发现的问题，SKY 公司要求工厂进行整改，今后合作还会验厂，并对这些问题是否得到整改进行跟踪。

虽然有几个小问题需要整改，但 SKY 公司验厂审核员对工厂的生产经营条件和各项验厂要素都表示认可。验厂结束后3天，SKY公司给杨华来函：工厂生产经营条件不错，验厂合格。收到客户的来函，杨华非常高兴，因为样品确认、验厂通过，根据经验和惯例，SKY公司的订单应该可以拿到了。杨华把验厂合格的消息通知了萧山永新服装有限公司，并就下一步的合作事宜进行了交流。萧山永新服装有限公司承诺会全力配合订单的生产，保证保质保量交货，并对生产周期做了说明：6月到10月工厂接到的订单较多，是生产旺季，因此请尽早下单给工厂，一般而言8 000件左右的订单数量，大货的正常生产周期为20天。

同步训练

一、单项选择题

1. 卖方根据买方来样仿制或从现有货物中选择品质相近的样品以供买方确认，这样的样品称为（　　）。

A. 原样　　B. 复样　　C. 对等样　　D. 确认样

2. 外贸业务中的bulk sample，又被称为green sample，中文翻译为（　　）。

A. 色样　　B. 对等样　　C. 产前样　　D. 大货样

3. 在交易会上，许多客户都会要求提供样品或样品目录，这其中大部分客户是出于什么动机？（　　）

A. 收集样品，了解市场行情　　B. 需要样品进行试销

C. 有真实成交意愿　　D. 自用

4. 服装出口业务中，以下属于确认样环节之后的样品的是（　　）。

A. 款式样　　B. 水洗样

C. 色样　　D. 产前样

5. 下列不属于外商验厂内容的是（　　）。

A. 社会责任　　B. 企业员工数量　　C. 产品质量控制　　D. 环境管理

6. 针对上次验厂报告，在约定时间内查看工厂的纠正态度及效果属于（　　）。

A. 定期验厂　　B. 初次验厂　　C. 跟踪验厂　　D. 突袭验厂

7. 关于外商验厂的工人面谈环节，以下说法正确的是（　　）。

A. 面谈工人由工厂指派　　B. 工人面谈环节一般放在最后

C. 一般不邀请工厂管理人员参加　　D. 工人一般是年长且经验丰富

8. 下列不属于外商验厂基本流程的是（　　）。

A. 首次会议　　B. 中间会议　　C. 文件审核　　D. 现场检查

9. 以下哪一项属于外商验厂过程中对企业环境进行检验时所参照的标准？（　　）

A. ISO 14001　　B. SA 8000　　C. ISO 27001　　D. ISO 9001

10. 寄送样品到美国，一般会选择以下哪类快递业务？（　　）

A. FedEx　　B. 邮政小包　　C. 顺丰速运　　D. EMS

二、判断题

1. 出口寄样后，外贸跟单员应做好样品通知工作，通知客户及时查收。(　　)

2. 老客户要求寄送样品，应一律免费提供。(　　)

3. 打样时间要考虑到样品的生产时间及样品的面料、辅料采购时间，如果买方对样品包装有要求，外贸跟单员还必须考虑包装及材料购置的时间。(　　)

4. Shipping Sample 指的是服装外贸中的船样。(　　)

5. 为节约样品寄送费用，外贸公司应尽可能选用邮政的航空大包寄样。(　　)

6. 样品不是商品，所以在进出口过程中不需要报关。(　　)

7. 跟踪验厂的目的是检查合约工厂的纠正行动是否有效。(　　)

8. 在验厂过程中，工厂管理代表应配合验厂审核员，验厂审核员也会安排面谈以确认工厂的政策和做法。(　　)

9. 外商验厂的第一个环节通常是工作现场的检查。(　　)

10. 封样可由第三方或公证机关从一批货物中抽取同样质量的，加封识别。(　　)

三、案例分析题

2011 年 6 月，广东汕头玩具生产出口商 T 公司接到比利时某进口商采购塑料玩具小鸟的订单。接单后，T 公司按照要求生产了样品，完成后便寄送给比利时进口商确认。

比利时进口商按照当时的欧盟标准对样品进行了检测，产品检测通过。测试合格后，T 公司准备按照样品品质采购原材料并生产备货。

恰在此时，公司外贸跟单员小张在浏览“福步外贸论坛”时，了解到 2011 年 7 月 20 日开始，欧盟玩具产品安全新指令将全面实施，新指令对于玩具产品的化学元素限量做了严格的规定。

小张马上联系了比利时进口商，并询问产品能否达到新指令的要求。比利时进口商随即回电：将对玩具样品按照新标准重新进行检测。2 天后，比利时进口商来电：对照新指令，玩具的增塑剂不合格，需更换塑料增塑剂，同时感谢 T 公司的专业服务。

T 公司按照欧盟玩具产品新标准重新制作了样品，并得到了客户认可。随后 T 公司如期生产发货，并顺利收汇。通过这笔业务，T 公司赢得了比利时进口商的信任。双方建立了牢固的合作关系。

请结合本案例，谈谈样品的作用。本案例对你有什么启示？

拓展训练

在寻找生产供应商的同时，浙江新力进出口有限公司及时回复了 PRINCE 公司 3 月 19 日的邮件，表示愿意就此次业务进行合作。3 月 22 日，英国客户 PRINCE 公司发来了如表 2-14 所示的打样函。

表 2－14　打样函

Subject：sample request
From：Dick@prince.com
Date：March 22th，2023
To：Karl@xinli.com

Dear Karl,
Please see attached file for the detailed information of men's coat style M3045.
Fabric：100% black PU.
Lining：100% cotton，color in black.
Make samples strictly according with the attached file.
We need 5pcs of SMS，size in 42. We need the above samples before the end of May in our office. If you have any inquiry question，pls do not hesitate to contact with us Thanks!
Yours truly,
Dick
PRINCE TRADING CO.，LTD.
ADD：88 CHESTNUT AVENUE，BUCKHURST HILL，ESSEX IG9 6EP JERSEY 10024，UK
TEL：+44（020）72807700
FAX：+44（020）72807700
Attached file：M3045 sketch

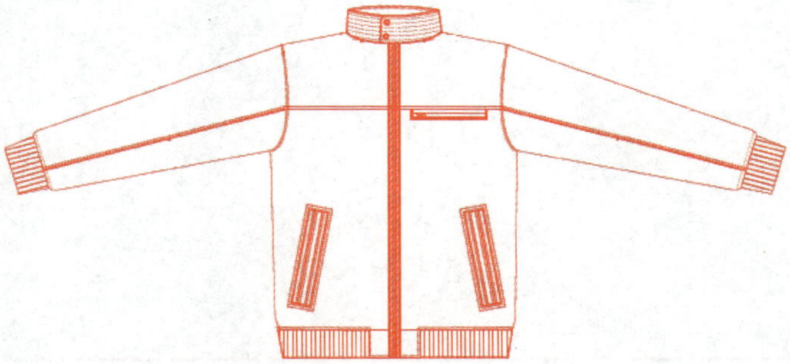

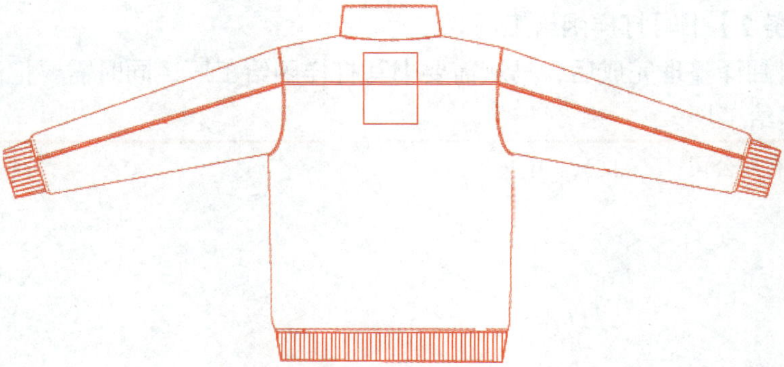

Centre back, 2cm below the neckline , should take a 10cm×10cm patch in shell fabric, stitched all around.

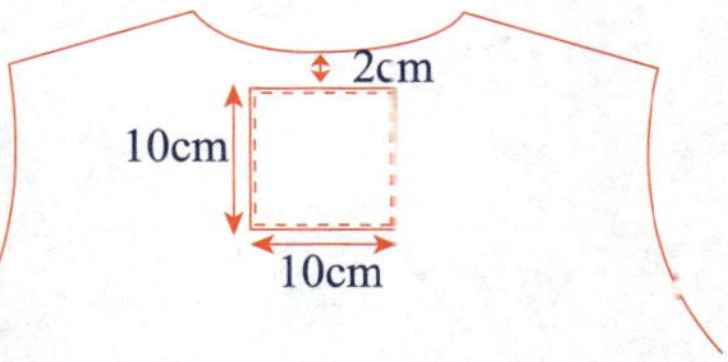

续表

Fabric：black PU，the same as style M3045. Lining：100% cotton，color in black. Color of outside and inside threads：in matching color. Accessories requirement： 1. Personalized color snap buttons size 15mm in antique sliver color. 2. YKK front zipper in antique silver color，#6mm，length 42cm，black tape. 3. YKK sleeve zipper in antique silver color，#6mm，length 13cm，black tape. 4. You should arrange puller to the one in the photo above，in antique silver color.

收到客户发来的打样函后，外贸跟单员马斌需要让嘉兴长长服装有限公司安排打样。在此阶段，马斌需要完成以下工作任务：

【工作任务 1】翻译整理样品资料。

在给工厂下达打样通知之前，马斌需要将该样品设计资料翻译整理后传达给工厂，以便工厂能顺利安排打样。

【工作任务 2】书写打样函给工厂。

样品资料翻译整理完成后，马斌需要书写打样函给工厂，同时需要把翻译整理好的样品资料寄送给工厂。

嘉兴长长服装有限公司：   马斌 浙江新力进出口有限公司 浙江省杭州市下沙区学源街 288 号 TEL：0571-86739287 FAX：0571-86739287 2023 年 3 月 22 日

【工作任务 3】寄送样品给客户。

打样通知下达给工厂 8 天后，工厂完成了样衣的生产。马斌需要将工厂完成的样衣快递给 PRINCE 公司，并需要制作一份形式发票（见表 2－15），以办理样品的快递。

表 2－15　形式发票

ZHEJIANG XINLI IMP.&EXP.CO., LTD.

NO. 288，XUEYUAN STREET，XIASHA，HANGZHOU 310018，CHINA

TEL：0086-571-86739287　FAX：0086-571-86739287

PROFORMA INVOICE

NO.：230308　　DATE：31/03/2023

MESSRS： PRINCE TRADING CO.，LTD.

88 CHESTNUT AVENUE，BUCKHURST HILL，ESSEX IG9 5EP JERSEY 10024，UK

TEL：+44（020）72807700

FAX：+44（020）72807700

Dear Sirs：

We are pleased to offer you the following items，please check and confirm.

QUANTITY	ITEMS	AMOUNT
	TOTAL	

TOTAL：

It's only for customs use! No commercial values!

DHL# H8928296×××

For and on behalf of
ZHEJIANG XINLI IMP.&EXP.CO.，LTD.
Lucas Wang
Authorized signature

【工作任务 4】做好验厂准备，接受外商验厂。

样品寄出后 5 天，客户即回函，对样品表示非常满意；同时表示，商品的最终买家对生产供应商的生产条件要求很高，会派人来中国进行实地验厂，验厂合格即可下单。为此，外贸跟单员马斌需要会同嘉兴长长服装有限公司一起做好验厂准备工作，接受外商验厂。

项目三

订单确认及分析

知识目标

通过学习，了解出口合同的主要形式，掌握出口合同的构成要素、买卖双方的主要权利义务，熟悉出口合同条款制定的主要技巧。

能力目标

通过学习，能够理解合同品质条款、数量条款、包装条款、价格条款、运输条款、保险条款等主要条款。

素养目标

培养严谨细致的职业品格和诚信守规的契约精神；强化合同风险防范意识、责任意识。

业务背景

验厂通过后，SKY公司就交易价格等关键问题与浙江金苑进出口有限公司展开了几轮磋商。2023年6月12日，SKY公司和金苑公司就价格等条款达成一致意见，SKY公司正式下单给金苑公司，如表3－1所示。

表3－1　订单

SKY CORPORATION

Rathausmarkt 100，20095 Hamburg，Germany

TEL：0049-40-34108888　　FAX：0049-40-34108888

PURCHASE ORDER

DATE：June 12th，2023　　　　NO.：3356-G -11

SUPPLIER：ZHEJIANG JINYUAN IMP.&EXP.CO.，LTD.

NO. 118，XUEYUAN STREET，XIASHA，HANGZHOU 310018，CHINA

TEL：0086-571-86739177

FAX：0086-571-86739177

续表

DESCRIPTION OF GOODS:

Ladies' jacket style No.WJ0101.

Shell: woven, 100% cotton 20 × 16/128 × 60, reactive dyed, stone washed.

Color fastness to washing	4	
Color fastness to light	4	
Color fastness to rubbing	wet	dry
	3–4	4

Padding: 100% PES (body 100g/m^2, sleeves 80g/m^2).

Lining: 100% cotton.

As per the confirmed sample.

Quantity and size assortment:

Size range	38#	40#	42#	44#	46#	48#	Total
brown	485	485	524	526	523	497	3 040pcs
gray	485	485	524	526	523	497	3 040pcs

Unit price: USD15.40/PC FOB Shanghai as per INCOTERMS 2020.

Amount: USD93 632.00

1% more or less of quantity and amount allowed.

Freight forwarder: TRANSIT DEKEIREL AND HARDEBOLLE
Room 2207, Huaihai China Tower, No.885 Renmin Road, Shanghai 200010, CHINA
Tel: +86-21-63114350
Fax: +86-21-63114322

Packing: to be packed of 10pcs each per export carton, per piece in a polybag. Each piece arms folded across chest and then half folded, and ensure that carton is full used, but no squashing of goods inside. The min.height of a carton must be 30cm, the max.weight of a carton is 12kg.

Marks: main mark to indicate SKY, P/O No., port of destination and Carton No.; side mark to indicate color, number and size of products, G.W., N.W., country of origin.

Delivery time: not later than July 14th, 2023. From Shanghai to Hamburg, partial shipment not allowed.

SAMPLES:

3 SIZE 46# color in gray pre-production samples to be sent before June 20th, 2023.

The pre-production samples will be sent to our final customer's quality assurance department. "Go" for production can only be given after our final customer's quality assurance department's approval.

Payment: 30% deposit to be paid upon proforma invoice with 5 working days by T/T. Balance to be paid by D/P at sight.

Pls send proforma invoice a.s.a.p.for confirmation of order and we will pay deposit as agreement.

PURCHASE CONDITIONS:

All garments manufacturer must meet the minimum manufacturing standards, qualified with ISO 9001: 2015 and comply with the SA 8000. The supplier warrants that the manufacture of the delivered goods has not involved, work by children in an exploiting, health-endangering or slave-like manner, forced labor or exploitative prison work.

All the labels must be correct, otherwise we will debit the supplier 2% of purchase price.

The supplier agrees to following terms: the delivery of the merchandise will meet the requirement and quality standard of the pre-production sample. If the final inspection fails, the buyer has the right to reject the merchandise. If the merchandise has more than 10% of the quality defects, which are not accordance with the final inspection, the buyer has the right to return the claimed merchandise and the supplier has to refund

续表

the amount of the claimed goods. The supplier is responsible for all legitimated claimed merchandise. Claimed goods must be shipped back to production country and are not allowed to resell in Europe. The supplier confirms to fulfill European respectively German requirements and standards concerning AZO and nickel freeness，shrinkage and colorfastness，etc. The supplier confirms also to fulfill the law of REACH. Place of performance and court of jurisdiction：Hamburg，Germany.

工作任务

SKY 公司下达订单后，金苑公司需要对订单进行确认，以使双方合同生效。外贸跟单员杨华需要查看订单各条款，以便顺利开展之后的各项跟单工作。

杨华需要完成的工作任务如下：

【工作任务 1】制作并发送形式发票以确定买方订单，使合同生效。

【工作任务 2】根据订单，明确品质跟单任务。

【工作任务 3】根据订单，明确数量跟单任务。

【工作任务 4】根据订单，明确包装跟单任务。

【工作任务 5】根据订单，明确运输跟单任务。

知识准备

一、国际货物买卖合同基础知识

国际货物买卖合同是指营业地处于不同国家（或地区，下同）的当事人之间就买卖货物所发生的权利义务关系而达成的协议，又称国际货物销售合同。其中，出售货物、接受货款的一方称为卖方，取得货物、支付货款的一方称为买方。买方和卖方是国际货物买卖合同的主要当事人。

（一）国际货物买卖合同基本形式

国际上对货物买卖合同的形式并没有特别的限制。《联合国国际货物销售合同公约》（以下简称《公约》）第 11 条规定："销售合同无须以书面订立或书面证明，在形式方面也不受任何其他条件的限制。销售合同可以用包括人证在内的任何方法证明。"《中华人民共和国民法典》第 469 条规定："当事人订立合同，可以采用书面形式、口头形式或者其他形式。"由此可见，货物买卖合同的形式可以是书面形式，也可以是信件、电报、电传、传真形式，甚至可以是口头形式。但在国际贸易实践中，鉴于贸易往来的严肃性与重要性，买卖双方经磋商一致后，一般均签订书面合同作为合同成立、生效及履行的依据。

在国际贸易实践中，书面合同既可能以正式的合同形式出现，也可能以确认书、协议书、订单等形式出现。

1. 合同

合同（Contract）根据内容不同有多种分类，在国际贸易实践中，合同以国际货物买卖合同为主。这种合同是指营业地在不同国家的当事人（买方和卖方）自愿按照一定条件买卖某种货物达成的协议，它是根据双方接受的国际贸易惯例或有关法律、公约的规定而成立的，对双方均有约束力，任何一方不能单方面地修改合同内容或不履行自己的义务，否则将承担违反合同的法律责任。合同是法律效力最强的合约形式。

2. 确认书

确认书（Confirmation）是合同的简化形式，异议、索赔、仲裁、不可抗力等一般条款不会列入。确认书通常适用于成交金额不大、批次较多的交易，或者是交易双方已经建立业务关系，对于一般交易条件已经确定的货物买卖。在法律效力上，确认书同样对买卖双方具有法律约束力。

3. 协议书

“协议书”（Agreement）或称“协议”，在法律上是“合同”的同义词。但在国际贸易实践中，协议书可能出现在交易磋商的不同阶段，这就使得它的法律效力因此不同。如果协议对买卖双方的权利和义务已做了明确、具体的规定，该协议就具备与合同一样的法律约束力。如果协议只将买卖双方已商定的条件确定下来，其余未取得一致意见的条件容后再谈的时候，这种协议不属于正式有效的合同。

4. 订单

订单（Order）是买方起草并发送给卖方的合同形式，卖方收到订单后一般通过发送形式发票的方式给买方确认。确认后，订单就成为对双方具有法律约束力的合同。

（二）国际货物买卖合同基本构成

1. 约首

约首包括开头和序言、合同名称、编号、缔约日期、缔约地点、当事人的全称和地址等。其中，当事人双方的全称和法定详细地址往往是合同成立的条件，缔约地点可作为判断合同适用法律的依据。因为合同如果对适用的法律未做出规定，根据有些国家的法律规定和贸易习惯的解释，可适用合同缔约地所在国的法律。

2. 正文

正文规定双方的权利和义务，包括合同的各项条款，如货物名称、质量、数量、包装、单价和总价、交货期、装运港和目的港、支付方式、保险、异议索赔、仲裁、不可抗力等条款。其中，后面三项一经双方谈妥，在以后的交易中很少变动，往往在合同中以印好的形式固定下来。此外，根据不同货物和不同交易情况，合同中有时会加列其他条款，如保值条款、溢短装条款、品质公差条款以及法律适用条款等。

3. 约尾

约尾包括合同份数、使用文字和效力及双方的签章，必要时可加上附件作为合同不可分割的一部分。

（三）国际货物买卖合同双方主要义务

1. 卖方的义务

根据《公约》的规定，卖方主要承担交付货物、质量担保、权利担保、交付单据等几方面的义务。

（1）交付货物。交付货物既包括实际交货，即由卖方将货物置于买方的实际占有下；也包括象征性交货，即由卖方将控制货物的单据交给买方，由买方在指定地点凭单向承运人提货。依《公约》的规定，卖方应按合同规定的地点、时间及方式完成其交货义务。交付货物既是卖方的主要义务，也是其行使收取货款权利的前提条件。

对于交付货物的地点，《公约》规定，如果合同已明确了交货的地点，则卖方应依合同约定的地点向买方交付货物。如果合同没有规定具体的交货地点，《公约》第 31 条分下列情况对交付货物的地点进行了规定："如果卖方没有义务要在任何其他特定地点交付货物，他的交货义务如下：（a）如果销售合同涉及到货物的运输，卖方应把货物移交给第一承运人，以运交给买方；（b）在不属于上一款规定的情况下，如果合同指的是特定货物或从特定存货中提取的或尚待制造或生产的未经特定化的货物，而双方当事人在订立合同时已知道这些货物是在某一特定地点，或将在某一特定地点制造或生产，卖方应在该地点把货物交给买方处置；（c）在其他情况下，卖方应在他于订立合同时的营业地把货物交给买方处置。"

对于交货的时间，《公约》规定，如果合同规定有交货的日期，或从合同中可以确定交货的日期，应在该日期交货；如果合同规定有一段时间，或从合同中可以确定一段时间，除非情况表明应由买方选定一个日期外，应在该段时间内任何时候交货；在其他情况下，应在订立合同后一段合理时间内交货。

（2）质量担保。货物的质量担保义务又称品质担保义务，是指卖方必须保证其交付的货物与合同的规定相符。依《公约》第 35 条第（1）款的规定，"卖方交付的货物必须与合同规定的数量、质量和规格相符，并须按照合同所定的方式装箱或包装"。在合同没有对数量、质量、规格和包装做出明确规定的情况下，则应依《公约》第 35 条第（2）款的规定："（a）货物适用于同一规格货物通常使用的目的；（b）货物适用于订立合同时曾明示或默示地通知卖方的任何特定目的，除非情况表明买方并不依赖卖方的技能和判断力，或者这种依赖对他是不合理的；（c）货物的质量与卖方向买方提供的货物样品或样式相同；（d）货物按照同类货物通用的方式装箱或包装，如果没有此种通用方式，则按照足以保全和保护货物的方式装箱包装。"

《公约》除规定卖方对货物质量的担保责任外，还规定了卖方对质量责任的免除。《公约》第 35 条第（3）款规定："如果买方在订立合同时知道或者不可能不知道货物不符合同，卖方就无须按上一款（a）项至（d）项负有此种不符合同的责任。"

（3）权利担保。权利担保可以概括为所有权担保和知识产权担保两个方面。

所有权担保是指卖方保证对其出售的货物享有完全的所有权，必须是第三方不能提出任何权利或要求的货物，如不存在任何未向买方透露的担保物权等。《公约》要求卖方对其出售的货物拥有完全的所有权。消除第三方的任何权利要求的责任也落在了卖方身上，而不论第三方的要求是否合理。

知识产权担保是指卖方所交付的货物必须是第三方不能依工业产权或其他知识产权主张任何权利或要求的货物。如果在买方接受货物后，任何第三人通过司法程序指控买方所购的货物侵犯了其知识产权，卖方应承担代替买方辩驳第三人的指控的责任。

在国际贸易中，货物通常是销往卖方以外的国家，特别是还有转卖的情况，要求卖方了解所有国家的有关法律是不可能的，也是不现实的，因此《公约》虽然规定了卖方的知识产权担保义务，但并不是说其出售的货物不得侵犯全世界任何一个知识产权人的权利。《公约》对卖方的知识产权担保义务进行的限制主要表现在《公约》第 42 条规定的地域限制和主观限制。

第一，依货物销售目的国的法律，即第三人的请求必须是依货物使用地或转售地国家的法律提出的。如果双方在订立合同时，没有规定货物的最终使用地或转卖地，则卖方对买方不承担知识产权担保义务。

第二，依买方营业地所在国法律，即第三人的请求必须是依买方营业地所在国的法律提出的。也就是说，如果双方没有确定货物的最终使用地或转卖地，则卖方只对那些依买方营业地所在国的法律提出的请求向买方负责。

《公约》在确定卖方的知识产权担保义务方面还规定了时间标准。依《公约》第 42 条的规定，卖方在下列两种情况下，免除其知识产权担保义务：

第一，买方在订立合同时已知道或不可能不知道此项权利或要求；

第二，此项权利或要求的发生，是由于卖方要遵照买方所提供的技术图样、图案、款式或其他规格。

（4）交付单据。《公约》第 34 条对卖方交付单据的义务进行了规定。依该条规定，如果卖方有义务移交与货物有关的单据，就必须按照合同规定的时间、地点和方式移交这些单据。

2. 买方的义务

买方的义务主要有两项，即支付货款和接收货物。

（1）支付货款。依《公约》的规定，买方必须履行支付货款的义务。买方支付货款时必须依合同或任何有关法律和规章规定的步骤和手续。这些准备步骤包括申请信用证或银行的付款担保，在实行外汇管制的国家获得必要的外汇及将货款汇出的政府许可等。

对于货款支付的地点，依《公约》的规定，首先应以当事人在合同中的约定为准，在合同对此没有规定的情况下，以卖方营业地为支付地；在卖方有一个以上营业地的情况下，买方的支付地点为卖方与合同及合同的履行关系最密切的营业地。如凭移交货物或单据支付货款，则移交货物或单据的地点为支付地。

对于货款支付的时间，应依双方当事人的约定支付。如果双方当事人未在合同中约定具体的付款时间，则买方应依《公约》规定在卖方将货物或单据置于买方控制下时付款；或在买卖合同涉及运输时，在收到银行的付款通知时付款。

（2）接收货物。依《公约》的规定，买方接收货物的义务由两部分组成，其一为“采取一切理应采取的行动”，其二为“接收货物”。

第一，采取一切理应采取的行动。《公约》第 60 条规定，买方应采取一切理应采取的行动，以期卖方能交付货物。为了使卖方能交付货物，买方应当采取的行动包括为卖方指定准确的收货地点，委托代理人接收货物，依贸易术语的要求做出相应的运输安排等。

第二，提取货物。提取货物要求买方将货物置于自己的实际控制下。如果买方在提取货物上不配合，即违反了接收货物的义务。应注意的是，接收不等于接受，接受表明买方认为货物的质量符合买卖合同的规定；而接收并不表明买方对货物的质量没有异议，如货物在目的港经检验与合同不符，买方也应接收货物，然后进行索赔。依《公约》第 77 条的规定："声称另一方违反合同的一方，必须按情况采取合理措施，减轻由于该另一方违反合同而引起的损失，包括利润方面的损失。如果他不采取这种措施，违反合同一方可以要求从损害赔偿中扣除原可以减轻的损失数额。"

（四）国际货物买卖合同成立的时间

在国际贸易中，买卖合同于何时成立是一个十分重要的问题。《中华人民共和国民法典》第 483 条规定："承诺生效时合同成立，但是法律另有规定或者当事人另有约定的除外。"第 490 条第 1 款规定："当事人采用合同书形式订立合同的，自当事人均签名、盖章或者按指印时合同成立。在签名、盖章或者按指印之前，当事人一方已经履行主要义务，对方接受时，该合同成立。"第 491 条第 1 款规定："当事人采用信件、数据电文等形式订立合同要求签订确认书的，签订确认书时合同成立。"

《公约》也规定，接受（Acceptance）送交发盘人时生效，接受生效的时间，实际上就是合同成立的时间。合同一经订立，买卖双方即存在合同关系，彼此就应受合同的约束。在实际业务中，有时双方当事人在洽商交易时约定，合同成立的时间以签约时合同上所列明的日期为准，或以收到对方确认合同的日期为准，在这两种情况下，双方的合同关系即在签订正式书面合同时成立。此外，我国法律和行政法规规定，应当由国家有关部门批准的合同，在获得批准时方成立。

（五）国际货物买卖合同生效的条件

买卖双方经过磋商，就货物买卖的交易条件达成一致后签订合同，合同要具有法律效力，还需要具备下列条件：

1. 当事人必须在自愿、真实的基础上达成协议

《中华人民共和国民法典》第 148 条规定："一方以欺诈手段，使对方在违背真实意思的情况下实施的民事法律行为，受欺诈方有权请求人民法院或者仲裁机构予以撤销。"

2. 当事人必须具有相应的行为能力

货物买卖合同的当事人必须具备相应的行为能力。如果签订买卖合同的当事人为自然人，则必须是精神正常的成年人，神志不清、未成年人等不具备签订合同的合法资格。如果签订买卖合同的当事人为法人，则必须是依法注册成立的合法组织，有关业务应当在其法定经营范围之内。此外，签订外贸合同的企业法人应该是拥有外贸经营资格的企业，没有取得外贸经营资格的企业或其他经济组织，必须委托有外贸经营资格的企业代理签订外贸合同。

3. 标的和内容必须合法

国际货物买卖合同的内容不得违反有关国家法律强制性的规定，不得违反公共政策或损害社会公共利益，必须体现公平原则，买卖双方在国际货物买卖合同中的权利义务应该是对等的、互利的、均衡的。

4. 必须有对价或约因

国际货物买卖合同从本质上讲属有偿合同，买卖双方当事人在获得合同利益的同时，必须付出对价。无对价或约因的国际货物买卖合同不具备法律效力。

二、查看合同条款操作

国际货物买卖合同主要包括货物品质、数量、包装、运输、保险、支付、检验、索赔、不可抗力、仲裁等条款。外贸跟单员应重点审查合同的品质、数量、包装、运输等条款，判断是否存在可操作性、可执行性，对于交货方式、付款方式等，要能够准确把握客户要求。

（一）查看合同品质条款

品质是商品的内在质量和外观形态的总和。外贸跟单员审查合同的品质条款，应该审查品名、品质描述两部分内容。

品名条款是规定贸易标的物的名称的条款。外贸跟单员审核品名，要掌握“明确、具体”的原则。品名描述要明确，不能有歧义；要具体，不能空泛、笼统。品名描述准确，可以使买卖双方对交易的商品含义有统一的理解，做不到或不必要的描述性的词句都不应列入品名条款，以免造成不必要的麻烦。此外，品名要使用国际上通用的名称，尽量避免采用地方性的名称。

品质条款通过各种品质表示方法来规定商品品质内容。外贸跟单员审核合同品质条款时，要注意恰当使用品质描述方法。货物质量的表示方法主要有以下两种：

1. 实物样品表示法

凭实物买卖只适用于那些数量稀少、价格高昂的商品，如古董、珠宝等。实物样品表示法适用于单凭文字描述无法全面展示商品品质的商品，如部分工艺品、服装、土特产品、轻工产品等。用样品表示质量是指买卖双方同意根据样品进行磋商和订立合同，并以样品作为交货质量的依据。凭样品买卖有凭卖方样品买卖和凭买方样品买卖两种，凭样品买卖的卖方必须承担交货质量与样品相同的责任。

2. 文字说明表示法

（1）凭规格买卖。规格是用以反映货物质量的若干主要指标，如成分、含量、长短、粗细等。表示不同商品品质需要的具体指标不同，规格能够清楚、具体和全面地说明商品品质，使用起来也比较方便，主要适用于化工产品、医药产品、食品等商品。

（2）凭等级买卖。等级是指根据同类商品品质差别对商品进行分类，采用等级表示商品品质，简单方便，易于记忆。但是，等级是以一定的品质规格为基础的，采用等级描述商品品质时，买卖双方必须约定等级代表的具体规格，以避免不必要的纠纷。

（3）凭标准买卖。标准是指由各国政府、工商团体或标准化组织制定并公布的有关品质的标准。根据《中华人民共和国标准化法》的规定，我国的质量标准分为国家标准、行业标准、地方标准、团体标准、企业标准。国家标准由国务院标准化行政主管部门制定，国家标准分为强制性标准、推荐性标准，行业标准、地方标准是推荐性标准；对没有推荐性国家标准、需要在全国某个行业范围内统一的技术要求，可以制定行业标准。

（4）凭牌号或商标买卖。牌号是指生产者或经销者为了同一目的而给予商品的名称。商标是指商品的生产者或经销者为了将自己的产品与其他同类产品区分开来而给自己的产品设计的标志。商品的牌号和商标是商品的代表，被赋予丰富的内涵，代表商品品质及企业的服务水平。尤其对于工业制成品，当其商品品质更多取决于生产企业的技术水平、管理水平等因素时，凭牌号或商标买卖就成为主要的品质描述方法。这种方法原本并不多见于农副产品的买卖中，但随着人们品牌意识的不断增强，农副产品的交易中也越来越多地出现凭牌号或商标买卖的例子。

（5）凭产地买卖。由于自然条件、生产历史、生产水平等方面的差异，有的产地生产的产品与其他产地生产的同类产品有很大的品质差异，这时，产地就意味着商品品质。特别是农副土特产品，受产地自然条件和传统加工技术的影响较大，产地也就成为商品良好品质的代表，如烟台苹果、东北大米、新疆葡萄、绍兴黄酒等。

（6）凭说明书或图样买卖。对于机械设备、精密仪器、交通工具等结构复杂、型号繁多的商品，既不能凭样品成交，又不便划分等级，使用技术指标也很难全面地说明其品质，这时需要用说明书或图样来表示其品质，详细说明其造型、内部构造、安装使用等方面的具体要求。

（二）查看合同数量条款

外贸跟单员应审查合同中所规定的货物的数量，主要包括以下内容：

1. 计量单位

货物计量单位的采用，应视货物的性质和市场习惯而定。在国际贸易中，通常采用的计量单位有下列几种：

（1）重量单位：如公吨、长吨、短吨、千克、克、磅等。一般天然产品及其制品，如矿产品、钢铁、盐、农副产品等，按重量买卖。主要的重量单位如表3－2所示。

表3－2　主要的重量单位

中文名称	英文名称	英文缩写	换算
公吨	Metric ton	mt	1mt = 1 000kg 1lt = 1 016kg 1st = 907kg 1lb = 0.454kg 1oz = 0.028 35kg 1st = 2 000lb 1mt = 2 205lb 1lt = 2 240lb
长吨	Long ton	lt	
短吨	Short ton	st	
千克	Kilogram	kg	
磅	Pound	lb	
盎司	Ounce	oz	

（2）数量单位：如只、件、双、套、打、令、台、架等。大多数工业制成品、一般杂货及土特产品，均按个数计数和买卖。主要的数量单位如表3－3所示。

表3－3　主要的数量单位

中文名称	英文名称	英文缩写	中文名称	英文名称	英文缩写
件	Piece	pc	套	Set	set
双	Pair	pr	袋	Bag	bag
打	Dozen	doz	令	Ream	ream

（3）长度单位：如米、英尺、码等。长度单位多用于绳索、丝绸、纺织品等货物。

主要的长度单位如表 3－4 所示。

表 3－4　主要的长度单位

中文名称	英文名称	英文缩写	换算
厘米	Centimeter	cm	1m = 100cm 1m = 1.094yd 1m = 3.281ft 1m = 39.37in 1yd = 3ft 1in = 0.025 4m 1ft = 12in
米	Meter	m	
英寸	Inch	in	
英尺	Foot	ft	
码	Yard	yd	

（4）面积单位：如平方米、平方码、平方英尺等。面积单位多用于玻璃和地毯、皮革等货物。主要的面积单位如表 3－5 所示。

表 3－5　主要的面积单位

中文名称	英文名称	英文缩写	换算
平方米	Square meter	m^2	$1m^2 = 1.196yd^2$ $1yd^2 = 9ft^2$ $1ft^2 = 144in^2$
平方码	Square yard	yd^2	
平方英尺	Square foot	ft^2	
平方英寸	Square inch	in^2	

（5）容积单位：如升、加仑、蒲式耳等。粮食及部分液体商品按容积计算。主要的容积单位如表 3－6 所示。

表 3－6　主要的容积单位

中文名称	英文名称	英文缩写	换算
升	Liter	l	1bu = 4pk 1pk = 2gal 1gal = 4qt 1qt = 2pt 1l = 1.76pt
品脱	Pint	pt	
夸脱	Quart	qt	
配克	Peck	pk	
加仑	Gallon	gal	
蒲式耳	Bushel	bu	

（6）体积单位：如立方米、立方英尺、立方码等。按体积单位成交的商品不多，主要是木材、天然气及化学气体等少数商品。主要的体积单位如表 3－7 所示。

表 3－7　主要的体积单位

中文名称	英文名称	英文缩写	换算
立方厘米	Cubic centimeter	cm^3	$1m^3 = 1.303yd^3$ $1yd^3 = 27ft^3$ $1ft^3 = 1\ 728in^3$
立方米	Cubic meter	m^3	
立方英寸	Cubic inch	in^3	
立方英尺	Cubic foot	ft^3	
立方码	Cubic yard	yd^3	

2. 重量的计算

在国际贸易中，有很多货物是按重量计算的，其计算方法主要有以下两种：

（1）按毛重计算。它是指以商品本身的重量加上其包装的重量作为交货重量，主要适用于价值较低的商品。这种计量和计价的方法，在国际贸易中称作“以毛作净”(Gross for Net) 或“以毛作净价”(Gross for Net Price)。

（2）按净重计算。它是指以商品本身的重量作为交货重量。如果有包装，须扣除包装的重量（皮重），才能得出商品的净重。皮重有实际皮重、平均皮重、习惯皮重及约定皮重几种。如在合同中未明确规定用毛重还是净重计量、计价，按惯例应以净重计量、计价。

此外，个别商品有按公量（Conditioned Weight）和理论重量（Theoretical Weight）计算的。

3. 溢短装条款

根据《跟单信用证统一惯例》（UCP600）的规定，信用证数量及金额中如出现“约”“大约”“近似”等词语，应解释为允许有不超过 10% 的增减幅度。

（三）查看合同包装条款

外贸跟单员需要高度重视合同的包装条款，认真审核货物包装条款的规定。商品的包装一般分为销售包装和运输包装。

销售包装是指随商品进入消费市场时采取的包装形式。销售包装不仅可以起到保护商品、便于携带的作用，更主要的作用是吸引客户、促进销售。在国际贸易中，买卖双方一般对销售商品的包装要求不多。在商品的销售包装上，一般除印有商品的品名、商标、产地外，也会根据具体需要或要求印有简单的规格、用途或其他一些内容，特别是很多商品的销售包装上都印有计算机容易识别的条形码。运输包装则是指为了方便商品运输并防止商品在运输过程中产生货损货差，起到保护商品作用的包装。

外贸跟单员审查外贸合同的包装条款时，要注意查看包装材料、包装方式、包装标志等方面的要求。

1. 包装材料

在国际贸易中，货物运输常见的包装材料有木质包装材料、纸质包装材料、塑料包装材料、金属包装材料等。各种包装材料适用于不同的商品运输，如木质包装箱通常用于运输大型机器、设备，部分食品如茶叶等会选择木箱包装。纸质包装材料是当前国际上流行的绿色包装材料，因为纸质包装材料的主要成分是天然植物纤维素，易分解，减少了处理包装废弃物的成本。与其他包装材料相比，纸质包装材料具有性价比高、弹性和韧性良好、对被包装物起到良好的保护作用、符合环保要求、可回收利用等优点，被广泛使用，在包装材料中占据主导地位。塑料包装材料具有质轻、美观、耐腐蚀、机械性能高、可塑性强、易于加工和着色等特点，但由于其自身特点，用于商品外包装的情况并不多。金属包装材料也由于其自身的局限性无法广泛应用于国际贸易货物运输。

常见的包装材料种类如表 3－8 所示。

表 3－8 常见的包装材料种类

种类	中文	英文	种类	中文	英文
箱	纸箱	Carton	盒	木盒	Wooden Box
	瓦楞纸箱	Corrugated Carton		铁盒	Iron Box
	旧瓦楞纸箱	Old Corrugated Carton（O.C. C.）		塑料透明盒	Plastic Transparency Box
	木箱	Wooden Case		苯乙烯盒	Styrol Box
	板条箱	Crate	袋	布袋	Cloth Bag
	木条箱	Wooden Crate		草袋	Straw Bag
	竹条箱	Bamboo Crate		麻袋	Gunny Bag
	胶合板箱	Plywood Case		旧麻袋	Used Gunny Bag/Old Gunny Bag
桶	木桶	Wooden Cask		新麻袋	New Gunny Bag
	大木桶	Hogshead		尼龙袋	Nylon Bag
	小木桶	Keg		聚丙烯袋	Polypropylene Bag
	琵琶桶	Barrel		聚乙烯袋	Polythene Bag
	塑料桶	Plastic Drum		塑料袋	Polybag
	胶木桶	Bakelite Drum		塑料编织袋	Polywoven Bag
	铁桶	Iron Drum		玻璃纤维袋	Glass Fibre Bag
	铝桶	Aluminum Drum		防潮纸袋	Moisture Proof Paper Bag
	镀锌铁桶	Galvanized Iron Drum		乳胶袋	Emulsion Bag

2. 包装方式

外贸跟单员要认真审核合同中关于包装方式的规定，既要考虑包装方式是否符合商品特性的要求，又要考虑包装材料的使用效率及成本，在进行外贸跟单时要严格按照合同规定对商品进行包装。

3. 包装标志

包装标志是指印刷在包装箱表面对运输过程起到指导作用的一些标志。根据用途不同，包装标志可以分为运输标志、指示性标志、警告性标志三种。

（1）运输标志。运输标志俗称唛头，一般由四部分内容组成，即进口商名称缩写、目的地或目的港的名称、参考号码（通常是合同号或订单号）、箱号或件号。唛头是货物运输过程中的重要标志，船公司在理货时，运输标志起着重要的作用。

（2）指示性标志。它是指根据商品的不同特性，对运输过程有操作要求时在外包装箱上刷制的标志。常见的指示性标志有“小心轻放”（Handle with Care）、“保持干燥”（Keep Dry）、“请勿用钩”（Use no Hook）等。

（3）警告性标志。它是指针对具有特殊性质的商品设计的标志，如爆炸品（Explosive）、有毒品（Poison）、易燃品（Inflammable）等。

外贸跟单员在审查合同的包装条款时，要审查包装要求是否能够满足，客户提供的包装资料是否齐全，有无明显的错误等。客户提供的包装资料一般包括内包装、外包装、标签、说明书、条形码等。

（四）查看合同运输条款

1. 查看运输期限

运输期限对出口商来讲即交货期限。外贸跟单员对运输期限的审核要注意与数量条款相结合，根据对方要求的商品数量、生产厂商的生产进度及运输方式的特点综合审查。运输期限的规定方法主要有以下几种：

（1）规定在某月内装运。如“Shipment during Mar.”，即货物可在3月1日至3月31日这一期间内的任何一天装运。

（2）规定在某月月底或以前装运。如“Shipment at or before the end of June”，即自订立合同之日起，最迟不超过6月30日装运。

（3）规定在某月某日或以前装运。如“Shipment on or before Oct.15th”，即自订立合同之日起，最迟不超过10月15日装运（含10月15日当天）。

（4）跨月装运，即规定在某几个月内装运。如“Shipment during Jan./Feb./Mar.”，即货物可以在1月1日至3月31日内的任何一天装运。

（5）某一行为后一段期间装运。如“Shipment within 30 days after Receipt of L/C”，即收到信用证后30天内装运。由于交货期是以买方开出信用证为前提，若买方拖延或拒绝开证则卖方很被动，因而一般应同时规定开到信用证的期限，如“The L/C Must reach the Seller not later than...（date)”，即买方必须不迟于（某月某日）将信用证开到卖方。

2. 查看装运港和目的港

装运港（Port of Shipment）是指货物起始装运的港口，目的港（Port of Destination）是指最终卸货的港口。一般情况下只规定一个装运港，如“在大连港装运”（shipment from Dalian）；如货物数量较大或来源分散，集中于一处装运有困难，可规定两个或两个以上装运港；有时货源不十分固定，可不规定具体港口，如“在中国港口装运”（shipment from Chinese port）。对于目的港，通常只规定一个；有时明确目的港有困难，买方可规定两个或两个以上目的港，个别也有做笼统规定的。如“目的港：伦敦/利物浦/曼彻斯特”（Port of Destination：London/Liverpool/Manchester），或“目的港：欧洲主要港口”（Port of Destination：European Main Ports）。

3. 查看是否允许分批装运和转船运输

（1）分批装运。分批装运（Partial Shipment）是指一笔成交的货物，分若干批次在不同航次、车次、班次装运。分批装运的规定方法有：

1）只注明允许分批装运，但不做具体规定。如“Partial shipment is allowed”。

2）规定时间和数量的分批装运。如“Shipment during July/August/September 1 000st monthly”（7/8/9 月每月装 1 000 短吨）。

3）不允许分批装运。如“Partial shipment is not allowed”。

（2）转船运输。转船运输（Transshipment）简称转运，其出现一般有两种原因：一是买卖合同签订之初，买卖双方就明确知道装运港与目的港之间无直达航次，所以双方约定允许转船运输；二是装运港与目的港之间尽管存在直达航线，但由于船公司舱位情况在签订合同时无法预料，因此买卖双方约定允许转船运输，以避免出现禁止转船运输引发货物延迟交付等问题。

转船运输的规定方法包括：

1）只注明允许转船运输，但不做具体规定。如“Shipment during Oct./Nov./Dec. 2023，with partial shipment and transshipment allowed”（2023 年 10/11/12 月装运，允许分批装运和转运）。

2）注明允许转船运输，并规定具体转运地点。如“During Feb./Mar. 2023 in two equal monthly shipments，to be transshipped at Singapore”（2023 年 2/3 月分两次每月平均装运，在新加坡转运）。

（五）查看合同保险条款

1. 保险条款的构成

保险条款主要包括投保责任归属、投保金额、投保险别及投保条款依据四部分内容。如“Insurance is to be covered by the Seller for 110% of invoice value against All Risks with the People’s Insurance Company of China，as per Ocean Cargo Clauses of the People’s Insurance Company of China dated 1981.1.1”，意为卖方应该根据中国人民保险公司制定的 1981 年 1 月 1 日生效的海洋运输货物保险条款，按合同金额的 110% 向中国人民保险公司为货物投保一切险。

（1）投保责任归属。保险的投保责任归属依贸易术语性质而定。在 FOB、CFR、FCA 或 CPT 贸易术语下，投保责任归属买方；在 CIF 或 CIP 贸易术语下，投保责任归属卖方。

（2）投保金额。被保险人向保险公司申报的保险标的的价值即为投保金额。按照国际贸易惯例，通常以合同金额的 110% 作为投保金额。

（3）投保险别。买卖双方应就保险标的的投保险别达成一致，根据运输方式的特点、商品的特性等选择投保险别。

（4）投保条款依据。我国出口商选择投保条款时一般倾向于选择中国投保条款，如果买方提出要求以 I.C. C. 条款为依据投保，通常卖方也是可以接受的。

2. 签订保险条款的注意事项

在 CIF 及 CIP 贸易术语下，为出口货物办理货物运输保险是卖方的法定义务，卖方应确保保险合同于货物装船前或货交承运人前生效，以切实保证货物运输的安全。

如果买方要求的投保加成率超过 10%，通常卖方也可以接受，但需要明确因此产生的额外保费应该由买方来负责。

货物运输保险的险别需要结合货物的品质特性和交易特点来确定，如果出口瓷器及陶瓷制品，则应该选择加保碰损、破碎险；如果出口目的国政局不稳，时有武装冲突发生，则应该加保战争险等。

在 CIF 或 CIP 贸易术语下，如果买卖双方在合同中对投保险别未做规定，则卖方只需要按最低险别投保即算履行了投保义务。

（六）查看合同支付条款

1. 汇款支付方式的常见合同条款形式

（1）The Buyer shall pay 100% of the sales proceeds to the Seller by T/T not later than Feb.14，2023.

买方应最迟于 2023 年 2 月 14 日把全部货款用电汇方式预付给卖方。（装运前 T/T）

（2）The Buyer shall pay 100% of the sales proceeds to the Seller by T/T within 30 days after the arrival of the goods.

买方应在货物到达目的地之后的 30 天内把全部货款用电汇方式付给卖方。（装运后 T/T）

（3）The Buyer shall pay 100% of the sales proceeds to the Seller by T/T against the fax of B/L.

买方应在收到卖方发出的海运提单传真件后，把全部货款用电汇方式付给卖方。（装运后见提单传真件 T/T）

（4）The Buyer shall pay 30% of the sales proceeds to the Seller by T/T before Jan.1，2023，pay the balance by T/T against the fax of B/L.

买方应在 2023 年 1 月 1 日之前把 30% 货款用电汇方式预付给卖方，余款在收到卖方发的海运提单传真件后用电汇方式支付。（装运前 T/T + 装运后见提单传真件 T/T）

2. 托收支付方式的常见合同条款形式

（1）Upon first presentation，the Buyer shall pay against documentary drafts drawn by the Seller at sight. The shipping documents are to be delivered against payment only.

买方对卖方开立的即期跟单汇票须见票即付，付款后才能交单。（即期 D/P）

（2）The Buyer shall duly accept the documentary draft drawn by the Seller at 30 days after sight upon first presentation and make due payment on its maturity. The shipping documents are to be delivered against payment only.

在提示卖方开立的见票后 30 天付款的跟单汇票时，买方做出承兑。在汇票到期日进行付款，付款后才能交单。（远期 D/P）

（3）The Buyer shall duly accept the documentary draft drawn by the Seller at 30 days after sight upon first presentation and make due payment on its maturity. The shipping documents are to be delivered against acceptance.

在提示卖方开立的见票后 30 天付款的跟单汇票时，买方做出承兑。在汇票到期日进行付款，承兑后就能交单。（D/A）

3. 信用证支付方式的常见合同条款形式

（1）The Buyer shall establish through a bank acceptable to the Seller irrevocable Letter of Credit at sight to reach the Seller before Jan.1，2023.

买方必须在2023年1月1日之前通过卖方可以接受的银行开立不可撤销的即期信用证并送交卖方。

（2）The Buyer shall establish irrevocable Letter of Credit at 60 days after B/L date, reaching the Seller not later than Dec.30，2023 and remaining valid for negotiation in China for further 15 days after the effected shipment.

买方必须在2023年12月30日之前开立不可撤销的、海运提单日后60天付款的远期信用证并送交卖方，在装运日之后的15天内在中国交单议付有效。

4. 混合支付方式的常见合同条款形式

The Buyer shall pay 30% of the sales proceeds to the Seller in advance by T/T before Jan.1，2023，pay the balance by sight L/C which should be opened before Jan.12，2023.

买方应在2023年1月1日之前把30%货款用电汇方式预付给卖方，余款通过在2023年1月12日之前开立即期信用证支付。（装运前T/T+即期L/C）

（七）查看合同检验条款

货物检验条款应包括的主要内容有：有关检验权的规定、检验或复验的时间和地点、检验机构、检验项目、检验证书、检验标准和检验方法等。

1. 规定检验权的归属

买卖双方在国际货物买卖合同中约定检验权，目的在于确定检验权、复验权、检验或复验的时间或地点。根据国际贸易操作惯例，有下列五种检验权的规定方法：

（1）出口国产地检验。发货前，由卖方检验人员会同买方检验人员对货物进行检验，卖方只对商品离开产地前的品质负责。货物离开产地后在运输途中的风险，由买方负责。

（2）装运港（地）检验。货物在装运前或装运时由双方约定的检验机构检验，并出具检验证明，作为确认交货品质和数量的依据。这种检验方式也被称为“离岸品质和离岸数量”检验。

（3）目的港（地）检验。货物在目的港（地）卸货后，由双方约定的检验机构检验，并出具检验证明，作为确认交货品质和数量的依据。这种检验方式也被称为“到岸品质和到岸数量”检验。

（4）买方营业处所或用户所在地检验。对于采用密封包装、精密复杂，不宜在使用前拆包检验的商品，或需要安装调试后才能检验的商品，可将检验推迟至用户所在地，由双方认可的检验机构检验并出具证明。

（5）出口国检验、进口国复验。按照这种做法，装运前的检验证书被当作卖方收取货款的出口单据之一，但货到目的地后，买方有复验权。如经双方认可的检验机构复验后，发现由于卖方责任导致货物不符合合同规定，买方可以在规定时间内向卖方提出异议和索赔，直至拒收货物。

检验权的这五种规定做法，各有各的特点。对于出口商来讲，出口国产地检验无疑是最有利的做法，但对于买卖双方来讲，确实存在一定的不均衡。现实业务操作中，对于大多数一般商品交易，“出口国检验、进口国复验”的做法最为合理。因为这种做法一方面肯定了卖方的检验证书是卖方结算货款的有效凭证，另一方面确认了买方在收到货物后享有复验权，这符合各国法律和国际公约的规定。我国出口业务中大多采用这一做法。

2. 选择检验机构

一般来讲，我国出口商可以选择的检验机构主要有四类：

（1）我国出入境货物检验检疫工作的主管机关。在我国，出入境货物检验检疫工作的主管机关是海关总署。

（2）我国出入境货物检验检疫的专门机构。如出口药品由卫生健康委员会指定的药品检验部门检验，出口计量器具的鉴定工作由国家计量部门负责，出口锅炉及压力容器的安全监督检验工作由锅炉压力容器安全监察机构负责等。凡上述物品的出口检验须依法向各专职检验部门申请办理，取得合格的检验鉴定文件后，才准予出口。

（3）我国出入境货物检验检疫的民间机构，如中国进出口商品检验总公司。

（4）国际性检验检疫机构或鉴定机构，如瑞士通用公证行。

在实践中，不同的检验机构有不同的要求。选择检验机构前，出口商有必要了解双方有意选择的检验机构的检验方法、检验费用等，尤其是当外商要求选择出口商不熟悉的检验机构进行检验时，提前做好充分的了解是非常必要的。如果可能，出口商可以争取企业自验的方式。

3. 确定检验内容

检验内容包括检验项目、检验类别、检验标准、检验方法等。

（八）查看合同索赔条款

索赔条款一般有两种规定方式：一种是异议和索赔条款，另一种是罚金或违约金条款。大多数买卖合同中只订有异议和索赔条款，只有在买卖大宗商品和机械设备等商品时，合同中才会同时订立上述两种条款。

1. 异议和索赔条款

异议和索赔条款主要包括索赔依据、索赔期限等内容。

（1）索赔依据。索赔依据包括法律依据和事实依据两方面。前者是指贸易合同和适用法律的相关规定，后者是指违约的事实及书面证明。作为索赔依据的书面证明必须是由买卖双方认可并具备检验鉴定权限的机构出具的检验证书，所以，买卖双方在索赔条款中应约定出证机构。

（2）索赔期限。索赔期限有两种规定方法：约定索赔期限和法定索赔期限。前者由买卖双方约定，并列入合同条款；后者是依国家相关法律法规确定的索赔期限。国际货物买卖的法定索赔期限，按照《联合国国际货物销售合同公约》的规定是自买方收到货物之日起两年。

规定索赔期限时，还须对索赔期限的起算时间做出明确规定。通常有下列几种起算方法：货到目的港后 ×× 天起算，货到目的港卸离海轮后 ×× 天起算，货到买方营业处所或用户所在地后 ×× 天起算，货物检验后 ×× 天起算。

2. 罚金或违约金条款

罚金或违约金条款一般是针对卖方延期交货或买方迟延付款或迟延接货等情况规定的。其中，罚金条款是具有惩罚违约方性质的条款，违约金条款更倾向于被违约方的损害赔偿。例如：

In case of any delay delivery，the Seller should pay a penalty to the Buyer，which shall not exceed 6% of the total value of the goods involved in late delivery. The rate of penalty is charged at 0.7% of the total value of the goods delayed. If the period of delay exceeds 8 weeks after the stipulated delivery date，the Buyer has the right to cancel the contract and obtain the aforesaid penalty from the Seller for late delivery.

若卖方不能如期交货，则卖方因延期交货须向买方支付违约金，违约金不得超过货物价值的 6%。违约金按延期交货部分货物价值的 0.7% 计算。若卖方延期交货 8 周，买方有权撤销合同，并要求卖方支付上述延期交货的违约金。

（九）查看合同不可抗力条款

不可抗力（Force Majeure）是指买卖合同签订后，不是由当事人的过失或疏忽，而是由于发生了当事人不能预见、无法预防、无法克服的意外事故致使合同不能履行或不能如期履行，发生意外事故的一方可以全部或部分免除履行合同的责任或延迟履行合同。

不可抗力条款主要规定以下内容：不可抗力事件的范围，不可抗力事件的处理原则和方法，不可抗力事件发生后通知对方的期限和方式，以及出具相应证明文件的机构等。例如：

If the shipment of the contracted goods is prevented or delayed in whole or in part by reason of war，earthquake，flood，fire，storm，heavy snow or other causes of Force Majeure，the Seller shall not be liable for non-shipment or late shipment of the goods of this contract. However the Seller shall notify the Buyer by cable or telex and furnish the latter within ×× days by registered airmail with a certificate issued by the China Council for the Promotion of International Trade（China Chamber of International Commerce）attesting such events.

若因战争、地震、水灾、火灾、暴风雨、雪灾或其他不可抗力致使卖方不能全部或部分装运或延迟装运合同货物，卖方对这种不能装运或延迟装运合同货物不承担责任。但卖方须用电报或电传通知买方，并须在 ×× 天内以航空挂号信件向买方提交由中国国际贸易促进委员会（中国国际商会）出具的证明此类事故的证明书。

（十）查看合同仲裁条款

仲裁（Arbitration）是指买卖双方当事人在争议发生前或争议发生后达成书面协议，自愿将双方之间友好协商不能解决的争议提交双方同意的第三方进行裁决。

仲裁是以当事人自愿为基础的灵活、简便的争议解决方法。仲裁的裁决是终局性的，买卖双方协商采用仲裁方式解决争议后，即排除了法院的管辖权。

仲裁条款作为主合同的一个条款，尽管依附于主合同，但其仍然可以与主合同的其他条款分离，独立于其所依附的主合同而存在。也就是说，仲裁条款不因主合同的无效、终止或被撤销而无效，也不因主合同的变更而受到影响。

《中华人民共和国仲裁法》第 4 条规定："当事人采用仲裁方式解决纠纷，双方应当自愿，达成仲裁协议。没有仲裁协议，仅一方申请仲裁的，仲裁委员会不予处理。"也就是说，书面仲裁协议的存在是仲裁条款生效的条件。仲裁协议应当具有三项内容：请求仲裁的意思表示，仲裁事项，选定的仲裁机构。

三、订单的评审

（一）订单评审的含义

微课视频

订单的产前评审

订单的评审是为有效地完成订单，对技术水平、生产能力和物料供应进行确认、排查并减少不确定因素对生产和交易过程产生干扰的一项管理活动。

（二）订单评审的意义

随着消费者需求特点的变化和跨境电子商务的兴起，国际贸易中个性化需求、小批量多批次的外贸订单越来越多。在此背景下，外贸公司做好订单的产前评审显得格外重要。外贸公司如果不做订单的产前评审，很有可能会产生以下不良后果：

（1）业务人员下单时内容描述不明确，各部门理解不当，在设计、采购、生产、检验过程中存在偏差，达不到客户要求（出现返工、更改、让步接收等现），最终让客户不满意，甚至出现投诉；

（2）当时生产订单太多，产能跟不上，最终延误交期；

（3）需要打样但没有提前做准备，为了满足交期最终可能拿订单来打样，品质不稳定；

（4）交期长的物料没有提前准备，造成订单延期；

（5）有些物料买不到或功能无法实现，临时协商更改，导致客户不满意；

（6）工装夹具、工艺达不到订单要求，可能会导致交期延长或品质隐患；

（7）产品不成熟，最后靠修修补补完成该订单；

（8）产能跟不上，最终延期；

（9）客户重视交期，而业务部门没有知会计划部门，延期的订单太多，各部门习以为常，计划部门没有区分重要性，最终使订单延期，有可能面临用空运代替海运，导致利润严重缩水甚至产生损失；

（10）订单上的交期不准确会导致生产计划的混乱，可能出现该加班的订单没有加班，不该加班的订单按交期完成了，业务部门又迟迟不出货，导致企业的成本增加。

订单评审的目的就是要避免上述问题的产生。订单的评审过程回答了客户需要什么、何时要的问题，它是企业制订生产计划的前提。企业通过订单产前评审可以有效整合市场、销售、计划、制造、研发、采购和财务等各个方面资源，使得各环节的计划能够顺利进行，保证保质保期交货，提升企业形象。具体而言，通过订单的评审，外贸企业可以达成下列目标：1）满足客户的需求；2）降低订单延期的概率；3）提前做好执行订单的准备工作；4）提前对产能进行分析，规划生产；5）提前评估可能出现问题的环节，并及时做好预防工作；6）确保产品品质合格、交货及时。

（三）订单评审的内容

订单评审的核心是明确客户的要求是什么，因此在订单评审会上，就要对客户要求进行明确，如订单必要资料和辅助资料是否完整、内容是否明确（产品数量、规格、价格、质量要求、交期、包装方式等）。订单评审的内容通常包括以下几个方面：

（1）技术保证能力：包括产品生产所需要应用的材料，采用的生产工艺，加工精度要求，产品的性能指标要求，设备加工性能的符合性，产品包装要求，产品的功能尺寸，顾客的其他特殊要求。

（2）质量保证能力：包括检验和试验要求，质量验收方式，质量保证期，检验能力，质量标准，特殊质量要求，质量责任的确定方法和质量纠纷的仲裁。

（3）原材料保证能力：包括原材料有无库存或数量是否充足，原材料质量状况，是否采用了新材料，是否需要采购，采购周期能否保证合同交货期要求。

（4）生产保证能力：包括合同产品的数量、交货期、所需的生产设备和生产能力。

（四）订单评审的类型

订单评审根据所发生的时间可以划分为外部评审和内部评审。接单之前的评审称为外部评审：根据市场预测、客户诚信、订单量大小、利润、收款周期等信息，评审目的是决定接还是不接。接单之后的评审称为内部评审：根据公司目前的生产人员、机器设备、生产工艺、采购周期等对订单交期、产品规格、品质要求、包装要求等方面进行评审，评审目的是回复客户订单交期，并保证按回复的交期交货。这里所说的是内部评审，即订单接到之后，为了顺利交货，企业所做的订单产前评审。

订单评审根据订单的类型可以分为常规订单评审和非常规订单评审。常规订单，是指已经生产过的，客户重复下单的订单。对于这类订单的评审，企业可以根据历史数据来确定生产资料的提供时间、各种物料的回厂时间、各个工序的生产时间。这类订单因为有经验可以借鉴，因此评审相对来讲比较容易完成。非常规订单，是指未生产过的或者客户有特殊要求的订单，如新订单、紧急订单、变更订单等。面对非常规订单，企业一定要组织订单评审，特别是企业现在的产品日新月异，更新迭代的速度非常快，而且企业的生产模式已经由过往的“大批量小批次”演变成“小批量多批次”，这时候就需要通过订单评审来确定具体的交期。显然，订单评审对于非常规订单或者新订单而言，意义尤其重大。

专题：外贸与中国

关于防范国际贸易欺诈的风险提示

近期，中国驻卡拉奇总领馆接连收到多起中国企业遭遇贸易欺诈而寻求领馆帮助的案件。为降低国际贸易风险，维护中国企业合法权益，结合领区实际情况和企业案例，总领馆提醒企业在国际贸易中注意风险防范。

一、常见欺诈形式

（1）拖欠货款。利用我出口企业对新市场缺乏了解、急于扩大贸易量的心理，要求使用赊销（O/A）、承兑交单（D/A）等卖方风险较大的支付方式进行交易，提货后以产品质量不合格、资金困难等多种理由拖延、拒绝付款甚至失联。

（2）商品调包、以次充好。一些外国出口商在贸易中实际提供的商品品质、价值低于原约定产品，或以旧产品、二手产品、翻新产品等替代原约定的新产品，并故意引导进口方只检验没有问题的部分货物，其余货物则以次充好。

（3）虚假身份。1）买方受骗。买方轻信卖家在展会上的"精彩"推销、电子商务平台上的"好评"或经人推荐就轻信卖家，在未做充分调查的情况下支付定金，但"卖家"实际上是离岸公司或空壳公司，骗到定金后即携款失联。2）卖方受骗。冒用国际知名企业名义，或自称某知名企业巴基斯坦子公司，利用其知名度及信息资料行骗，伪造文件、签章及职员身份，骗取卖方允许赊账发货，"买家"提货后携货失联，卖方款货两空。

（4）阴阳合同。进口方诈称为少缴关税等税费，要求签订两份合同：一份低于实际交易金额的合同用来报关，另外一份合同显示的是真正的交易金额，对不足部分外方企业表示将通过地下钱庄、携带现金出境、借用个人名义电汇等非正常方式补齐，但进口方实际收货后则以各种理由拒不支付上述不足部分。中方企业本来是想借此吸引客户，但一旦出现问题，往往提不出未足额付款的证据，同时涉嫌协同逃漏关税，掉进不法外商设置的陷阱，只能自食苦果。

（5）放长线钓大鱼。买家先以几笔小单骗取出口商信任，数笔交易顺利完成后以资金周转等理由要求用赊销等高风险形式完成大额订单，行骗得手后人间蒸发，杳无音信。有些大骗局甚至潜伏 1 ~ 2 年，先做数十笔小额生意，待出口商完全丧失警惕，便实施大额诈骗计划。

二、关于降低国际贸易风险的建议

（一）切实增强风险防范意识

建议企业加强风险防范意识，提高自我保护能力。不可因对方是老客户或曾有成功交易就掉以轻心。对电商平台上的评价、对展会上要求立即签订合同和支付预付款的供货商应谨慎甄别，多渠道了解对方实力和资信水平。

（二）全面做好资信调查

订立合同前做好资信调查、全面了解交易对象是预防贸易欺诈的有效措施。中国企业可通过官方渠道或其他商业渠道全面调查交易对象的资信背景。

1. 中国官方渠道

（1）中国出口信用保险公司（以下简称中国信保）。中国信保是由国家出资设立，中国唯一承办政策性出口信用保险业务的金融机构。中国信保可在深入分析企业经营发展和财务状况基础上，结合企业高管等基本信息，对其进行资信评估，为用户提供交易对象的资信调查服务，以及帮助客户在交易活动中做出有效判断，防范信用风险。可通过发送邮件到 sinorating@sinosure.com.cn 了解交易对象有关信息。

（2）中国检验认证（集团）有限公司（以下简称中检集团）。中检集团是经国务院批准成立，在国家市场监督管理总局登记注册，以“检验、鉴定、认证、测试”为主业的跨国检验认证机构。中国检验认证集团南亚有限公司（CCICSA）的业务网络覆盖印度、斯里兰卡、巴基斯坦、尼泊尔等国家。可登录 http://www.ccicsouthasia.com 了解有关信息。

2. 其他商业渠道

以付费方式，通过正规商业调查机构对交易对象进行资信调查。通过互联网查询是否有针对该企业的投诉案件。通过企业官方网站提供的电话核实有关业务。向同业公司或行业商会了解交易对象的情况。对展会上初次认识的企业，可重点了解对方公司成立时间，是否有中国国内采购记录以及经营等情况。

（三）缜密订立合同

参与国际贸易务必签订合同，主体合法、内容全面、形式规范、语言缜密的书面合同是维护贸易双方合法权益的主要依据。对于国际贸易买卖合同，双方可以就价款、货物质量和数量、支付方式、运输方式、违约责任、管辖法律及仲裁条款等进行约定。对于有争议的条款或安排应提早指出并共同协商，必要时可委托专业的顾问提供合同修改建议。交易过程中所有重要条款变更均以书面形式记录。法人或其授权代表的签名须与其公司注册时登记的签名以及官方身份证件名字一致。

（四）谨慎选择结算方式

尽量采用安全稳妥的结算方式，卖方尽量采取信用证（L/C）结算、收取定金、预收货款等风险较低的交易方式，不要轻易接受赊销（O/A）、承兑交单（D/A）等风险较高的交易方式；买方尽量采用分期支付等方式降低风险，不要轻易接受收货前支付完所有费用等风险较高的交易方式。出于网络安全考虑，建议第一次签合同的时候，银行信息通过书信方式邮寄。付款前与交易对象视频或者电话确认有关信息。购买中国信保等公司的进出口保险，尽量降低贸易伙伴违约带来的经济损失。

（五）仔细保留交易记录

妥善保存与交易相关的重要证明信息，如电子邮件、社交网络沟通记录和其他证明材料。在交易过程中如需对货物和付款等实质内容进行更改，须由受权代表以书面形式确认。

（六）合理寻求法律救济

如怀疑遭遇欺诈，应第一时间与付款渠道上的银行联系，争取冻结货款，同时报警。必要时可通过咨询律师、诉讼等法律途径寻求救济。

资料来源：中华人民共和国驻卡拉奇总领事馆经济商务处．关于防范国际贸易欺诈的风险提示 [EB/OL]．中华人民共和国商务部网站，2021-03-01.

操作指导

工作任务 1　制作并发送形式发票以确定买方订单，使合同生效

杨华根据客户在订单中的要求，制作了如表 3－9 所示的形式发票。

表 3－9　形式发票

ZHEJIANG JINYUAN IMP.&EXP.CO.，LTD.

NO. 118，XUEYUAN STREET，XIASHA，HANGZHOU 310018，CHINA

TEL：0086-571-86739177　　FAX：0086-571-86739177

PROFORMA INVOICE

NO.：SKY001PI　　DATE：12/06/2023

MESSRS：SKY CORPORATION
Rathausmarkt 100，20095 Hamburg，Germany
TEL：0049-40-34108888
FAX：0049-40-34108888

Dear Sirs：

We are pleased to offer you the following items，please check and confirm.

Quantity	Items	Unit Price	Amount
6 080PCS	100% COTTON LADIES' JACKET	FOB Shanghai USD15.40/PC	USD93 632.00
TOTAL：SAY US DOLLARS NINETY THREE THOUSAND SIX HUNDRED AND THIRTY TWO ONLY.			

WITH 1% MORE OR LESS OF QUANTITY AND AMOUNT ALLOWED.

PACKING：FLAT PACK BY CARTON

LATEST DELIVERY DATE：NOT LATER THAN JULY 14TH，2023

PAYMENT：30% DEPOSIT TO BE PAID UPON PROFORMA INVOICE WITH 5 WORKING DAYS BY T/T. BALANCE TO BE PAID BY D/P AT SIGHT.

REMITTING BANK：BANK OF CHINA ZHEJIANG BRANCH

BANK ADD.：NO.321 FENGQI ROAD，HANGZHOU，CHINA

POST CODE：310003

TEL：0086-571-85011888

FAX：0086-571-85010743

SWIFT：BKCHCNBJ910

A/C NO.：40135832××××

For and on behalf of
ZHEJIANG JINYUAN IMP.& EXP.CO.，LTD.
Lee Hua
Authorized signature

微课视频

订单的确认

制作完成检查无误后，杨华通过电子邮件将形式发票发送给 SKY 公司的 David。很快 David 来函表示形式发票已收到，同意形式发票各条款。据此，订单生效，双方合同关系正式成立。

工作任务 2　根据订单，明确品质跟单任务

外贸跟单员的核心工作之一是确保商品品质合格，因此杨华明确了进出口双方对商品品质的约定内容，进而监督产品生产过程，

以确保生产厂商提供的商品符合合同规定。

具体而言，杨华明确了以下品质跟单重点：

1. 品名

全棉女式夹克。

2. 面料

梭织，100% 棉（规格：20 × 16/128 × 60）。

面料颜色：棕色和灰色。

水洗色牢度：4 级。

日晒色牢度：4 级。

摩擦色牢度：湿摩擦 3 ～ 4 级，干摩擦 4 级。

填充物：涤纶（正身部分填料重量 100 克 / 平方米，袖子部分填料重量 80 克 / 平方米）。

里料：100% 棉。

商品品质以确认样为准，即工厂必须按确认样的品质进行生产。

3. 拉链

服装的前拉链和袖子拉链为 5 号金属拉链。

4. 标志

（1）主唛：领圈线中央下面有主唛，四周缝线。按照客户设计图制作。

（2）洗水唛：在内左侧缝下摆以上 8 厘米处。按照客户设计图制作。

（3）尺码唛：主唛中央下面有尺码唛。按照客户设计图制作。

（4）吊牌：穿过尺码唛。按照客户设计图制作。

5. 其他注意事项

（1）服装染料不含偶氮染料（注：含有偶氮染料的服装将被拒绝进入欧洲市场）。

（2）辅料不含镍（注：含镍的服装将被拒绝进入欧洲市场）。

（3）各种标志如果错误，则供应商将支付 2% 的罚金。

（4）如果产品质量不合格率超过 10%，那么买方将会全部退货，金苑公司需要退还全部货款，并且问题产品不能再出口至所有欧洲国家。

工作任务 3　根据订单，明确数量跟单任务

根据订单中关于数量的规定，杨华明确了生产跟单的工作重点：

1. 总数量

6 080 件。

2. 溢短装

± 1%，即我方交付货物数量在 6 020 ～ 6 140 件均为符合合同规定。

3. 交货期限

最晚：2023 年 7 月 14 日。

虽然从 6 月 12 日算起到 7 月 14 日有 1 个月的时间，但实际生产天数需要打折扣。需要排除在实际生产时间之外的事项包括：

（1）生产用面、辅料备货时间：因为是常规面料，所以估算 3 天。

（2）大货生产完成后等待装船、清关等时间：估算 3 天。

（3）其他突发事件：估算 2 天。

因此，实际用于生产的时间估计为 20 天左右。萧山永新服装有限公司每天的产能达到 450 件，对于 6 020 ～ 6 140 件的生产数量，产能是足够的。

杨华需要在工厂开始生产后不定期下厂跟踪生产进度，确保工厂在 7 月 14 日前完成生产并交货。

4. 各款商品数量

订单总量为 6 080 件，每种颜色（棕色和灰色）各 3 040 件，分别由 6 个尺码共同组成。

工作任务 4　根据订单，明确包装跟单任务

对于包装的选择，不能仅仅理解其含义就以为可以应付自如了，更要明白包装的选择标准、性能、成本是否符合该货物出口需要，是否经得起海运长途颠簸及可能发生的恶劣天气、粗暴搬运等各种意外事件的考验。为此，杨华认真为包装跟单列出下列工作重点：

1. 包装选择

出口纸箱。

选择出口纸箱时要注意：

（1）纸箱尺寸选择要根据服装包装需要，同时兼顾方便集装箱装箱；

（2）纸箱种类选择要考虑商品特性，要注意防潮，同时要注意纸箱能承受的戳穿强度及压力等指标；

（3）纸箱选择还应该注意成本，综合考虑性能及成本，选择性价比高的纸箱；

（4）纸箱高度必须在 30cm 以上，最大重量（货物重量加包装本身重量）不得超过 12kg。

2. 包装方式选择

每件服装用一个塑料袋包装，每件外套要求袖子对折在胸口，然后衣服再对折。每 10 件装 1 个出口纸箱，纸箱要装满，但要避免服装受到过度挤压。对于包装用的塑料袋，按照一般惯例，袋上应印刷类似以下的警告标语：“PLASTIC BAGS CAN BE DANGEROUS. TO AVOID DANGER OF SUFFOCATION，KEEP THIS BAG AWAY FROM BABIES AND CHILDREN.”塑料袋上还要打孔，每侧打一个，直径为 5mm。此外，塑料袋不可以是 PVC 材质的。

唛头必须按照订单的规定印刷。

工作任务 5　根据订单，明确运输跟单任务

杨华仔细阅读了合同中运输相关条款后，发现该笔业务属于 FOB 术语下进口商指定货代安排货物运输的情况。在这种情况下，外贸跟单员除与指定货代保持密切联系和沟通外，还要注意钱和货的安全。为此，杨华明确了以下的运输跟单重点：

（1）注意了解指定货代的资信情况，避免指定货代与进口商共同欺骗出口商的情况出现，以避免钱货两空。

（2）订舱环节要注意与进口商指定货代保持密切联系，当大货生产接近尾声时就需要与指定货代沟通订舱细节，包括所订船公司、所订舱位及预计航期。

（3）一旦货物生产完成，要立即联系进口商指定货代询问集港方式——是门到门还是自拉自报。如果是门到门方式，则金苑公司可以通知工厂将货物备妥等车队上门提货，也可安排工厂先将货送至指定仓库，再由货代指定车队到指定仓库提库；如果是自拉自报方式，则需要与工厂协商如何在规定时间内将货送至货代指定地点装箱，并安排货物出口报关。

同步训练

一、单项选择题

1. 各国法律对于违约的救济方法主要有损害赔偿、解除合同和（　　）。

A. 实际履行　B. 提起诉讼　C. 重新执行　D. 法律救济

2. 以下不属于买卖合同生效的条件的是（　　）。

A. 当事人在自愿、真实基础上签订协议　B. 当事人可以是未成年人

C. 标的和内容必须合法　D. 必须有对价或约因

3. 医药产品的品质在合同中的表示方法主要应用文字说明表示法中的（　　）项来表示。

A. 凭规格买卖　B. 凭标准买卖　C. 凭产地买卖　D. 凭等级买卖

4. 以下单位缩写不正确的是（　　）。

A. 码：yd　B. 件：pc　C. 平方英寸：in^2　D. 公吨：lt

5. 根据《跟单信用证统一惯例》（UCP600）的规定，信用证数量及金额中如出现“约”“大约”等词语，应解释为允许有不超过（　　）的增减幅度。

A. 5%　B. 7%　C. 10%　D. 15%

6. Shipment within 30 days after Receipt of L/C，下列含义正确的是（　　）。

A. 收到信用证后 30 天装运　B. 收到信用证前 30 天装运

C. 收到信用证后 30 天之内完成装运　D. 自合同订单起 30 天装运

7. 出口外汇净收入指的是（　　）。

A. FOB 成交价　B. CFR 成交价　C. CIF 成交价　D.EXW 成交价

8. 广东某出口商以海运方式出口一批鞋子到德国，以下价格条款书写正确的是（　　）。

A. USD30.00/pc FOB Hamburg　B. USD30.00/pc CIF Guangzhou

C. USD30.00 FCA Guangzhou　D. USD30.00/pc CFR Hamburg

9. 下列常见的合同支付方式含义不正确的是（　　）。

A. T/T 指电汇　B. D/P 指汇款交单　C. D/A 指承兑交单　D.L/C 指信用证

10. 以下哪一项不属于订单产前评审的目的？（　　）

A. 整合企业内部各部门资源　B. 制订生产计划

C. 明确客户的产品要求　　　　　　　　　　D. 决定是否接单

二、判断题

1. If the payment is to be made "30 days' sight", it means that the payment will have to be made 30 days after the issuing of this draft.（　　）

2. 在贸易实践中，书面合同既可能以正式的合同形式出现，也可能以确认书、协议书、订单等形式出现。（　　）

3. 订单是卖方起草并发给买方的合同形式。（　　）

4. FOB 价格条件按各国惯例的解释都是由卖方负责申请领取出口许可证和支付出口税。（　　）

5. According to the rule in international trade, silence or lack of response to the offer will be considered an acceptance.（　　）

6.《联合国国际货物销售合同公约》规定，接受送交发盘人时生效，接受生效的时间，实际上就是合同成立的时间。（　　）

7. DDP 是买方责任最小的贸易术语，EXW 是卖方责任最小的贸易术语。（　　）

8. Proforma invoice has legal status and its details are normally transferred to a commercial invoice.（　　）

9. 当发生地震、洪水等不可抗力或无法预测的事故时，发生意外的一方也必须履行合同的责任，但可以延迟履行合同。（　　）

10. 仲裁的裁决不是终局性的，买卖双方采用仲裁解决争议，不能解决则可继续申诉至法院。（　　）

三、案例分析题

2023 年 1 月，中国某进出口公司与国外客户洽谈订立一份大米出口合同。合同约定：大米 10 000 tons，FOB 中国口岸，单价 USD275.00/ton。出口商认为双方对数量单位的含义都有一致的看法，吨就是指公吨，出口商到时交货 10 000 公吨即可。但随后外商在开来的信用证中却指出数量条款的吨是指长吨。假如数量条款中的吨按长吨理解，由于 1 长吨等于 1.016 公吨，因此出口商应交付大米 10 160 公吨，将比原计划多交 160 公吨，多交部分金额为 44 000 美元。对此出口商提出修改信用证，而国外进口方拒绝改证，于是双方发生了纠纷。

请分析：

1. 你认为本案中方公司是否要承担违约责任？

2. 通过本案，你认为在签订和确认合同前，应注意什么问题？

拓展训练

样品确认、验厂通过后，PRINCE 公司的最终客户终于下单了。于是，PRINCE 公司在 2023 年 4 月 14 日正式下达订单给浙江新力进出口有限公司。订单内容如表 3－10 所示。

表 3－10 订单

PRINCE TRADING CO.，LTD.

ADD：88 CHESTNUT AVENUE，BUCKHURST HILL，ESSEX IG9 6EP JERSEY 10024，UK

TEL：+44（020）72807700　　FAX：+44（020）72807700

PURCHASE ORDER

ORDER NO.：180033　　DATE：April 14th，2023

SUPPLIER：ZHEJIANG XINLI IMP.& EXP.CO.，LTD.

ADDRESS：NO. 288 XUEYUAN STREET，XIASHA，HANGZHOU 310018，CHINA

DESCRIPTION OF GOODS：

Men’s coat，Style No.M3045.

Fabric：black PU.

Lining：100% cotton.

Quality as per the confirmed sample.

UNIT PRICE：USD25.40 per piece FOB Shanghai.

QUANTITY：14 400pcs.

S	M	L	XL	XXL
2 880pcs	2 880pcs	2 880pcs	2 880pcs	2 880pcs

AMOUNT：USD365 760.00.

More or less 1% of the quantity and the amount are allowed.

PACKING：10pcs per export carton，solid color and assorted size，each piece in a blister polybag.

Packing assortment（total assortment＝10）	S	M	L	XL	XXL
	36/38	38/40	40/42	42/44	44/46
black like approval sample	2	2	2	2	2

TERMS OF PAYMENT：100% of the value to be paid within 7 days against the fax copy of B/L by T/T.

DATE AND METHOD OF SHIPMENT：Jun. 20th，2023—Jun. 30th，2023 by sea；otherwise Jul. 1st，2023—Jul. 15th，2023 on the Seller’s account by Air.

PORT OF LOADING：SHANGHAI.

PORT OF DESTINATION：LONDON.

PARTIAL SHIPMENT：Prohibited.

FORWARDING AGENT：Kuehne and Nagel.

PURCHASE CONDITIONS：

Attn：AZO and Nickel.

The import and sale of products with AZO-colors and Nickel accessories into Germany is strictly forbidden.The supplier warrants that the manufacture of the delivered goods has not involved，work by children in an exploiting，health-endangering or slave-like manner，forced labor or exploitative prison work.

The Seller：　　The Buyer：

PRINCE 公司在订单上签字后以传真方式下达给浙江新力进出口有限公司。浙江新力进出口有限公司业务经理收到传真后，首先查看了订单各条款，确认无误后签章，再以传真方式回传给 PRINCE 公司。于是，双方合同关系正式成立。

业务经理指定外贸跟单员马斌负责跟进该订单。为更好地开展跟单工作，马斌需要查看订单各条款，其工作任务如下：

【工作任务 1】查看订单，明确品质跟单任务。

【工作任务 2】查看订单，明确数量跟单任务。

【工作任务 3】查看订单，明确包装跟单任务。

【工作任务 4】查看订单，明确运输跟单任务。

【工作任务 5】查看订单，明确注意事项。

项目四

生产前跟单

知识目标

通过学习，熟悉原材料采购的基本流程及工作内容，熟悉纺织服装及相关产品的知识。

能力目标

通过学习，能够进行生产前原材料采购的确认工作，能够对生产设备及技术准备工作进行核实。

素养目标

培养严谨细致、精益求精的职业品格；强化客户至上、产品质量是企业生命线的职业意识。

业务背景

外贸合同订立后，金苑公司将 SKY 公司的订单要求告知萧山永新服装有限公司，并正式把 SKY 公司的订单交给其生产。双方随即正式签订了供货合同（见表 4－1），并约定生产服装用的面、辅料由萧山永新服装有限公司代为采购，金苑公司负责面、辅料的品质确认。

工作任务

为了使生产顺利开展，金苑公司作为产品采购方需要和工厂一起做好生产前的各项准备工作。外贸跟单员杨华的工作任务如下：

【**工作任务 1**】审查工厂的采购单内容。

【**工作任务 2**】确认所采购面、辅料正确无误。

【**工作任务 3**】核实工厂的技术准备情况。

【**工作任务 4**】发送产前样给 SKY 公司。

表 4-1　供货合同

供货合同

需方：浙江金苑进出口有限公司　　合同编号：2023YX001
供方：萧山永新服装有限公司　　签订地点：杭州
签订时间：2023 年 6 月 13 日
一、品名、规格、颜色、数量、单价、金额：

品名	规格	颜色	数量	单价	金额
全棉女式夹克	面料：全棉，20×16/128×60，活性染色，砂洗 水洗色牢度：4 级 日晒色牢度：4 级 摩擦色牢度：湿摩擦 3～4 级，干摩擦 4 级 填充物：涤纶（正身 100 克/平方米，袖子 80 克/平方米） 里料：全棉	棕色	3 040 件	￥59.70	￥181 488.00
		灰色	3 040 件	￥59.70	￥181 488.00
合计	人民币叁拾陆万贰仟玖佰柒拾陆元整				

二、交货期限和交货方式：2023 年 7 月 8 日前，工厂交货。
三、质量要求：品质与确认样一样，一切质量问题由供方负责。
四、数量要求：数量控制在 ±1% 之内。
五、付款方式：先付 30% 定金，余款凭增值税发票在出货后 45 天内结清。
六、包装要求：另附。
七、解决合同纠纷方式：本合同履行过程中发生的争议，双方应及时协商解决，协商未果可按《中华人民共和国民法典》解决。
八、其他：

供　　方：萧山永新服装有限公司 委托代表人：郑永新 地　　址：杭州市萧山区瓜沥镇临港工业园 电　　话：0571-82508888 开 户 行：中国银行瓜沥支行 账　　号：略 税　　号：略	需　　方：浙江金苑进出口有限公司 委托代表人：王月亮 地　　址：杭州市下沙区学源街 118 号 电　　话：0571-86739177 开 户 行：中国银行下沙支行 账　　号：略 税　　号：略

注：1. 本合同签字后生效。
2. 本合同一式两份，供需双方各执一份。
3. 本合同有效期：2023 年 7 月 30 日。

知识准备

一、签订国内购销合同

（一）签订国内购销合同的意义

出口企业根据国外客户的订单要求，选择国内生产企业完成生产加工，所以，国内购销合同是国外客户需求的体现，更是出口企业下达给生产企业的生产要求的体现。妥善地签订国内购销合同，将国外客户的需求准确地反映在国内购销合同中，是出口企业顺利完成出口贸易的基本保障。

（二）签订国内购销合同的注意事项

1. 根据国外客户需求，结合国内外市场行情签订国内购销合同

出口企业签订国内购销合同时，有关商品的要求，如品质、数量、包装等应以出口合同为依据；有关商品价格或费用方面的要求，应受出口合同制约。出口企业签订国内购销合同时，还要考虑国内外市场行情的影响，综合考虑，妥善签约。

2. 国内购销合同要求内容完整

出口企业应在国内购销合同中完整表述采购的商品名称、质量、规格、花色、型号、品种、包装、需求量、交货时间、交货地点、运输方式、结算方式等内容。

3. 国内购销合同要求文字规范、用词准确，充分利用合同条款保障购销双方的利益

出口企业可以要求生产厂商按时、按质、按量交付货物，按照合同规定把货物送往码头仓库或配合集装箱公司装货，并按要求开好发票。这些要求均应在国内购销合同中准确体现。

二、原材料采购跟单

国内购销合同签订之后，外贸跟单员需要根据合同所列明的产品名称、规格、质量、数量及交货期等采购面、辅料，即采购原材料。根据合同性质及实际情况的不同，面、辅料也可以让接受订单的生产厂商代为采购。

（一）原材料采购的前提

微课视频

原材料采购的前提

出口商进行原材料采购的前提是已经与客户确认订单，并且订单生效。而订单生效的标准是收到国外客户的定金或收到国外客户开具的信用证生效且无误。因为在当前外贸形势下，客户在签署订单后毁约的例子时有发生，所以一切必须以定金到账或信用证开到为基础。近几年广交会多次发生在客户签约但未支付预付款或信用证尚未开到的情况下，出口商开始采购原材料进行生产备货，但国外客户由于种种原因未能履约，导致出口商陷入被动的境地。例如，在2012年春季广交会上，某外贸公司接到一份尼日利亚客户的玩具订单，30 000只12英寸的玩具熊，金额72 000美元，交货期为2012年7月20日，付款方式为30%装运前T/T，70%即期信用证。按照订单的交期，生产备货的时间非常紧张，因为6—10月是工厂生产最繁忙的时间，如果按照客户的要求，则在5月初就要立刻安排面、辅料的采购，但采购需要立刻支付30万元人民币的费用。该外贸公司不敢贸然支付，等待了一周后多次催促尼日利亚客户支付定金无果，最终确认该订单无效。

要采购的原材料确定好之后，接下来就要确定原材料供应商了。对于出口商而言，有时培养好的国内供应商比寻找一个好的客户更难，国内供应商的重要性丝毫不亚于国

外客户。许多外贸公司常常会碰到这样的尴尬情景：国外客户的订单拿到之后，没有可靠的工厂来完成订单的生产。因为一家合格的国内供应商需要具备规范的生产管理制度、主动的配合意识、快速及时的打样能力、稳定可靠的质量以及有竞争力的价格。

（二）外贸跟单员如何做好原材料采购工作

微课视频

原材料采购的注意事项

原材料采购是一个非常重要的环节，一旦采购的原材料交货时间出现问题，将会直接影响整个订单的生产进度。如果采购的原材料的品质不能够得到保证，轻则会影响成品质量，造成损失，重则受到客户的索赔，甚至会因此失去长期合作的客户。建立与客户的信任关系是非常漫长的过程，但与客户之间的信任灭失则相当迅速，因为对于大部分产品来说，当前仍然是买方市场，客户有大量的途径和机会选择并更换出口商。因此，订单生产前期的原材料采购的重要性可见一斑。做好原材料采购工作，需要注意以下几点：

1. 选择可靠的供应商

一般的采购都是采取定点供货的方式，这样既节约了时间，货源和质量也得到了保证。在选择新的供应商时，外贸跟单员要事先做好充分的调研工作，可以通过网络、同行的口碑、实地查看等方式，确保供应商的资质、产品品质和产品交期。

2. 付款及时守信

对供应商的付款，外贸跟单员要能够做到诚实守信，付款及时。当供应商资金遇到困难时，外贸跟单员要想人所想，及时提供帮助，因为出口商与供应商是在同一战线的，只有在关键时刻给供应商提供有力的支持，供应商才会有提供更新样品和更低价格的积极性，才能实现互补双赢。

3. 掌握最新原材料市场行情信息

外贸跟单员要及时更新供应商数据库，了解原材料的价格波动，多接触不同地区的供应商，及时了解最准确的价格信息。对于专业知识的学习，外贸跟单员也要保持持续性，了解自己业务范围内的产品的特性，业务知识要全面，要勤奋好学、虚心上进，及时跟老业务员和生产采购一线的同事沟通。这样在面对市场行情变化时，外贸跟单员能够及时调整对策，有效控制采购成本；跟客户进行报价时，能够提前防范未来的风险。

4. 维护好与新老供应商的关系

在稳定老供应商的同时，外贸跟单员应增加新的供应商，以维持正常的供应体系，而不至于使所需要的原材料受老供应商的限制。外贸跟单员应重点培养几家供应商，只有己方订单在对方那里占有相当大的比重时，对方的服务才会有相应的提升。

5. 注意采购过程的规范性

外贸跟单员在与供应商确认相关的订单、采购参数变更时，一定要通过书面的形式确认，并且在收到对方明确的签字确认后，存档备案，以备在货品出现问题时双方确认责任。

（三）原材料采购流程

原材料采购流程包括：确定采购需求，选择认证生产供应商，确定价格及其他采购条件，发出采购单，采购单跟踪以及原材料采购验收入库。

1. 确定采购需求

确定采购需求即在采购之前，应先确定采购哪些原材料、采购多少、何时采购等，这是采购活动的起点。对需求的细节，如品质、包装、售后服务、运输、检验等均应加以准确说明和描述，以便使原材料来源选择及价格谈判等业务能顺利进行。

2. 选择认证生产供应商

根据采购需求，在原有供应商中选择合作良好的供应商或者重新寻找合适的供应商。供应商的选择是采购活动的重要一环，它涉及企业能否及时获取所需的原材料。

3. 确定价格及其他采购条件

确定可能的供应商后，要确定采购价格、采购条件、供货条件等，以便与供应商进行有利的谈判。要选择多家供应商以便多渠道获得商品价格。合作时间长的供应商报价未必是最优惠的，在保质、保量、保时的前提下，选择报价最低的供应商。

4. 发出采购单

价格、交货条件等所有事项谈妥后，就可以制作并发出采购单（见表4－2）了。采购单的主要内容有原材料名称、确认的价格及付款条件、确定的质量标准、确定的采购量、确定的交货地点等，可另附必要的图纸、技术规范、标准等。

表4－2　采购单

<table>
<tr><td colspan="5">采购单编号：</td></tr>
<tr><td>供应商名称</td><td colspan="2"></td><td>负责人</td><td></td></tr>
<tr><td colspan="5">采购材料明细</td></tr>
<tr><td>材料名称及规格、型号</td><td>单位</td><td>数量</td><td>单价</td><td>小计</td></tr>
<tr><td></td><td></td><td></td><td></td><td></td></tr>
<tr><td></td><td></td><td></td><td></td><td></td></tr>
<tr><td></td><td></td><td></td><td></td><td></td></tr>
<tr><td colspan="3">合计：（大写）</td><td colspan="2">（小写）</td></tr>
<tr><td colspan="5">具体要求：</td></tr>
<tr><td colspan="3">订货时间：
交货方式：
交货地址：</td><td colspan="2">交货时间：
付款方式：</td></tr>
<tr><td colspan="3">发件人（盖章）：
供应商确认人（盖章）：（确认后回传）
日期：</td><td colspan="2">审批人（盖章）：
日期：</td></tr>
</table>

5. 采购单跟踪

采购单跟踪是外贸跟单员耗费精力最多的环节，对于那些长期合作的、信誉良好的供应商，外贸跟单员可以不进行采购单跟踪或者仅进行一般监控即可。但对一些重要或紧急的原材料的采购单，外贸跟单员则应全力跟踪。

（1）一般监控。倘若采购的原材料为一般性、非重要性的商品，外贸跟单员仅进行一般监控即可，通常的方法有电话查询或直接去供应商企业了解。

（2）预定进度管理时间。对于较重大的业务，外贸跟单员可在采购单或采购合同中明确规定供应商编制预定进程表。预定进程表应包括全部筹划供应生产的进程，如采购方案、生产设备准备、组件制造、分车间装配生产、总装配生产、完工测试及装箱交运等全过程。此外，采购单或采购合同中还应明确规定供应商必须编制实际进度表，与预估进度并列对照，说明延误原因及改进措施。

原材料订单的签订应以国外进口商订单的交期为准绳，然后分别根据生产时间来确定原材料订单的交期（其实际过程是，在与客户确定订单交期时，就要根据各种原材料的交期和生产时间来确定最终成品的交期，而且各个环节都需要留出比计划多一点的时间，预防生产中的意外情况发生）。例如，某个客户的订单是一个高柜，所需 A 材料要 20 天交货（包括送货到厂的时间），整个生产时间需要 30 天（包括前期处理和包装时间），给客户报的最少是 35 天，但为了保险起见，一般都需要报给客户 40 ～ 45 天。这样如果中间有异常情况，延长一点也不至于影响交期。

（3）生产企业实地考察。对于重要原材料的采购，除要求供应商按期递送进度表外，外贸跟单员还可以前往生产企业进行实地考察。赴生产企业蹲点考察时，外贸跟单员要注意在不影响正常生产作业的前提下扎实做好进度和质量的监控工作。

6. 原材料采购验收入库

原材料采购验收主要包括品名、数量和品质的验收。

在原材料验收入库前，外贸跟单员必须做好与供应商的协调送货工作以及与仓库的协调接收工作。因为如果没有事先与供应商协调好送货，则有可能导致原材料入库困难甚至无法入库；而没有与仓库协调好接收，则有可能导致仓库作业混乱。原材料验收入库工作涉及仓库、品质控制部、财务部等诸多部门。验收主要步骤包括：第一，确认供应商；第二，确定交运日期与验收完工时间；第三，确定物料名称与品质；第四，清点数量；第五，通知验收结果；第六，退回不良原材料；第七，原材料入库；第八，仓库做进料记录。

原材料进仓后应合理分区堆放，可以分为待处理物料区、退回物料区和急用物料区。

三、安排生产

在跟客户确认了订单后，如果是外贸企业，就由业务员或专门的采购员下订单给供应商，跟供应商签订供货 / 采购合同。如果是工贸企业，就由工厂的业务员或外贸跟单员根据客户的要求制作生产任务单 / 通知单，经过业务员、外贸部负责人、技术部负责人、生产部负责人、总经理签字后，下发给生产部门，生产部门据以安排原材料采购和产品生产。外贸跟单员要将所下发的生产任务单留底，并把订单主要信息输入工作表格，以便及时跟踪。

就工厂的情况来讲，生产任务单主要是为了工厂内部安排生产，所以它有别于正式订单。一般情况下，生产任务单一定要包含以下几个信息点：

（一）订单号码

在生产任务单上要标明简单明了、统一的订单号码。

在外贸出口业务中，往往会出现很多重要号码，比如一般会有外贸合同号码、形式发票号码、商业发票号码、工厂订单号码等。如果编制方法没有规律，会对外贸工作产生很大的困扰，有时还会引起混淆。很多客户都有自己的号码编制习惯和方法，在与之签订单时，企业要么以自己的方法编写号码（方便工厂内部操作），并注明客户的订单号码（方便客户工作），要么以客户的订单号码为依据。

号码的编制方法有很多种，有的以订单的数字顺序编号，如 PC-001、PC-002；有的根据日期编号，如 PC-23068001、PC-23068002；有的根据客户的名称简写编号，比如客户的名字是 Union Style Limited，那订单号就是 US2023-001。总之，编制方法多种多样，无论通过什么方法来编制都要有很强的规律。有的订单号码简单明了，包含很多信息，让人一看到订单号码就能知道大概的信息，如下单日期、客户名称等。

（二）产品型号、规格等

在生产任务单上要写明产品的详细信息。根据客户的采购要求，企业要把生产的产品型号、规格（包括尺寸、颜色、性能等）、数量等在生产任务单上写明，这些信息非常关键。外贸跟单员要详细地检查，如果出错就会与客户的采购订单相悖；如果误差很大，就会引起客户的不满或投诉，重则可能造成很大的损失。

（三）包装要求

在下生产任务单时，企业如果能跟客户提前确认包装细节，就要把包装要求写上去，方便有关部门后面的操作。

根据性质不同，有的产品要求用纸箱包装（大部分产品），有的产品要求先用塑料袋包装再用纸箱包装（比如服装），有的产品要求用编织袋包装（比如面料），有的产品要求用木箱包装（比如沉重的机器设备）。比如有的产品从工厂出货到最后销售，中间需要经过许多环节，客户对纸箱的抗压能力要求比较高。此外，外贸跟单员还要跟客户确认包装的规格、装箱方式、唛头等。有的客户要求唛头印刷在纸箱上，而且对正唛和侧唛有不同的要求，并且对各种信息的字体、颜色或印刷位置都有严格要求。外贸跟单员一定要严格按客户的要求执行。

（四）日期

生产任务单上一般有两个日期，一个是下单日期，另一个是交货日期。

注明下单日期是为以后统计生产时间做准备，这样就可以判断每批产品生产所用的时间。外贸跟单员在之前跟国外客户确认订单时就要谈到交期的问题。客户对质量和交期要求都很严格，企业不能为了赶交期而忽视了质量，也不能以质量为借口拖延交期。有的产品时效性很强，比如某种礼品，国外客户就是为了赶在圣诞节前销售，一旦工厂晚交货，没有赶在圣诞节前销售，即使货发过去了，也会比预期的销售量低很多，这样客户的损失就很大，客户就会提出索赔或拒收货物。

（五）交货地点

生产任务单上通常也要注明交货地点，一般都是送到货代指定的仓库。

如果是拼箱，一般要求工厂自己联系车辆将货送到货代指定的仓库；如果是整箱，一般情况下是由货代安排卡车将集装箱送到工厂装箱。关于整箱货，有的情况下也不一定在工厂装货，因为有的货物可能比较特殊，在工厂没有办法装箱，这时就要送到货代指定的仓库专门进行装箱操作，因为货代操作过的产品种类多，各种必需的装箱设备齐全，而且装箱经验更丰富。比如一些比较大的设备，在装箱时一般都要用到铲车，而且装箱时需要在集装箱内用特殊的绳子固定，防止移动，这种情况工厂一般难以办到。还有一些大型的钢板，由于尺寸的原因，经常会出现平铺摆放和垂直摆放都难以放下的情况，需要斜着放置。在这种情况下，由于钢板很重，首先需要特殊的设备装箱，其次需要特殊的设备固定，防止钢板在运输过程中发生移动而损坏集装箱。

（六）其他注意事项

其他注意事项包括：包装过程中要注意一些什么情况；根据以往的经验，这种产品在生产过程中经常会出现某些异常，所以在这次的生产过程中要特别注意等。还有的生产任务单会附加一些其他的技术资料，如工艺单等。

四、纺织服装商品知识

（一）服装材料用纤维

1. 纤维的分类

服装材料用纤维按来源可分为天然纤维和化学纤维两大类。天然纤维来自自然界，可直接用于纺织，可细分为植物纤维、动物纤维和矿物纤维。化学纤维则包括全成纤维、再生纤维、醋酯纤维和无机纤维（见图 4－1）。

- 纺织纤维
  - 天然纤维
    - 植物纤维
      - 种子纤维：棉纤维、木棉纤维等
      - 韧皮纤维（茎纤维）：亚麻、黄麻、洋麻、苎麻、罗布麻、大麻等
      - 叶纤维：剑麻、蕉麻等
      - 果实纤维：椰子纤维等
    - 动物纤维
      - 毛发纤维：绵羊毛、山羊绒（毛）、兔毛、骆驼毛（绒）、牦牛绒等
      - 蚕丝纤维：桑蚕丝、柞蚕丝、蓖麻蚕丝等
    - 矿物纤维：石棉等
  - 化学纤维
    - 全成纤维：聚酯纤维（涤纶）、聚酰胺纤维（锦纶6、锦纶66）、聚丙烯腈纤维（腈纶）、聚丙烯纤维（丙纶）、聚乙烯醇缩甲醛纤维（维纶）、聚氯乙烯纤维（氯纶）、聚氨酯弹性纤维（氨纶）等
    - 再生纤维
      - 再生纤维素纤维：粘胶纤维、铜氨纤维等
      - 再生蛋白质纤维：大豆纤维、牛奶纤维等
    - 醋酯纤维：二醋酯纤维、三醋酯纤维等
    - 无机纤维：碳纤维、玻璃纤维、金属纤维、陶瓷纤维等

图 4－1　纤维的分类

2. 纤维的鉴别方法

纤维是组成纺织品最基本的物质，纺织品的各项性能与纤维的种类和构成比例密切相关。鉴别纤维的方法很多，有手感目测法、燃烧法、显微镜观察法等。每种方法各有特点，在构成复杂的纤维鉴别工作中，往往需要综合运用多种方法，才能得出准确的结论。

（1）手感目测法。手感目测法即凭检测人员的感官，根据纤维的外观形态、色泽、手感、伸度、强度等特征来判断是天然纤维还是化学纤维。手感目测法虽然简便，但是需要鉴别人员具有丰富的实践经验，且难以鉴别化学纤维中的具体品种，因而有局限性。

（2）燃烧法。燃烧法是简单且常用的一种鉴别方法，即用镊子夹住一小撮纤维，慢慢移近火焰，仔细观察纤维接近火焰时、在火焰中以及离开火焰后烟的颜色、燃烧的速度、燃烧后残渣的特征以及燃烧时的气味，可对照表4－3来进行判别。

表4－3 几种纤维的燃烧特征

纤维名称	接近火焰时	在火焰中	离开火焰后	燃烧后的残渣	燃烧时的气味
棉、麻、粘胶	不熔不缩	迅速燃烧	继续燃烧	少量灰白色的灰	烧纸味
羊毛、蚕丝	收缩	渐渐燃烧	不能继续燃烧	松脆黑色硬块	烧毛臭味
涤纶	收缩、熔融	先熔后燃烧，且有熔液滴下	继续燃烧	玻璃状黑褐色硬球	特殊芳香味
锦纶	收缩、熔融	先熔后燃烧，且有熔液滴下	继续燃烧	玻璃状黑褐色硬球	氨臭味
腈纶	收缩、熔融	熔融燃烧，有发光小火花	继续燃烧	松脆黑色硬块	辣味
维纶	收缩、熔融	燃烧	继续燃烧	松脆黑色硬块	特殊甜味
丙纶	缓慢收缩	熔融燃烧	继续燃烧	黄褐色硬球	轻微沥青味
氯纶	收缩	熔融燃烧，有大量黑烟	不能继续燃烧	松脆黑色硬块	氯化氢臭味

手感目测法和燃烧法是外贸跟单员在日常工作中能操作的办法。如果纤维的成分比较复杂，则往往需要将纤维送往专业的检测机构通过显微镜观察法等专业方法加以鉴别。

（3）显微镜观察法。用显微镜观察法判断时，主要是观察纤维纵向和横向的组织结构特征。这种判断必须在专业实验室中由专业人员进行。一般情况下，在市场或办公室等场所的普通人员是很难进行操作的。

这里简单介绍几种纤维在显微镜下的纵向和横向组织结构特征（见表4－4）。

表4－4 几种不同纤维的纵横形态特征

纤维种类	纵向形态特征	横向形态特征
棉	扁平带状，有天然卷曲	腰圆形，有中腔
苎麻	横节，竖纹	腰圆形，有中腔及裂缝
羊毛	表面有鳞片	圆形或接近圆形，有些有毛髓

续表

纤维种类	纵向形态特征	横向形态特征
桑蚕丝	平直	不规则三角形或三角形
粘胶	纵向有沟槽	有锯齿形边缘
维纶	平滑	腰圆形
腈纶	平滑	圆形或哑铃形
氯纶	平滑	接近圆形
涤纶、锦纶、丙纶	平滑	圆形

3. 纱线的主要技术指标

纱线质量取决于原料质量和工艺质量，纱线质量的好坏直接影响织物的美观和使用价值。衡量纱线质量的指标主要有纱线的粗细度、强度和伸度、捻度和捻向等。

（1）纱线的粗细度。

纱线有粗细之分，纱线的粗细度是纺织面料中最重要的指标之一，也是进行织物设计的重要依据之一。不同粗细和花式的纱线可以设计出不同风格（厚薄、重量、性能等）的面料，从而影响服装的质地和款式。具体来讲，纱线的粗细度是指纱线的质量和长度的关系，通常用定重制和定长制来表示。定重制是指规定重量的纱线所具有的长度，定长制是指规定长度的纱线所具有的重量。无论是定重制还是定长制，都与纱线的重量有关，而纱线重量又与回潮率（纱线吸收水分的能力）有关。

纱支数是衡量纱线粗细的指标，常用于衡量短纤维纺织纱线的粗细程度。它有公制支数和英制支数之分。

纱支数高低用数字表示，数字越大，纱线就越长、越细；数字越小，纱线就越短、越粗。另外，纱支数由两组数字表示，第一组数字表示单纱的支数，第二组数字表示合股的根数。如“16S/1”表示 16 支单纱，“32S/2”表示 32 支双股纱。

纤度是表示长丝（或纤维）（如生丝和化学纤维等）粗细的指标，其单位有四个，其中之一是旦尼尔（Denier），简称旦，用“ D”表示。旦尼尔现在是非法定计量单位。旦数表示 9 000m 纤维所具有重量的克数，例如，300D 涤纶长丝是指 9 000m 长的涤纶丝，其重量是 300 克；100D 涤纶长丝是指 9 000m 长的涤纶丝，其重量是 100 克。从上述说明可以得知：旦数的数值越大，纱线重量就越大，纱线就越粗；旦数的数值越小，纱线重量就越小，纱线就越细。另外，纤度也用两组数字表示，第一组数字表示旦数（粗细），第二组数字表示长丝的单丝根数。如“150D/96F”是指长丝粗细是 150 旦，由 96 根单丝组成。对于同样旦数的长丝，根数越多，表示组成长丝的单丝越细；反之，单丝越粗。

一般而言，纱线越细且粗细均匀，则经织造加工后的面料越轻薄且手感爽滑，其服装成衣的重量也越轻。

（2）纱线的强度和伸度。

纱线的抗拉能力称为强度。在其他条件相同的情况下，纱线的强度越大，则织品越坚固耐用。单纱强度测定是在单纱强力测试机上进行的，纱线的强度用拉断纱线的荷重克数或千克数表示。

纱线受到外力拉伸时，会发生伸长变形，纱线在一定荷重下拉伸长度对原长度的百分比称为纱线的伸度。纱线只有具有适当的伸度，才能具有弹性和柔韧性。伸度过大会使纱线松弛、强度降低；伸度过小可使纱线强度提高，但会使织物变硬。

（3）纱线的捻度和捻向。

捻度是指纱线加捻的程度，通常用单位长度内纱线加捻的回数表示。当纱线的粗细度单位分别用公制支数、英制支数、号数表示时，对应的捻度单位为捻数 / 米、捻数 / 英寸、捻数 / 厘米。

捻向是指纱线的捻转方向，即纤维在纱线中的倾斜方向。加捻后，纤维自左上方向右下方倾斜的称为“Z 捻”，俗称“反手捻”。

捻度和捻向对成品纱线的粗细度、强度、弹性、柔软性、均匀度、光泽和用途都有一定影响。通过加捻使纱线中的纤维抱合紧密，纤维之间的压力增加，纤维之间相互滑动的阻力随之增加，从而增加纱线强度。纱线的捻度增加，其柔软性及光泽相应降低。由此可见，通过改变纱线的捻度便能改变纱线的强度、手感及光泽。因此，不同用途的纱线对捻度的要求也就不同。一般情况下，机织用纱捻度大一些，织造夏令衣料可加大纱的捻度，使织物具有爽挺风格；针织用纱捻度小一些，棉毛衫裤要求柔软、保暖、舒适，纱线捻度宜小；纺织的经纱在生产过程中经受张力较大，摩擦较多，要求捻度较大，纬纱则要求较低的捻度。

纱线的捻向不同，对光线的反射性质就会不同，这也能改变织品的外观和手感。例如使若干根“S 捻”“Z 捻”纱线相间排列，织物可产生隐条、隐格效应。同时，纱线的捻向变化还可调节织物表面光泽，织造出纹路清晰或光泽柔和的织物。

（二）服装面料的分类

服装的材料主要包括面料和辅料，面料是指服装表面的主体材料，辅料包括里料、衬料和絮填料等。作为服装的主要材料，面料按照不同的标准有以下分类：

1. 按生产加工方法分类

（1）梭织物。梭织物是指由相互垂直排列，即横向和纵向两系统的纱线，在织机上根据一定的规律交织而成的织物。梭织物的特点是：布面有经向和纬向之分。梭织物的主要优点是：结构稳定，布面平整，悬垂时一般不出现弛垂现象，适合各种裁剪方法。目前市场上 80% 的服装用的是梭织物。梭织物的基本组织结构可以分为平纹组织、斜纹组织、缎纹组织（见图 4－2）及其变化组织。

图 4－2 梭织物的组织结构

（2）针织物。针织物是指以一根或一组纱线为原料，用纬编机或经编机加工成线圈，再把线圈相互串套而成的织物（见图 4-3）。针织物按生产方法可分为纬编针织物和经编针织物。纬编针织物的基本组织有纬平针组织、罗纹组织、双反面组织。经编针织物的基本组织有编链组织、经平组织和经缎组织等。

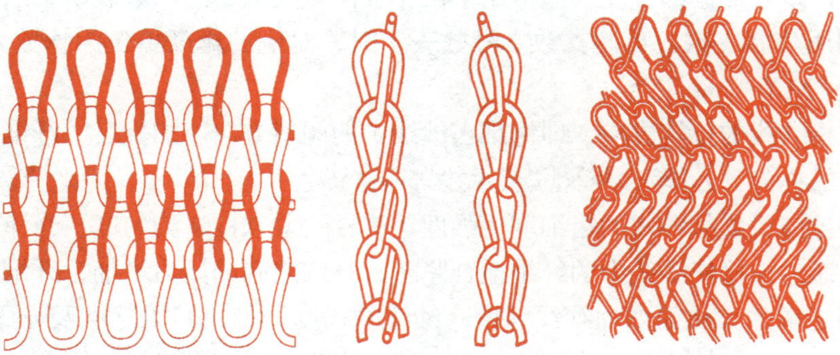

图 4-3　针织物的组织结构

（3）非织造布。这种织物不需要纺纱织布，它只是将纺织短纤维或者长丝进行定向或随机排列，形成纤网结构，经过黏合、熔合或其他化学、机械方法加工而成的纺织品（见图 4-4）。随着化学纤维的应用，非织造布在市场中大量出现。根据不同的产品特性，非织造布可用来制作工业与医用服装及一次性卫生服装用品等，并可大量用在服装衬垫和垫料方面。

图 4-4　非织造布

2. 按构成织物的纱线原料分类

（1）纯纺织物。纯纺织物是指经纱、纬纱由单一的原料构成的织物，既包括用天然纤维织成的棉织物、麻织物、丝织物等，也包括用化学纤维织成的纯化纤织物，如涤纶织物等。

（2）混纺织物。混纺织物是指由两种或两种以上纤维混纺成纱而织成的织物，如麻/棉、毛/棉、涤/棉、涤/毛等纤维混纺织物。

（3）交织织物。交织织物是指经纱和纬纱采用不同的纤维原料织成的织物，如用蚕丝和粘胶丝交织而成的古香缎。

此外，按染色情况分类，织物还可以分为白坯织物、染色织物和色织织物等。

（三）服装面料的量度指标

织物的量度指标包括经纬密度、幅宽和克重。

1. 经纬密度

（1）经纱密度。经向即面料长度方向，该向纱线称作经纱，1 平方英寸内经纱的排列根数称为经密（经纱密度）。

（2）纬纱密度。纬向即面料宽度方向，该向纱线称作纬纱，1 平方英寸内纬纱的排列根数称为纬密（纬纱密度）。

经纬密度用于表示梭织物单位面积内经纱和纬纱纱线的根数，一般为 1 平方英寸内纱线的根数。如通常见到的“40 × 40/128 × 68”表示经纱、纬纱均为 40 支，经纬密度为 128 × 68。经纬密度的大小反映了面料的松紧程度。

2. 幅宽

面料的幅宽（Fabric Width）是指面料的有效宽度，一般习惯用英寸表示。常见的有窄幅 36 英寸（约 91.44cm）、中幅 44 英寸（约 111.76cm）、宽幅 57 ～ 60 英寸（约 144.78 ～ 152.40cm）等，高于 60 英寸（约 152.40cm）的面料为特宽幅，常被叫作宽幅布。幅宽一般标记在经纬密度后面，如“40 × 40/128 × 68/60″”表示面料的幅宽为 60 英寸（约 152.40cm）。

3. 克重

面料的克重（Fabric Weight）一般为每平方米或平方码面料重量的克数。克重是针织面料的一个重要的技术指标。粗纺毛呢通常把克重作为重要的技术指标。牛仔面料的克重一般用盎司来表示，指每平方码面料重量的盎司数，如 4.5 盎司、7 盎司、12 盎司牛仔布等。

（四）服装面料的基本性能

1. 抗拉强度

抗拉强度是指拉断一定尺寸面料试样所需要的负荷，以牛顿为单位。

2. 撕裂强度

撕裂强度是指一定尺寸面料试样按规定方法撕破成一定长度裂缝所需要的最大负荷，以牛顿为单位。它主要是针对一些特殊织物的需要而设立的测试项目，如军服、帆布、篷布、降落伞等。

3. 耐磨强度

耐磨强度是指织物抵抗摩擦坏损的能力。测试时，用标准磨料摩擦织物试样直到出现指定特征（如纱线断裂或出现破洞）所需的次数来表示。

4. 刚柔性

刚柔性是指织物抵抗弯曲变形的能力，通常用硬挺度和悬垂度来表示。

5. 透气性、透湿性

织物透气性的测量单位是透气量，是指织物试样两面在规定的压力差下，单位时间内流过试样单位面积的空气体积。透湿性通常用一定的温度下，因织物试样两面的单位水蒸气压差，在单位时间内透过单位面积试样的水分量来表示。

6. 保温性

保温性也称保暖性或隔热性，用保温性测试仪进行测定。不同纤维材料的导热系数是静止空气导热系数的 2 ～ 3 倍，水的导热系数大约是静止空气的 27 倍，因此，衣着材料的保温性主要取决于其内部所含静止空气的量。若材料厚且蓬松，则含气量大，保温性好。起绒、起毛的织物和毛皮含气量大，保温性也好。

7. 色牢度

面料在使用过程中常遇到摩擦、汗渍、洗涤、日晒等情况，可能会使面料的颜色发生变化，因此要求将面料颜色的变化控制在一定的范围内，用色牢度表示。色牢度包括摩擦色牢度、日晒色牢度、干洗色牢度等。

8. 尺寸稳定性

尺寸稳定性即缩水率，是指面料在洗涤或浸水后收缩的百分比。一般来说，缩水率最小的面料是合成纤维及其混纺织品，其次是毛织品、麻织品，棉织品居中，而缩水率最大的是粘胶、人造棉、人造毛类织品等。缩水率可以分为水洗缩水率和干洗缩水率两种。

（五）服装面料的检验

通过对面料的检验和测定，可有效地提高成衣的正品率，降低次品率，降低返修率。因此，面料检验是控制成衣生产质量的重要一环。

1. 外观质量检验

面料的外观质量检验，是通过实物质量检验的方法，重点检查污渍、经斜、纬斜、左中右色差、头尾色差、手感、断经、断纬、经痕、色花、粗纱、色污、并经并纬、胶条、胶痕、漏胶、胶粒、缩水率等。

2. 内在质量检验

内在质量检验主要是指面料色牢度、甲醛含量、偶氮染料、气味、pH 值五项安全指标检查，以及检查标志和纤维成分、含量成分是否符合合同或信用证的要求。

有时，应国外进口商的要求，出口商需要做面料的内在质量测试，并提供测试报告（见图 4－5）。

（六）服装加工基础知识

常用的服装机织面料是织机以投梭的形式，将纱线通过经、纬向交错而组成。机织服装因款式、工艺、风格等因素的差异，在加工流程及工艺手法上有很大的区别。一般来说，机织服装生产工艺流程如下：面料检验→技术准备→裁剪、验片→缝制→锁眼钉扣→整烫→成衣检验→包装入库。

1. 面料检验

通过对进厂面料的检验和测定，可有效提高服装的正品率。如前文所述，面料检验包括外观质量检验和内在质量检验两大方面。

2. 技术准备

技术准备包括工艺单、样板的制定和样衣的制作三方面的内容。

ZIT

CNAS L3152 2018111326C

TEST REPORT

Report No. : JC110XXXXX
Date: Mar. XXth, 2018

Applicant : XXXXX
Attn : XXX

The following information is declared by the applicant:

Sample Description : XXXX(A)
Order No. : XXXX
Style No. : XXXX
Date Receive : Mar. XXth, 2018

Test item	Result
	A
Fiber Content	#
Counts of yarn	#
Threads per unit length	#
Dimensional Stability to Washing	Pass
Color Fastness to Rubbing	Pass
Color Fastness to Washing	Pass
Color Fastness to Light	Pass
Tensile Strength	Pass
Tear Strength	Pass
Seam Slippage	Pass

Note: Pass=Meet Applicant's Requirement
#=No Comment

Test result: Please Refer to the Following Page(s)

Prepared & Checked by

Tommy-Tan

Authorized Signature

Test sealed

Zhejiang Institute of Modern Textile Industry Textile Testing Center
浙江省现代纺织工业研究院纺织品检测中心
浙 江 恒 祥 纺 织 品 检 测 有 限 公 司
浙江绍兴柯桥经济开发区柯北大道科创大厦十楼 邮政编码：302030
10F Kechuang Building, Kebei Avenue, Keqiao Economic Development Zone, Shaoxing, Zhejiang
Tel: +86 0575 84780269 84129055 Fax: +86 0575 84780263 www.texlab.org

图 4－5 服装面料测试报告

（1）工艺单。工艺单（见表 4－5）是服装加工中的指导性文件，它对服装的规格、缝制、整烫、包装等都提出了具体详细的要求，对服装辅料搭配、针距密度等细节问题也加以明确。服装加工中的各道工序都应严格按照工艺单的要求进行。

表 4－5　工艺单

××服装有限公司工艺单			
交货日期	2023/05/20	下单日期	2023/04/26
客户	BAMSE	订单号	2023-102
款式图			

项目	S	M	L
胸围	96	98	102
肩宽	39	40	40.5
领围	38	39	39.5
衣长	56	58	60
袖长	52	54	55
袖阔	13	13.5	14

（2）样板的制定。样板（见图 4－6）要求尺寸准确，规格齐全。样板上应标明服装款号、部位、规格、丝绺方向及质量要求，并在有关拼接处加盖样板复核章。

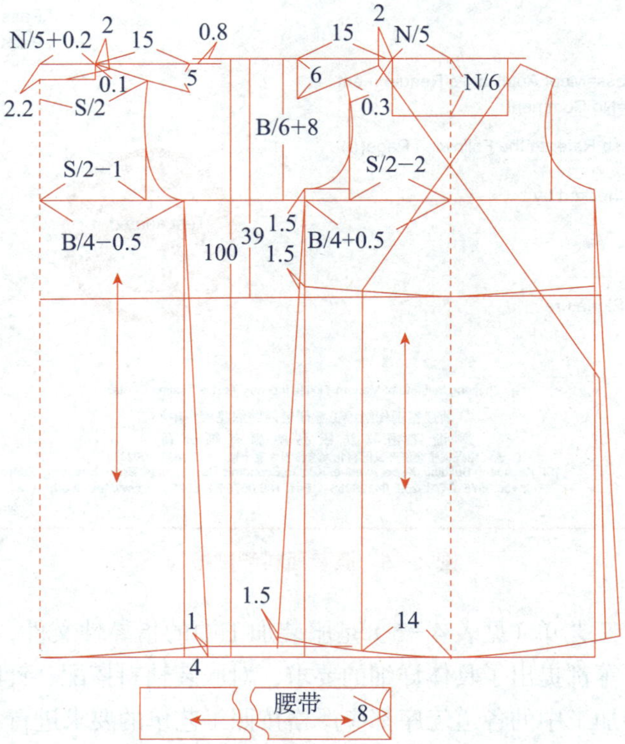

图 4－6　样板

（3）样衣的制作。在完成工艺单和样板的制定工作后，可进行小批量样衣的制作，针对客户和工艺单的要求及时修正不符点，并对工艺难点进行攻关，以便大批量流水作业的顺利进行。

3. 裁剪、验片

裁剪前要先根据样板绘制出排料图。"完整、合理、节约"是排料的基本原则。对裁剪好的面料要进行验片，验片主要是检查裁片的面料质量。

4. 缝制

缝制是服装加工的中心工序，是影响服装生产进度的关键环节。根据款式、工艺、风格等不同，服装的缝制可分为机器缝制和手工缝制两种。缝制加工过程一般实行流水作业。

5. 锁眼钉扣

锁眼和钉扣工作通常由机器完成。根据形状的不同，扣眼可分为平眼孔（俗称睡孔）和眼形孔（俗称鸽眼孔）两种（见图4－7）。

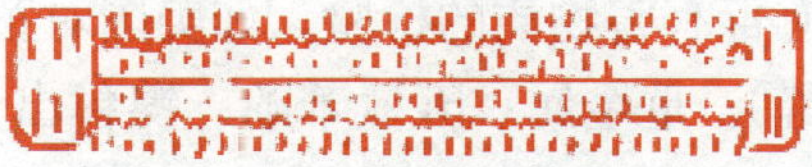

平眼孔

眼形孔

图4－7 扣眼的形状

6. 整烫

影响服装整烫的四个基本要素是温度、湿度、压力和时间。其中，温度是影响熨烫效果的主要因素。

7. 成衣检验

服装的检验应贯穿于裁剪、验片、缝制、锁眼钉扣、整烫等各个加工环节。在包装入库前，还应对成品进行全面的检验，以保证产品的质量。

8. 包装入库

服装的包装可分挂装和箱装两种，箱装一般又有内包装和外包装之分。

（七）服装后整理

在服装生产加工过程中，工厂往往会因外观、款式及市场流行风格的需要，通过物理或化学手段对服装进行后整理。经过后整理可以使服装产生质的变化，不仅美观、实用，而且可以提高产品附加值和产品档次。常见的服装后整理效果有：仿旧整理、仿丝绸整理、桃皮绒整理、局部起绒整理、光泽整理和淙层整理等。

（八）服装的检验

服装的检验主要包括外观质量检验、内在质量检验和包装检验。

1. 外观质量检验

外观质量检验的内容包括服装的款式、外观缺陷、缝制工艺质量、辅料、整烫质量、线头、污渍，以及用卷尺、人体模型架等工具进行服装各部位的规格尺寸检验。

2. 内在质量检验

服装的主要原料是面料，因此，服装的内在质量检验和面料的内在质量检验基本一致。内在质量检验主要包括一些进口国制定的纺织品服装强制性技术标准，如甲醛含量、pH 值、色牢度、异味、可分解芳香胺染料、偶氮染料等。在进行服装的内在质量检验时，出口企业必须注意不能违反有关出口目的国的法律法规。以出口业务中常见的婴幼儿纺织服装为例，国外对其内在质量要求有非常严格的标准。如 2003 年 9 月 11 日起，欧盟禁用偶氮染料的指令生效。该指令明确规定在与人体长期直接接触的多类纺织品或皮革制品中，不得使用浓度超过 30ppm 或在特定条件下会分解产生浓度超过 30ppm 的被禁用的 4- 氨基联苯和联苯胺等在内的 22 种有害芳香胺的偶氮染料，否则禁止在市场上销售。欧盟生态标签（EU Eco-lable）和 OEKO-TEX Standard 100 对婴幼儿纺织产品的考核项目多达几十项，该标准有许多对有毒有害物质的限量要求，如致敏染料、增塑剂、杀虫剂、有机锡化合物、可萃取重金属、全氟辛烷磺酸、有毒溶剂和表面活性剂等。美国和日本虽然对童装中有毒有害物质没有欧盟规定得齐全，但是都有对有毒有害物质的检验。如美国对童装中有害化学物质的检验项目有偶氮染料、甲醛（乙醛）、重金属、五氯苯酚、镍释出量等；日本童装要求中包含禁用甲醛、偶氮染料、含溴或含氯阻燃整理剂、有机汞化合物、有机锡化合物、可萃取重金属等。

3. 包装检验

包装检验包括检验服装的包装材料、吊牌、洗水唛、商标及装箱方式等。

专题：外贸与中国

山东：稳住外贸基本盘，前三季度进出口同比增长 15.7%

2022 年，在青岛宝鉴科技工程有限公司的生产车间，工人们正在赶制一批风机传动设备。今年前三季度，他们的出口额已经超过 10 亿元。青岛宝鉴科技工程有限公司风电装配项目经理说："这些风电设备要发往美国、德国、巴西等国家。我们在今年的订单一共有 400 套，相比去年已经增加了一倍，我们的工期已经排到了 12 月底。"

出口增长的背后是科技的驱动。2022 年，山东把科技创新作为十大创新之首，鼓励企业加强技术攻关。风机传动系统包括大小零部件 240 多个，以前这些零部件几乎完全依赖进口，严重影响企业的生产。为此，他们加大研发投入，把零部件自给率提升到了 95%。青岛宝鉴科技工程有限公司风电车间负责人说："你像那个轴承段，还有螺母，原先都是从国外发过来的，由于船期的推迟，我们有可能一台设备等那么两三个部件，就要推迟 15 到 20 天左右。现在都是我们自己生产的，产能也从原先的每周一台，提升到现在每天三台。"

为助力企业创新，当地成立稳外贸工作专班，全流程加强服务保障。青岛市即墨区科技局局长说："定期对接企业，帮助解决科技创新、人才引进等方面的问题。帮助企业在产品出口过程中将相关技术进行许可使用，提高产品附加值，增强企业竞争力。"

资料来源：山东：稳住外贸基本盘，前三季度进出口同比增长 15.7%[EB/OL]. 大众网，2022-10-26.

操作指导

工作任务 1　审查工厂的采购单内容

萧山永新服装有限公司接到订单后，即找到其定点合作工厂——绍兴天昀布厂，并准备了采购单。采购单内容如表 4 - 6 所示。

表 4 - 6　采购单

采购单编号：14011　　　　2023 年 6 月 13 日
供应商：绍兴天昀布厂
请供应以下产品：

<table>
<tr><th>规格 / 型号</th><th>品名</th><th>颜色</th><th>单位</th><th>数量</th><th>单价（元 / 米）</th><th>金额（元）</th><th>备注</th></tr>
<tr><td rowspan="2">大货预缩后有效门幅不少于 145 厘米，规格为 16 × 20/128 × 60，大货缩水率须控制在 3% 以内</td><td rowspan="2">全棉面料</td><td>黑色</td><td>米</td><td>5 700</td><td>¥13.20
税价，含预缩</td><td>¥75 240 00</td><td rowspan="2">1. 严格按大货确认样生产
2. 实际生产数量允许为合同数的 ±1%
3. 水洗色牢度：4 级；日晒色牢度：4 级；摩擦色牢度：湿摩擦 3 ～ 4 级，干摩擦 4 级
4. 面料不含 AZO</td></tr>
<tr><td>灰色</td><td>米</td><td>5 700</td><td>¥13.20
税价，含预缩</td><td>¥75 240 00</td></tr>
<tr><td>合计</td><td colspan="7"></td></tr>
</table>

注：

1. 交货日期和交货地点：2023 年 6 月 28 日前一次性送货至我司。
2. 供方所提供的产品，不得侵犯第三方的专利权、制造权、商标权和其他有关权利。
3. 供方须严格按合同规定时间交货，若要延迟交货，须事先征得需方书面同意，否则由此造成相应订单的额外费用（空运费、配额、误事费、扣款等）和其他费用，均由供方承担；且需方有权取消合同，并提出索赔。
4. 按合同规定，货物出运后，供方仍需对其产品的品质、数量、颜色等负责。若因产品款式不符、包装或产品本身或其他缺陷和质量原因而造成索赔的，需方有权追索供方，供方有责任进行理赔。
5. 产品入库仅表明需方仓库对供方产品的数量验收，对于产品的质量、颜色等问题须由需方采购员验收。
6. 付款方式：货到交货地，经我司验收合格后付 50% 款项，余款 60 天后一次性付清。
7. 凡因执行本合同所发生的或与本合同有关的一切争议，应由双方通过友好协商解决。如果协商不成，可向需方所在地人民法院提起诉讼。
8. 其他：本合同未涉及的事宜，经双方书面同意的协议可作为本合同的补充部分。

出于生产方面考虑，金苑公司与萧山永新服装有限公司约定由后者代为采购面、辅料，但作为实际用户，金苑公司要求萧山永新服装有限公司在采购面、辅料时必须经过金苑公司的确认。为此，杨华要求萧山永新服装有限公司发送一份其拟定的采购单传真件，杨华对采购单的内容按照外贸合同的要求进行了仔细的核对。

杨华检查出采购单存在以下几处错误：

（1）经纱和纬纱的支数错了，正确的应该是 20 × 16。

（2）面料颜色除了灰色，另外一种颜色应该是棕色，而不是黑色。

（3）交货日期 6 月 28 日太晚，应该提前。因为进口商要求的最晚交货期是 7 月 14 日，大货的生产时间在 20 天左右，而工厂每天的产能是 450 件，则完成 6 080 件产品的生产至少要保证 14 个工作日，也就是到 7 月 18 日左右才能完成生产，并且这是顺利情况下的生产时间，如果中间出现意外，则很可能没法按期交货。生产完成后还要办理报关出运，因此 6 月 28 日的交货时间太晚，并且面料是常规面料，所以生产周期较短，交货期应该提前一周。

杨华立刻将以上错误之处告知萧山永新服装有限公司，并要求其立刻更正采购单错误的内容，否则采购的面、辅料与外贸订单不符，或者物料采购时间延迟，很有可能导致出口商违约，后果不堪设想。

工作任务 2　确认所采购面、辅料正确无误

在杨华指出采购单的错误后，萧山永新服装有限公司将修改正确的采购单下达给绍兴天昀布厂进行生产。在生产过程中，为确保原材料的质量，杨华于 2023 年 6 月 13 日与萧山永新服装有限公司技术科的小张一同前往绍兴天昀布厂查看生产状况，并带回一小块面料大货样进行检测，以确保所采购的原材料确与原样及合同规定一致。

1. 确认面、辅料质量

对于面料，SKY 公司要求“Shell：woven 100% cotton twill 20 × 16/128 × 60，reactive dyed，stone washed”（100% 棉，斜纹梭织，经纱、纬纱分别为 20 支和 16 支，经、纬密度分别为 128 和 60，活性染色，砂洗），同时合同注明偶氮染料和镍禁止进入欧盟市场。对于这些质量要求，需要送交专业实验室进行检测，因此杨华指示萧山永新服装有限公司将面料样品交给浙江省现代纺织工业研究院纺织品检测中心进行检测。2 天后检验报告出来，显示面料不含偶氮染料，辅料不含金属镍，符合要求。在面料生产期间，萧山永新服装有限公司按照合同规定的要求采购了填充物、里料及拉链等辅料。杨华均予以检验，确认萧山永新服装有限公司采购的填充物为 100% 涤纶，里料为 100% 棉，均符合合同规定的质量要求；拉链品质合格，并且不含金属镍，为合格品。

假如杨华在对萧山永新服装有限公司采购的面、辅料检查过程中，发现实际品质与合同要求有出入，应在第一时间与业务经理沟通联系，及时处理面料品质不良问题，坚决拒绝将不符合质量要求的面料用于生产。

2. 确认面、辅料数量

6 月 16 日，绍兴天昀布厂顺利完成了 11 400 米面料（灰色和棕色各 5 700 米）的生产，并将面料送到萧山永新服装有限公司；同时，萧山永新服装有限公司按照约定如期采购了生产所需的金属拉链。在得知面、辅料生产完工并已入库后，杨华前往萧山永新服装有限公司对采购的面、辅料进行了核实。

生产的顺利进行除了要求物料准备齐全，生产设备的正常运转以及技术准备也是必不可少的。因此在大货生产前，杨华必须核查萧山永新服装有限公司服装生产的技术准备工作，主要包括核查服装生产设备、工艺单、样板的制定和样衣的制作。为此，杨华在跟萧山永新服装有限公司技术科工作人员协商后，奔赴萧山永新服装有限公司核查技术准备情况。

工作任务 3 核实工厂的技术准备情况

1. 检查生产设备是否运转正常

杨华检查了各种服装生产设备，主要包括裁剪、缝纫设备及整烫设备。裁剪用的机械设备主要有立式电剪刀、带式裁布机和钻孔机，萧山永新服装有限公司采用的则是较先进的自动裁床。萧山永新服装有限公司采用的缝纫设备是 2008 年购进的日本产平缝机、锁边机、锁眼机。对于各种机械设备而言，要确保其外部的清洁和内部的驱动装置能够正常运转，并保持一定的精准度及完好性能。各种机械设备在加油、调试、保养后均应进行试运行，以免出现偏差。整烫设备质量控制的要点是清洁、温控 / 压力准确及供气不间断等。检查生产设备是外贸跟单员在生产大货环节前的重要工作，以防止因设备因素造成产品质量不佳的情况发生。杨华按照这些原则仔细检查了各种生产设备，发现设备维护情况基本良好，运转正常。

2. 检查工艺单

除了设备，杨华还核查了萧山永新服装有限公司的设计和生产工艺单，因为这些资料、文件对服装生产质量起着规范性的指导、督促作用，服装加工中的各道工序都应严格参照工艺单的要求进行。在核查萧山永新服装有限公司的工艺单时，杨华仔细核对了服装的规格、缝制、整烫、包装、服装辅料搭配以及针距密度等是否与确认样及合同规定一致。

3. 检查样板制作情况

服装大货生产要求样板制作尺寸准确、规格齐全。为此，杨华检验了萧山永新服装有限公司制作的样板相关部位轮廓线是否准确吻合，同时核查样板上标明的服装款号、部位、规格、丝缕方向及质量要求是否正确，在有关拼接处是否加盖了样板复核章等。

工作任务 4 发送产前样给 SKY 公司

在核查并确认生产设备以及工艺单和样板都符合要求后，杨华要求萧山永新服装有限公司进行小批样衣（产前样）生产。因为合同明确要求大货生产前必须先生产产前样，并且产前样要经过 SKY 公司质检部确认后再生产大货（“Go” for production can only be given after our final customer’s quality assurance department’s approval）。因此，经过前面各项生产前的准备工作，杨华于 2023 年 6 月 15 日要求萧山永新服装有限公司按照大货工艺制作了产前样，产前样的颜色，品质，面、辅料都与大货的要求完全一致，说明大货生产工艺、原材料等都没问题。经过双方的讨论，生产的 5 件灰色 46# 产前样中的 3 件寄给 SKY 公司，1 件由金苑公司留底，另 1 件由萧山永新服装有限公司留底以供生产大货时照样使用。

2023 年 6 月 17 日，杨华按照合同要求（Pre-production samples to be sent before June 20th，2023）将产前样通过 DHL 寄送给了 SKY 公司。通过这项工作，杨华明白了产前样的作用是通过模拟大货的生产工艺而生产的成衣，以便在生产大货前让客户再次确认产品的颜色、工艺等是否正确，从而针对客户和工艺的要求对样衣出现的不符点及时修正，并对工艺难点进行攻关，以便大批量流水线作业的顺利进行。

同步训练

一、单项选择题

1. 外贸跟单员要清晰了解原材料的价格波动对整个订单及合同履约的影响和重要性，其应在原材料采购工作中注意（　　）。

A. 付款及时守信　　B. 采购过程规范

C. 供应商关系　　D. 市场信息行情

2. 以下不属于原材料采购流程中必要项的是（　　）。

A. 确定采购需求　　B. 选择认证生产供应商

C. 确定贸易术语　　D. 确定价格

3. 对纯棉 16×16/60×50/60″ 面料的规格表述正确的是（　　）。

A. 经纱、纬纱的纱线支数均为 16 支，经、纬密度分别为 60、50，幅宽为 60cm

B. 经纱、纬纱的纱线支数均为 16 支，经、纬密度分别为 60、50，幅宽为 60 英寸

C. 经纱、纬纱的纱线支数分别为 16 支和 60 支，经、纬密度分别为 16、50，幅宽为 60cm

D. 经纱、纬纱的纱线支数分别为 16 支和 60 支，经、纬密度分别为 16、50，幅宽为 60 英寸

4. 把经纱和纬纱相互垂直交织在一起形成的织物面料是（　　）。

A. 针织面料　　B. 梭织面料

C. 纬编针织面料　　D. 经编针织面料

5. 关于鉴别纤维的燃烧特征中，羊毛、蚕丝燃烧后的气味是（　　）。

A. 烧毛臭味　　B. 辣味　　C. 甜味　　D. 氯化氢臭味

6. 以下不属于服装内在质量指标的是（　　）。

A. 甲醛含量　　B. pH 值　　C. AZO　　D. 色差

7. 服装面料英文“threads per unit length”的中文意思是（　　）。

A. 纱支数　　B. 色牢度　　C. 缩水率　　D. 经纬密度

8. 出口商在进行原材料采购之前，需要确认（　　）。

A. 收到客户定金或有效信用证　　B. 收到客户寄来的样品

C. 收到客户发来的订单确认邮件　　D. 客户已确认合同并签字

9. 原材料采购环节，外贸跟单员需要花费精力最多的是（　　）。

A. 制作采购单　　B. 内部报批　　C. 采购单跟踪　　D. 原材料检验

10. 下列不属于服装面料的基本性能的是（　　）。

A. 抗拉强度　　B. 保温性　　C. 色牢度　　D. 捻度

二、判断题

1. 如果交货期较紧，则出口商应在外商下订单后立刻采购原材料，以快速生产备

货。(   )

2. 国内购销合同签订后，外贸跟单员需要根据合同所列明的产品名称、规格、质量、数量及交货期等采购面、辅料即原材料，也可以委托接受订单的生产厂商代为采购。(   )

3. 对于出口商而言，有时寻找一个好的国内供应商比寻找一个好的客户更难，因为一家好的国内供应商需要具备规范的生产管理制度、主动的配合意识、快速及时的打样能力、稳定可靠的质量以及有竞争力的价格等条件。(   )

4. 合作时间长的供应商报价肯定是最优惠的，出口商应该重点培养几家长期合作的供应商。(   )

5. 在与客户确定订单交期时，要根据各种原材料的交期和生产时间来确定，并稍微延长一些以更稳妥交付。(   )

6. 外贸合同是签订国内购销合同的依据，因此国内购销合同中商品的质量、数量、包装、价格等条款必须与外贸合同保持一致。(   )

7. 出口商与国内工厂约定付款时间时往往会考虑客户收到货物的时间，比如海运出口到美国，出口商跟国内工厂约定货款在出货后半个月一次性凭增值税发票付清就比较合理。(   )

8. 纺织服装材料的纤维鉴别方法通常有手感目测法、燃烧法、显微镜观察法，手感目测法一般用于外观质量检测。(   )

9. 梭织物的基本组织结构可以分为平纹组织、斜纹组织、缎纹组织及其变化组织。(   )

10. 产前样的作用是避免大货的生产出现差错。(   )

三、案例分析题

2023 年深圳生产大型程控交换机的 A 公司因急缺生产所需的重要零部件时钟而四处寻找供应商。A 公司采购经理经朋友介绍联系到广州的供应商 B 公司，在没有了解对方营业执照、经营许可、资信状况的情况下，仅凭对朋友的信任便同对方签订了供货合同，并随即预付了 50% 的货款（600 万元）。结果 B 公司迟迟不发货。后来 A 公司发现 B 公司根本不是时钟的生产厂家，B 公司在收到预付款后就将资金投入了证券期货市场，打算赚一笔后再将预付款退还给 A 公司。A 公司几经交涉，在当地工商管理部门协助下，才追回了其中的 400 万元预付款。A 公司不仅资金遭受损失，并且因此错失销售良机，给企业经营带来了沉重的打击。

请分析：A 公司遭受此损失的主要原因出现在哪方面？你认为出口企业在采购过程中，应如何加强过程管理，降低采购成本及风险？

拓展训练

接到 PRINCE 公司的正式订单后，浙江新力进出口有限公司随即与合作工厂嘉兴长长服装有限公司签订了国内供货合同（见表 4－7）。

表 4－7　供货合同

供货合同

需方：浙江新力进出口有限公司　　　　合同编号：2023CR006
供方：嘉兴长长服装有限公司　　　　签订地点：杭州
签订时间：2023 年 4 月 15 日
一、品名、规格、数量、单价、金额：

品名	规格	数量	单价	金额
PU 男式外套	面料：黑色 PU 里料：全棉	14 400 件	￥65.20	￥938 880.00
合计	人民币玖拾叁万捌仟捌佰捌拾元整			

二、交货期限和交货方式：2023 年 6 月 20 日前一次性在工厂交货。
三、质量要求：品质与确认样一样，产品不含偶氮染料和金属镍，一切质量问题由供方负责。
四、数量要求：数量控制在 ±1% 之内。
五、付款方式：100% 货款凭增值税发票在出货后 45 天内结清。
六、包装要求：另附。
七、解决合同纠纷方式：本合同履行中发生争议，双方应及时协商解决，协商未果可按《中华人民共和国民法典》解决。
八、其他：

供　　方：嘉兴长长服装有限公司	需　　方：浙江新力进出口有限公司
委托代表人：赵长荣	委托代表人：李新力
地　　址：浙江省嘉兴市桐乡人民路 999 号	地　　址：浙江省杭州市学源街 288 号
电　　话：0573-88718867	电　　话：0571-86739287
开 户 行：中国银行桐乡支行	开 户 行：中国银行下沙支行
账　　号：略	账　　号：略
税　　号：略	税　　号：略

注：1. 本合同签字后生效。
2. 本合同一式两份，供需双方各执一份。
3. 本合同有效期：2023 年 6 月 30 日。

与工厂签订国内供货合同后，外贸跟单员马斌需要完成的工作任务如下：

【工作任务 1】确认所采购面、辅料正确无误。

【**工作任务 2**】核实工厂的技术准备情况。

【**工作任务 3**】发送产前样给 PRINCE 公司。

项目五

生产过程跟单

知识目标

通过学习，熟悉服装生产过程各环节工作内容，熟悉生产进度跟单方法和质量检验的技巧，熟悉抽样检验方法。

能力目标

通过学习，能够正确下达生产通知，跟踪货物生产进度；能进行生产各环节质量控制，处理各种生产异常情况，掌握完工后的抽样检验方法等。

素养目标

培养精益求精的工匠精神和诚信履约的契约精神；强化沟通意识、品质意识和时间管理意识。

业务背景

产前样寄出后，6 月 20 日杨华收到了 SKY 公司对产前样的确认邮件（见表 5－1）。

表 5－1　确认邮件

Subject：pre-production sample confirmed From：David@sky.com Date：June 20th，2023 To：Jacky@jinyuan.com
Dear Jacky Yang, I'm very pleased that your pre-production sample has be approved by our final customer，now please go for production as the pre-production sample. Please contact us immediately if you have any questions. Yours sincerely, David Queen SKY CORPORATION Rathausmarkt 100，20095 Hamburg，Germany TEL：0049-40-34108888 FAX：0049-40-34108888

工作任务

收到客户的这封电子邮件，杨华欣喜万分，因为客户认可了产前样，也就意味着允许工厂开始生产大货了。杨华随即电话联系萧山永新服装有限公司，指示其可以正式开工生产。

在外贸业务中，出口商的最大责任和义务就是根据外贸合同或订单，按时交付符合合同规定品质和数量的产品。大货生产期间的跟单工作是外贸跟单员的核心工作，外贸跟单员必须确保生产过程不出现差错。具体而言，在这个环节，外贸跟单员杨华的工作任务包括：

【工作任务 1】会同工厂技术部门下达生产通知单。

【工作任务 2】跟踪生产进度，确保按时出货。

【工作任务 3】实施生产全过程的质量监控。

【工作任务 4】协调和处理生产过程中的异常情况。

【工作任务 5】对成品进行抽样检验，验收货物。

知识准备

外贸跟单员在订单生产过程中的主要工作任务包括生产进度跟单、产品质量跟单、出口商品检验和外包跟单。

微课视频

如何进行生产进度管理

一、生产进度跟单

生产进度跟单的基本要求：一是按时交货，使生产进度与订单交期相吻合，做到不提前也不推迟；二是按质交货，使生产出来的产品符合订单的质量要求。

（一）生产进度跟单的方法

1. 现场蹲点

现场蹲点就是去工厂驻扎、守候。现场蹲点由于要派专门的外贸跟单员下厂，因此成本较高，但却是非常有效的跟单方法。特别是在产品交货期比较急、工厂生产出现异常情况或者订单产品出现异常等重要情况下，现场蹲点是非常有必要的。

为了有效地发挥现场蹲点的跟单工作效果，外贸跟单员要了解生产过程的流程次序（工序），了解生产流程中存在的瓶颈；在下车间蹲点之前应取得现场管理者同意，到工厂后要取得厂方的配合和支持；在蹲点策略上，一定要牢记不能妨碍生产人员作业，蹲点时宜多看少动、多听少问、多记少说、多征求意见少发表观点；蹲点结束后，要与现场管理者适当进行意见交流；对于蹲点过程中发现的问题要及时记录，便于向上级领导汇报和沟通。

2. 查看生产日报表

生产部门按计划生产，具体结果如何，一般会用企业规定格式的生产日报表（见表 5－2）进行总结报告。因此，查看生产日报表是一种非常有效的跟单方法，特别是在现场蹲点不方便或不可能实现的情况下。外贸跟单员在跟单过程中，一定要认真收集并查看生产日报表，以便及时掌握准确的生产信息。对于生产日报表显示出的问题，如计划进度与实际进度不符等情况，外贸跟单员一定要追问并寻找其产生的原因。

表 5－2　生产日报表

日期：

<table>
<tr><td rowspan="2">生产单号</td><td rowspan="2">产品名称
编号</td><td rowspan="2">预定产量</td><td colspan="2">本日产量</td><td colspan="2">累计产量</td><td colspan="2">耗费工时</td><td colspan="2">半成品</td></tr>
<tr><td>预定</td><td>实际</td><td>预定</td><td>实际</td><td>本日</td><td>累计</td><td>本日</td><td>昨日</td></tr>
<tr><td></td><td></td><td></td><td></td><td></td><td></td><td></td><td></td><td></td><td></td><td></td></tr>
<tr><td></td><td></td><td></td><td></td><td></td><td></td><td></td><td></td><td></td><td></td><td></td></tr>
<tr><td></td><td></td><td></td><td></td><td></td><td></td><td></td><td></td><td></td><td></td><td></td></tr>
<tr><td></td><td></td><td></td><td></td><td></td><td></td><td></td><td></td><td></td><td></td><td></td></tr>
<tr><td>合计</td><td></td><td></td><td colspan="4" rowspan="5">停工记录</td><td colspan="4" rowspan="5">异常情况报告</td></tr>
<tr><td rowspan="4">人员记录</td><td>应到人数</td><td></td></tr>
<tr><td>请假人数</td><td></td></tr>
<tr><td>新进人数</td><td></td></tr>
<tr><td>加班人数</td><td></td></tr>
</table>

3. 利用甘特图

甘特图又叫横道图、条形图。它是第一次世界大战时期发明的，以亨利·L. 甘特的名字命名。甘特制定了一个完整的利用条形图表示生产进度的标志系统，即以图示的方式，通过活动列表和时间刻度形象地标示出任何特定项目的活动顺序与持续时间。甘特图的横轴表示时间，纵轴表示活动项目，条形块表示在整个期间计划和实际活动的完成情况。它直观地表明了任务计划在什么时候进行，以及实际进展与计划要求的对比，由此可便利地弄清一项任务还剩下哪些工作要做，并可评估工作进度。

例如，利用甘特图表示的一款塑料红色小鸟玩具的订单生产周期如表 5－3 所示。

表 5－3　订单生产周期

<table>
<tr><td colspan="18">订单：GL-20230322 生产周期图</td></tr>
<tr><td colspan="3">工作内容</td><td colspan="15">2023 年 6 月</td></tr>
<tr><td>工作流程</td><td>负责部门</td><td>负责人</td><td>1</td><td>2</td><td>3</td><td>4</td><td>5</td><td>6</td><td>7</td><td>8</td><td>9</td><td>10</td><td>11</td><td>12</td><td>13</td><td>14</td><td>15</td></tr>
<tr><td>打样</td><td>打样车间</td><td>王主任</td><td></td><td></td><td></td><td></td><td></td><td></td><td></td><td></td><td></td><td></td><td></td><td></td><td></td><td></td><td></td></tr>
<tr><td>模具</td><td>模具车间</td><td>王主任</td><td></td><td></td><td></td><td></td><td></td><td></td><td></td><td></td><td></td><td></td><td></td><td></td><td></td><td></td><td></td></tr>
<tr><td>注塑</td><td>注塑车间</td><td>杨厂长</td><td></td><td></td><td></td><td></td><td></td><td></td><td></td><td></td><td></td><td></td><td></td><td></td><td></td><td></td><td></td></tr>
<tr><td>丝印</td><td>外加工车间</td><td>刘厂长</td><td></td><td></td><td></td><td></td><td></td><td></td><td></td><td></td><td></td><td></td><td></td><td></td><td></td><td></td><td></td></tr>
<tr><td>包装</td><td>包装车间</td><td>小宋</td><td></td><td></td><td></td><td></td><td></td><td></td><td></td><td></td><td></td><td></td><td></td><td></td><td></td><td></td><td></td></tr>
<tr><td>质检</td><td>质检部门</td><td>小强</td><td></td><td></td><td></td><td></td><td></td><td></td><td></td><td></td><td></td><td></td><td></td><td></td><td></td><td></td><td></td></tr>
<tr><td>外箱</td><td>外采部门</td><td>陈总</td><td></td><td></td><td></td><td></td><td></td><td></td><td></td><td></td><td></td><td></td><td></td><td></td><td></td><td></td><td></td></tr>
<tr><td></td><td></td><td></td><td></td><td></td><td></td><td></td><td></td><td></td><td></td><td></td><td></td><td></td><td></td><td></td><td></td><td></td><td></td></tr>
<tr><td colspan="18">备注：</td></tr>
</table>

注：▢表示时间可以被压缩；■表示时间基本可以控制；▢表示要特别关注，有诸多不可控因素发生，有可能会拖延。

由表 5－3 来看，订单是可以在客户规定的 6 月 15 日交货的，但是中间有不可控的因素。注塑车间的排期要和主管厂长确认，并且注意车间的生产安排计划，如果前面的生产不能及时完成，就会影响订单的生产周期，所以在画甘特图时不但要和负责人反复确认，而且应预留一定的时间，要对每道工序的生产所耗费的大致时间做到心中有数。这个订单总共是 10 000 只塑料红色小鸟玩具，该产品每台机器 5 分钟可以生产 40 只，那么每台机器每天 8 小时可以生产 3 840 只。如果一切顺利，两台机器两天就可以完成 10 000 只的生产任务，但为了防止停电、模具损坏等突发状况，所以安排 4 天时间。

对于外发加工和外采购的一定要实时跟进，特别是这个订单中里的丝印环节，一定要和质检部门的同事去现场跟进，以防产品印刷过程中出现印刷不良、有色差等不良品，导致交货期推迟。

标注为□的部分，根据整个生产进程，如果在可控范围内，则按正常流程生产。如果前面的工序中发生了任务延迟，则可以采取相应的措施加快进程，如包装车间可以加派人手，或者加班提前完成包装工作。

甘特图在跟单中的作用：（1）展示工作的开始及结束时间；（2）帮助外贸跟单员调配资源及监控进度。

（二）协调处理生产异常问题

生产异常是指造成生产现场停工或生产进度延迟的情形。生产异常问题主要表现在两个方面：生产进度落后和发生生产事故。这时外贸跟单员应主动进行协调处理，以便尽可能消除其对订单的影响。通常的生产异常情况及其排除方法如表 5－4 所示。

表 5－4 生产异常情况及其排除方法

生产异常情况	排除方法
生产计划异常处理	根据计划调整，与生产部门协调，迅速合理地做出工作安排，保证生产效率
	安排因计划调整而剩余的成品、半成品、原材料的盘点、入库、清退等处理工作
	安排因计划调整而闲置的人员做前加工等工作
	安排人员以最快速度做计划更换的物料、设备等准备工作
	利用计划调整时间做必要的培训
物料异常处理	随时掌控各种物料的信息，反馈给相关部门，避免异常情况的发生
	物料即将告缺前迅速反馈给采购部门
	如属物料短暂断料，可安排闲置人员做前加工、整理整顿或其他零星工作
设备异常处理	做好设备保养，避免设备异常的发生
	发生设备异常时，立即通知生产技术部门协助排除
	安排闲置人员做整理或前加工工作
	若设备故障不易排除，需较长时间，应与生产部门协调另做安排

续表

生产异常情况	排除方法
制成品品质异常处理	对有品质不良记录的产品，应在产前做好重点管理
	异常发生时，迅速用警示灯、电话或其他方式通知品管部及相关部门
	协助品管部、责任部门一起研拟对策
	配合临时对策的实施，以确保生产任务的完成
	对策实施前，可安排闲置人员做前加工或整理整顿工作
	异常确属暂时无法排除时，应与生产部门协调生产变更
设计工艺异常处理	迅速通知品管部、生产技术部或开发部
水电异常处理	迅速采取降低损失的措施
	迅速通知生产技术部门加以处理

二、产品质量跟单

（一）产品质量的含义及重要性

微课视频

产品质量的含义及重要性

1. 产品质量的含义

产品质量是产品的外观形态和内在品质的综合。产品的外观形态是通过人们的感觉器官可以直接获得的产品的外形特征，如产品的大小、长短、宽窄、轻重、软硬、结构、造型、款式、色泽、光彩等。

产品的内在品质则是指产品的物理性能、化学成分、生物特征、技术指标和要求等，一般需要借助各种仪器、设备分析测试才能获得。

2. 产品质量在国际贸易中的重要性

在国际贸易中，产品质量的优劣不仅关系到产品的使用效能，影响产品售价的高低、销售数量和市场份额的增减、买卖双方经济利益的实现程度，而且关系到产品信誉、企业信誉、国家形象和消费者的利益。随着经济发展水平的不断提升，各国消费者对产品质量的要求越来越高，产品竞争已从价格竞争转向以质量为代表的非价格竞争。在当前的国际贸易中，买卖双方在正常的贸易过程中，发生纠纷最多的原因就是质量问题。因此，提高产品的质量，根据消费者现实和潜在的需要改进、完善产品的质量，保证产品质量的稳定性，已成为各国供应商增强自身竞争力的重要手段。

（二）产品质量的构成要素

产品质量由以下几个要素组成：

1. 性能

它是指产品满足一定使用要求所具有的功能，包括使用性能和外观性能两类。汽车的速度、转弯、爬坡、油耗等要求，手表的计时、防水、防磁、防震等要求，水泵的功率、真空吸上高度、扬程、流量等要求，都属于使用性能。产品使用性能往往通过各种技术性能指标（如机械、物理、化学性能指标）来表示。产品造型、款式、色彩等则属外观性能。

2. 可信性

微课视频

产品质量的内涵

它是指产品的可用性、可靠性、维修性和维修保障性等性能。产品的可用性是产品在规定条件下及规定时间内完成规定功能的能力。产品的可靠性反映产品性能的持久性、精度的稳定性、零部件的耐用性等，是在使用过程中逐渐表现出来的产品满足各项质量要求的内在质量特性。表现可靠性水平的常用特征值有可靠度、故障率、平均故障间隔时间、维修度及有效度、平均寿命等。产品的维修性是产品在规定条件下及规定时间内，按规定的程序和方法维修时，保持或恢复到规定功能的能力。维修保障性是维修保障资源能满足产品完好性和使用要求的能力。产品的可靠性、维修性和维修保障性是保证及提高产品可用性的主要因素，是产品性能得以正常发挥的必要条件。所以，产品可用性应在产品质量要求中明确提出，并在设计、生产、检验及使用过程中加以保证。

3. 安全性

它是指产品在生产、贮存、流通和使用过程中，对伤害或损坏的风险按可接受的水平加以限制的状态。汽车、摩托车等失控、失事或严重的噪声、排污，电气产品的漏电，食品中有害物质超标，儿童玩具结构、材料上的不安全因素等，都可能给使用者造成伤害，并对财产、环境和社会造成损害。

4. 适应性

它是指产品适应外界环境变化的能力。外界环境包括自然环境和社会环境。自然环境是产品使用时所处环境的自然性特点，如地理、气候、温度、湿度、气压、灰尘、油污、振动、噪声、电磁干扰等特点。社会环境是产品使用时所处环境的社会性特点，如政治、宗教、风俗、习惯、特定客户群等特点。

5. 经济性

它是指合理的产品生命周期费用。产品生命周期费用包括开发研制过程、生产制造过程、流通使用过程及用后处置的费用总和。对客户来说，产品生命周期就是产品价格和使用费用之和。合理的产品生命周期费用是产品满足客户和社会要求的主要质量特性之一，也是决定产品是否具有市场竞争力的关键因素之一。经济性差的产品，即使其他质量特性都很好，也难以在市场上长期立足。在一个成熟的市场中，消费者对产品使用费用的关心往往不亚于对其价格的关心，当今市场上各类节能型产品的日益丰富和热销就是一个明证。

6. 时间性

它是指在规定时间内满足客户对产品交货期和数量要求的能力，以及满足随时间变化及客户需要变化的能力。由于科学技术的进步和国际贸易的发展，产品的技术含量和知识含量越来越高，产品的市场生命周期越来越短，几乎所有的产品都面临越来越激烈的市场竞争。所以，产品的时间性往往决定了产品的竞争力。产品如果开发速度快，供货及时，就可以抢先占领市场，争夺消费者，取得竞争优势。时间性作为产品的一个质量特性已被越来越多的人所认识并得到重视。

（三）产品质量的影响要素及其控制

微课视频

产品质量的影响要素及其控制

质量管理重在预防，即要变“事后把关”为“事前预防”，变“管理结果”为“管理因素”。因此在实施质量管理时要从影响产品质量的因素入手，进行预防管理。纵观整个生产过程，造成产品质量波动的因素主要有6个（5M1E），即操作人员、机器设备、材料、工艺方法、测量、环境。这6个因素的含义及内容如下：1）操作人员：操作者对质量的认识、技术熟练程度、身体状况等；2）机器设备：机器设备的精度和维护保养状况等；3）材料：材料的成分、物理性能和化学性能等；4）工艺方法：包括加工工艺、工装选择、操作规程等；5）测量：测量时采取的方法是否标准、正确；6）环境：工作场地的温度、湿度、照明和清洁条件等。

1. 操作人员因素

造成操作误差的主要原因有：（1）质量意识差；（2）操作时粗心大意；（3）不遵守操作规程；（4）操作技能低、技术不熟练；（5）由于工作简单重复而产生厌烦情绪等。

主要控制措施有：（1）加强“质量第一、用户第一、下道工序是用户”的质量意识教育，建立健全质量责任制；（2）编写明确详细的操作流程，加强工序专业培训，颁发操作合格证；（3）加强检验工作，适当增加检验的频次；（4）通过人员的适当调整，消除操作人员的厌烦情绪；（5）强化自我提高和自我改进能力。

2. 机器设备因素

主要控制措施有：（1）加强设备维护和保养，对所有的设备日常检修及使用都要制定相应的标准，并按标准定期检修维护；（2）采用首检制，以核实机器的准确性、精确性。

要尽可能早地发现设备运转的不良情况并分析原因，采取适当的措施，进行预防性维护，防患于未然。

3. 材料因素

主要控制措施有：（1）在原材料采购合同中明确规定质量要求；（2）加强原材料的进厂检验和厂内自制零部件的工序和成品检验；（3）合理选择供应商（包括“外协厂”）；（4）搞好协作厂间的协作关系，督促、帮助供应商做好质量控制和质量保证工作。

4. 工艺方法因素

工艺方法包括工艺流程的安排、工艺之间的衔接、工序加工手段的选择（加工环境条件的选择、工艺装备配置的选择、工艺参数的选择）和工序加工的指导文件的编制（如工艺卡、操作规程、作业指导书、工序质量分析表等）。

工艺方法对产品质量的影响主要来自两个方面：一是指定的加工方法、选择的工艺参数和工艺装备等的正确性和合理性，二是贯彻、执行工艺方法的严肃性。

主要控制措施有：（1）严格首件检验，防止加工过程出现偏差；（2）加强技术业务培训，使操作人员熟悉工艺装备的使用和调试；（3）严肃工艺纪律，对贯彻执行操作规程进行检查和监督。

5. 测量因素

主要控制措施有：（1）确定测量任务及所要求的准确度，选择使用具有所需准确度和精密度能力的测试设备；（2）定期对所有测量和试验设备进行确认、校准和调整；（3）规定必要的校准规程，其内容包括设备类型、编号、地点、校验周期、校验方法、验收方法、验收标准，以及发生问题时应采取的措施；（4）保存校准记录；（5）发现测量和试验设备未处于校准状态时，立即评定以前的测量和试验结果的有效性，并记入有关文件。

6. 环境因素

环境一般是指生产现场的温度、湿度、噪声、照明、室内净化和现场污染程度等。除确保产品对环境条件的特殊要求外，还要做好现场的整理、整顿和清扫工作，大力做好文明生产，为持久地生产优质产品创造条件。

（四）产品质量标准

标准是指衡量某一事物或某项工作应该达到的水平、尺度而必须遵守的规定。规定产品质量特性应达到的技术要求，被称为产品质量标准（Product Quality Standard）。对企业来说，为了使生产经营能够有条不紊地进行，从原材料进厂，一直到产品销售等各个环节，都必须有相应检验标准做保证。它不但包括各种技术标准，而且包括管理标准以确保各项活动的协调进行。

微课视频

商品标准及质量认证

从适用范围和领域来看，标准主要包括：国际标准、国家标准、行业标准和企业标准等。

国际标准是指国际标准化组织（ISO）、国际电工委员会（IEC）和国际电信联盟（ITU）所制定的标准，以及ISO为促进世界贸易组织《技术性贸易壁垒协议》的贯彻实施所出版的《国际标准题内关键词索引（KWIC Index）》中收录的其他国际组织制定的标准。

国家标准是由各国国内的国家标准团体制定并公开发布的标准。如GB、ANSI、BS、NF、DIN、JIS分别是中国、美国、英国、法国、德国、日本国家标准的代号。

行业标准是由行业标准化团体发布在某行业的范围内统一实施的标准，又称为团体标准。如美国材料与试验协会标准（ASTM）、美国石油学会标准（API）、美国机械工程师协会标准（ASME）以及英国劳氏船级社标准（LR），都是国际上具有权威性的团体标准，在各自的行业内享有很高的信誉。

企业标准主要是针对企业生产的产品没有国家标准和行业标准，因此自行制定标准作为组织生产的依据。在我国，企业的产品标准须报当地政府标准化行政主管部门和有关行政主管部门备案。已有国家标准或者行业标准的，国家鼓励企业制定严于国家标准或者行业标准的企业标准。企业标准只在企业内部适用。

（五）产品质量认证

很多产品在生产制造过程中不但要符合我国的标准，还要根据客户的要求，拿到一些产品的认证。产品认证制度起源于20世纪初的英国，随着时代的变迁，它已成为国际上通行的，用于产品安全、质量、环保等特性评价、监督和管理的有效手段。

世界上大多数国家和地区都设立了自己的产品认证机构，使用不同的认证标志，来标明认证产品对相关标准的符合程度。

国际标准化组织将产品认证定义为“由第三方通过检验评定企业的质量管理体系和样品形式试验来确认企业的产品、过程或服务是否符合特定要求，是否具备持续稳定地生产符合标准要求产品的能力，并给予书面证明的程序”。

如果一个企业的产品通过了著名认证机构的产品认证，就可获得该认证机构颁发的认证证书，并获准在认证的产品上加贴认证标志。这种国际上公认的、有效的认证方式，可使企业树立起良好的信誉和品牌形象，同时让顾客和消费者通过认证标志来识别商品的质量好坏与安全与否。目前，世界各国政府都通过立法的形式建立起这种产品认证制度，以保证产品的质量和安全、维护消费者的切身利益。比如电器类产品出口到美国需要UL认证，出口到加拿大需要CSA认证，出口到欧盟需要CE认证，出口到澳大利亚需要SAA认证，出口到以色列需要SII认证，出口到沙特阿拉伯需要SASO认证等。

产品质量的认证证书不仅是在某些方面对产品品质的要求，同时也是一种无形的贸易壁垒，所以在大货下单生产前一定要确认客户所要求的相关认证证书是否齐全。

（六）外贸跟单员的质量跟单业务环节及工作内容

对于出口商外贸跟单员而言，生产质量跟单工作通常包括以下环节：

1. 准确传达质量要求

外贸跟单员在接到订单时就要认真审核质量条款，深入了解条款要求，对于外贸订单，更要准确地将其翻译过来。要做到准确，外贸跟单员首先要对所在企业的产品，尤其是产品规格、工艺流程有充分了解；其次，要把了解透彻的质量要求转到生产通知单上，作为生产制造的标准及厂内检验、客商验货的标准。

如果凭样品交货，外贸跟单员要管理好样品，同时，将样品交生产制造部门，要求其严格按照样品生产。为做到大货与样品具有同样的品质，外贸跟单员须关注样品与大货之间的“三个一致”：（1）材料一致，即制作样品时尽可能要求使用与大货一致的材料；（2）制造环境一致，即生产技术、速度、使用的机器、工具等要一致；（3）检查条件一致，即样品与大货所有环节的检查仪器、灯光、环境等要一致。

2. 现场巡视发现质量问题

为了跟进产品质量，外贸跟单员必须时常亲自到生产车间去了解产品质量状况。要了解或监控质量状况，外贸跟单员首先要了解哪些地方容易出质量问题，然后有针对性地监控。一般而言，生产现场巡视要注意以下几点：

（1）关注品质问题多发环节。在一个产品的生产过程中，或一家企业的若干生产工序中，一般都存在一个或几个品质问题的多发环节。这些环节出现问题的原因可能是某台设备经常出现问题或产生较大的加工误差，某一工艺技术一直不成熟，也可能是控制水平不过关或人为因素等。对这些问题多发环节，外贸跟单员应该在巡视时多加注意。

（2）关注手工作业集中的工序。用设备加工比较容易控制品质，而手工作业就较难。因为每一个人的工作经验不同以及理解力、反应能力、责任心等不同，所以对于产品的品质影响将会很大。对于这些地方，外贸跟单员要在巡视时多花时间去观察和认真检查。

（3）关注关键工序。每一个产品生产都有一两道关键工序，其直接影响产品的质量，这也是巡视的重点。比如服装生产加工，“缝制”这一关键环节就要求外贸跟单员重点监控。

（4）关注新工艺、新材料。用到新工艺或用到新材料的工序，往往都会因为技术的不成熟或经验的不足而出现各种问题，外贸跟单员在跟单巡视时要特别注意。

（5）关注新工人较多的工序。工作经验不足也是出现问题的原因之一，新工人较多的工序，常常是问题多发工序，也是效率较低和管理较难的工序，外贸跟单员要特别关注这些工序。

3. 生产过程品质监控

生产企业一般设有质检部，有专门质检人员监控质量。但外贸跟单员依然需要实时跟踪产品的质量，不可全靠质检人员来控制质量。尤其是在当今订单变化快的时代，每一单产品质量要求可能变化很大，外贸跟单员作为订单的直接跟进者，应比质检人员更加清楚产品的质量要求和可能出现的问题。

生产过程品质监控的目的是在加工过程中防止出现大批不合格品，避免不合格品流入下道工序。因此，生产过程品质检验不仅要检验在制品是否达到规定的质量要求，还要鉴定影响质量的主要工序因素（即5M1E），以判断生产过程是否处于正常的受控状态。

4. 完工检验

完工检验又称最终检验，是全面考核半成品或成品质量是否满足设计规范标准的重要手段。由于完工检验是供应商验证产品是否符合企业要求的最后一次机会，因此是供应商质量保证活动的重要内容。对于许多外贸企业而言，由于人手不足，或出于成本考虑，很多情况下不可能经常性地在工厂蹲点监督工厂生产，而常常采用完工检验的方式，因此完工检验对于外贸企业而言同样是最后检验产品以确认工厂是否按质交货的最后一次机会。如果自身检验能力不足，外贸企业通常会聘请专业检验机构随厂检验，如瑞士通用公证行、天祥检验集团等专业检验机构。

5. 生产过程中不合格品管理

外贸跟单员应控制不合格品的标识、记录、评价、隔离和处置，并通知有关职能部门。不合格品的管理是质量控制中的重要内容。不合格品管理不但包括对不合格品本身的管理，还包括对出现不合格品的生产过程的管理。当生产过程的某个阶段出现不合格品时，决不允许对其做进一步的加工，同时应立刻查明不合格品产生的原因，并采取相应的应对措施。

微课视频

不合格品的管理

对于生产过程中出现的不合格品，在经过质检人员以及生产部门负责人评审后，根据不同的条件可采取相应的处理方法（见表 5－5）：

表 5－5　不合格品的处理方法及适用条件

处理方法	适用条件
返工	可以通过再加工或其他措施使不合格品完全符合规定要求
降级使用	对其采取补救措施后，仍不能完全符合质量要求，但能基本满足使用要求，判为让步回用品
原样适用	不合格程度较轻，不影响进一步生产加工
报废	采取各种措施仍然不能满足生产要求

三、出口商品检验

商品检验的方法按不同的标准可以划分为不同的类型，其中按照检验商品的数量划分，可以分为全数检验与抽样检验。

（一）全数检验

全数检验就是对待检产品逐个进行的检验，又称全面检验或 100% 检验。这种质量检验方法适用于生产批量很小的大型机电设备产品，对生产批量较大的产品，如电子元器件就很不适用。

（二）抽样检验

微课视频

抽样检验的含义及基本概念

抽样检验是外贸出口商品质量检验中使用最多的方法，是指从一批交验的产品（总体）中，随机抽取适量的产品样本进行质量检验，然后把检验结果与判定标准进行比较，从而确定该产品是否合格或是否需要再进行抽检后裁决的一种质量检验方法。

1. 抽样检验的基本概念

（1）批、批量。具有大致相同的生产加工条件，生产时间大致相同的同等级、同品种、同规格尺寸、同原材料工艺的产品可组成商品批。批量是指批中包含的单位产品个数，用 N（自然数）表示。

（2）单位产品。为满足抽样检查的需要而划分的基本单位称为单位产品。

微课视频

GB/T 2828.1—2012 计数抽样检验标准介绍及其应用

（3）样本大小。样本是指从被检批中抽取的用于检验的单位产品的全体。样本中所包含的单位产品数量称为样本大小或样本量，用 n（自然数）表示。

（4）接收质量限（AQL）。AQL 是指生产方和接收方共同认为可以接受的不合格品率上限。

（5）检验水平（IL）。ISO 2859-1:1999 以及我国的国家标准《计数抽样检验程序 第 I 部分：按接收质量限（AQL）检索的逐批检验抽样计划》（GB/T 2828.1—2012）（以下简称《计数抽样检验程序》）都规定了检验水平分为一般检验水平（三个一般检验水平：Ⅰ、Ⅱ、Ⅲ）和特殊检验水平（四个特殊检验水平：S-1、S-2、S-3、S-4）。

（6）抽样检验方案。将样本大小和判定数组结合在一起的检验方案，称为抽样检验方案。一次抽样检验方案是指由样本大小 n 和判定数组（Ac，Re）组成的抽样方案。其中，Ac 为合格判定数，即判定批合格时，样本中所含不合格品的最大数，也称接收数；Re 为不合格判定数，即判定批不合格时，样本中所含不合格品的最小数，也称拒收数。二次抽样检验方案是指由第一样本大小 n_1、第二样本大小 n_2 与判定数组（Ac_1，Ac_2，Re_1，Re_2）组成的抽样方案。以此类推，五次抽样检验方案就是由第一至第五样本大小 n_1，n_2，n_3，n_4，n_5 与判定数组（Ac_1，Ac_2，Ac_3，Ac_4，Ac_5，Re_1，Re_2，Re_3，Re_4，Re_5）组成的抽样检验方案。

拓展知识

国家标准《计数抽样检验程序》正常检验一次抽样方案应用介绍①

计数一次抽样检验方法是一种最基本和最简单的抽样检验方法，它从总体 N 中抽取 n 个样品进行检验，将 n 中的不合格品数 d 和预先规定的允许不合格品数 C（也可记作 Ac）对比，从而判断该批产品是否合格。图 5－1 表示了其基本内容。

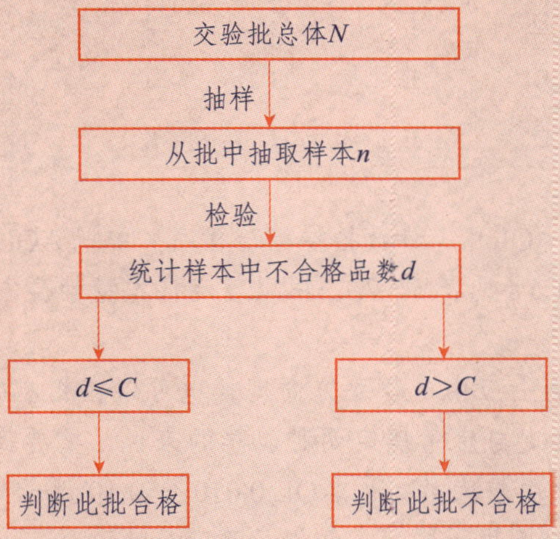

图 5－1　计数一次抽样检验过程

《计数抽样检验程序》中一次正常抽样检验方案的 3 个要素：

（1）批量（N）。《计数抽样检验程序》根据实践经验和经济因素，规定批量分为 15 档。如 2～8 为第一档，9～15 为第二档，16～25 为第三档，一直到大于等于 500 001 为第十五档为止（见表 5－6）。

① 国家标准《计数抽样检验程序》规定了三种宽严程度的检验，除了正常检验，还有加严检验和放宽检验。二次和五次抽样检验方案的确定请查阅本标准的具体规定。

表 5-6　批量范围、检验水平与样本量字码之间的关系

批量	特殊检验水平				一般检验水平		
	S-1	S-2	S-3	S-4	Ⅰ	Ⅱ	Ⅲ
2 ～ 8	A	A	A	A	A	A	B
9 ～ 15	A	A	A	A	A	B	C
16 ～ 25	A	A	B	B	B	C	D
26 ～ 50	A	B	B	C	C	D	E
51 ～ 90	B	B	C	C	C	E	F
91 ～ 150	B	B	C	D	D	F	G
151 ～ 280	B	C	D	E	E	G	H
281 ～ 500	B	C	D	E	F	H	J
501 ～ 1 200	C	C	E	F	G	J	K
1 201 ～ 3 200	C	D	E	G	H	K	L
3 201 ～ 10 000	C	D	F	G	J	L	M
10 001 ～ 35 000	C	D	F	H	K	M	N
35 001 ～ 150 000	D	E	G	J	L	N	P
150 001 ～ 500 000	D	E	G	J	M	P	Q
500 001 及以上	D	E	H	K	N	Q	R

（2）接收质量限（AQL）。《计数抽样检验程序》中把 AQL 从 0.010 至 1 000 分为 26 级，其公比大约为 1.5（见表 5-7），用以确定样本量抽样方案的接收数 *Ac* 和拒收数 *Re*。

AQL 的确定，原则上应由产需双方商定，也可以在相应的标准或技术条件中规定，具体来说有定性确定与定量确定两种。总的来说，重要商品的检验，AQL 值选用较小数，反之，可选用较大数。如 AQL 0.010 ～ 0.10 用于电子产品、医疗器械等商品检验，AQL 1.0 ～ 6.5 用于服装、纺织品等商品检验。

（3）检验水平（IL）。所谓检验水平，就是按抽样检验方案的判断能力而拟定的不同样本大小。显然样本大小 *n* 大些，其判断能力就强些。因此，如果检验费用较低，就可把 *n* 选大些。

如前文所述，《计数抽样检验程序》将检验水平分为一般检验水平和特殊检验水平两类。对于一般检验水平，如无特殊说明，则先选取Ⅱ级检验水平。特殊检验水平用于希望样本大小 *n* 较小的场合，一般用于检验费用极高的场合，如破坏性检验、产品寿命试验等。

表 5-7　正常检验一次抽样方案（主表）

样本量字码	样本量	接收质量限（AQL）																									
		0.010	0.015	0.025	0.040	0.065	0.10	0.15	0.25	0.40	0.65	1.0	1.5	2.5	4.0	6.5	10	15	25	40	65	100	150	250	400	650	1 000
		Ac Re	*Ac Re*	*Ac Re*	*Ac Re*	*Ac Re*	*Ac Re*	*Ac Re*	*Ac Re*	*Ac Re*	*Ac Re*	*Ac Re*	*Ac Re*	*Ac Re*	*Ac Re*	*Ac Re*	*Ac Re*	*Ac Re*	*Ac Re*	*Ac Re*	*Ac Re*	*Ac Re*	*Ac Re*	*Ac Re*	*Ac Re*	*Ac Re*	*Ac Re*
A	2	↓	↓	↓	↓	↓	↓	↓	↓	↓	↓	↓	↓	↓	↓	0 1	↓	↓	1 2	2 3	3 4	5 6	7 8	10 11	14 15	21 22	30 31
B	3	↓	↓	↓	↓	↓	↓	↓	↓	↓	↓	↓	↓	↓	0 1	↑	↓	1 2	2 3	3 4	5 6	7 8	10 11	14 15	21 22	30 31	44 45
C	5	↓	↓	↓	↓	↓	↓	↓	↓	↓	↓	↓	↓	0 1	↑	↓	1 2	2 3	3 4	5 6	7 8	10 11	14 15	21 22	30 31	44 45	↑
D	8	↓	↓	↓	↓	↓	↓	↓	↓	↓	↓	↓	0 1	↑	↓	1 2	2 3	3 4	5 6	7 8	10 11	14 15	21 22	30 31	44 45	↑	↑
E	13	↓	↓	↓	↓	↓	↓	↓	↓	↓	↓	0 1	↑	↓	1 2	2 3	3 4	5 6	7 8	10 11	14 15	21 22	30 31	44 45	↑	↑	↑
F	20	↓	↓	↓	↓	↓	↓	↓	↓	↓	0 1	↑	↓	1 2	2 3	3 4	5 6	7 8	10 11	14 15	21 22	↑	↑	↑	↑	↑	↑
G	32	↓	↓	↓	↓	↓	↓	↓	↓	0 1	↑	↓	1 2	2 3	3 4	5 6	7 8	10 11	14 15	21 22	↑	↑	↑	↑	↑	↑	↑
H	50	↓	↓	↓	↓	↓	↓	↓	0 1	↑	↓	1 2	2 3	3 4	5 6	7 8	10 11	14 15	21 22	↑	↑	↑	↑	↑	↑	↑	↑
J	80	↓	↓	↓	↓	↓	↓	0 1	↑	↓	1 2	2 3	3 4	5 6	7 8	10 11	14 15	21 22	↑	↑	↑	↑	↑	↑	↑	↑	↑
K	125	↓	↓	↓	↓	↓	0 1	↑	↓	1 2	2 3	3 4	5 6	7 8	10 11	14 15	21 22	↑	↑	↑	↑	↑	↑	↑	↑	↑	↑
L	200	↓	↓	↓	↓	0 1	↑	↓	1 2	2 3	3 4	5 6	7 8	10 11	14 15	21 22	↑	↑	↑	↑	↑	↑	↑	↑	↑	↑	↑
M	315	↓	↓	↓	0 1	↑	↓	1 2	2 3	3 4	5 6	7 8	10 11	14 15	21 22	↑	↑	↑	↑	↑	↑	↑	↑	↑	↑	↑	↑
N	500	↓	↓	0 1	↑	↓	1 2	2 3	3 4	5 6	7 8	10 11	14 15	21 22	↑	↑	↑	↑	↑	↑	↑	↑	↑	↑	↑	↑	↑
P	800	↓	0 1	↑	↓	1 2	2 3	3 4	5 6	7 8	10 11	14 15	21 22	↑	↑	↑	↑	↑	↑	↑	↑	↑	↑	↑	↑	↑	↑
Q	1 250	0 1	↑	↓	1 2	2 3	3 4	5 6	7 8	10 11	14 15	21 22	↑	↑	↑	↑	↑	↑	↑	↑	↑	↑	↑	↑	↑	↑	↑
R	2 000	↑	↑	1 2	2 3	3 4	5 6	7 8	10 11	14 15	21 22	↑	↑	↑	↑	↑	↑	↑	↑	↑	↑	↑	↑	↑	↑	↑	↑

⇩——使用箭头下面的第一个抽样方案，如果样本量等于或超过批量，则执行100%检验。

⇧——使用箭头上面的第一个抽样方案。

Ac——接收数。

Re——拒收数。

2. 抽样检验方法的分类

（1）按质量指标分类。按质量指标的不同，产品质量检验的抽样检验方法可分为计数抽检方法和计量抽检方法两类。

1）计数抽检方法，即从批量产品中抽取一定数量的样品（样本），检验该样本中每个样品的质量，确定其合格或不合格，然后统计合格品数，与规定的合格判定数比较，决定该批产品是否合格的方法。

2）计量抽检方法，即从批量产品中抽取一定数量的样品（样本），检验该样本中每个样品的质量，然后与规定的标准值或技术要求进行比较，决定该批产品是否合格的方法。

（2）按抽样检验的形式分类。按抽样检验的形式不同，产品质量检验的抽样检验方法可分为调整型抽样检验方法和非调整型抽样检验方法两类。

1）调整型抽样检验方法。调整型抽样检验方法是由正常、加严、放宽等不同抽样检验方案与转移规则相互联系而组成的一个完整的抽样检验体系。根据若干批商品质量变化情况，按转移规则及时调整抽样方案，可维护买卖双方的利益。调整型抽样检验方法适用于各批质量有联系的连续批商品的质量检验。

2）非调整型抽样检验方法。非调整型抽样检验方法是指抽样检验方案不考虑商品批的质量变化，也没有转移规则，而是以确定的商品检验方案对商品批进行抽样检验的方法。此种方法对孤立批的商品质量检验较为适宜。

（3）按抽样检验的次数分类。按抽样检验的次数不同，产品质量检验的抽样检验方法可分为一次抽检方法、二次抽检方法和多次抽检方法。

1）一次抽检方法。该方法最简单，它只需要抽检一个样本就可以做出一批产品是否合格的判断。

2）二次抽检方法。先抽第一个样本进行检验，若能据此做出该批产品合格与否的判断，则检验终止。若不能做出判断，就再抽取第二个样本，再次检验后做出是否合格的判断。

3）多次抽检方法。其原理与二次抽检方法一样，每次抽检的样本大小相同，但抽检次数多，合格判定数和不合格判定数亦多。ISO 2859-1:1999 标准提供了七次抽检方案，而我国的 GB/T 2828.1—2012、GB/T 2829—2002 系列标准都实施五次抽检方案。

四、外包跟单

微课视频

生产外包

外包（Outsourcing），英文直译为“（充分利用）外部资源”，指企业整合利用其外部最优秀的专业化资源，从而达到降低本企业的成本（主要是生产、管理成本），充分提高生产效率，充分发挥自身核心竞争力和增强企业对环境的迅速应变能力的一种管理模式。

将一部分生产任务外包至其他生产企业，对于产品的质量控制是至关重要的。不然即使赶上了交货期，如果产品的质量达不到生产工艺要求，必须通过返工或维修才能符合质量要求，最终还是会导致交货期的延误。

（一）外包的起因

一般而言，促使企业外包的原因主要有以下几个：

（1）产能。本企业生产负荷大于实际产能，必须通过外包才能完成生产任务。

（2）成本。本企业自制成本大于外包成本。

（3）品质。通过外包本企业可以获得较佳的品质。

（4）技术。本企业现有技术水平无法解决。

（5）设备。本企业设备无法解决或本企业无特殊设备。

（6）能源。生产期间，本企业突遇电力等能源动力的短缺。

（7）知识产权。本企业没有生产某一产品的专利许可证。

在上述众多的原因中，有些是企业内部的原因（如产能、成本、设备、技术等），有些是企业外部的因素（如能源等）发生了意想不到的变化，导致生产耽搁，从而导致企业面临交货期的延误。为了按时交货，本企业需要寻求其他生产企业的帮助，即将一部分生产任务外包至其他生产企业，在短时间内形成较大的生产能力，最终完成交货任务。

（二）外包的形式

外包主要有以下形式：

（1）包工包料。包工包料也称成品外包，即发包企业将整个成品的生产任务外包至生产企业。生产企业不仅负责采购原材料等生产资料，而且要按发包企业的工艺要求组织生产加工。发包企业按事先商定的标准进行验收并支付货款。

（2）包工不包料。包工不包料即由发包企业提供原材料、模具等生产要素，生产企业只负责生产加工，收取加工费（俗称“工缴费”）。

无论是包工包料还是包工不包料，发包企业都需要派出外贸跟单员到生产企业进行跟单，跟踪产品质量和交货期。

（三）外包质量管理

在实施订单外包作业时，发包企业尤其要重视产品的质量管理工作，否则，如果外包产品质量不符合要求，作为出口商的发包企业很有可能面临进口商日后的索赔。对于外包质量管理，发包企业应做好以下几方面工作：

（1）明确标准。发包企业应将技术标准和管理标准转化为明确的质量检验标准，使检验人员知道什么是合格、什么是不合格。

（2）度量。发包企业要对产品的一个或多个质量特性，通过物理的、化学的和其他科学技术手段和方法进行观察、测量、试验，取得产品质量的客观数据。

（3）对比。发包企业应将实际度量结果与质量标准进行对比，以检验质量特性是否符合要求。

（4）判定。发包企业应根据对比结果，判断单件产品或一批产品是否合格。

（5）处理。对于不同的检验类型，发包企业可采用不同的处理方式：对单件产品，经检验合格则放行，不合格的则打上标志后隔离存放；对工序检验不合格的，则决定停产或调整；对原材料检验不合格的，则不能入库，须退回。

（6）记录。发包企业每次检验都要有记录，并出具查货报告，同时要求合作工厂的负责人签字确认，以便在下一次的复检中作为凭证。

（四）外包注意事项

1. 避免采取外包作业的情况

（1）原材料较为贵重；

（2）原材料或成品在运输过程中极易破损或变质；

（3）原材料或成品的体积（或重量）过大，会造成大额的运费；

（4）外包数量太少，金额过小，而管理成本过高；

（5）外包成本与自制成本相差无几。

2. 不应采取外包作业的情况

（1）有可能泄露本企业的生产技术或机密；

（2）外包的交货期不符合本企业的要求；

（3）外包的品质达不到本企业的要求；

（4）外包成本大于本企业自制成本；

（5）成品无法进行检验。

专题：外贸与中国

保质量促消费稳外贸，上海海关严把进出口商品质量安全检验关

2023 年“3·15”在即，上海海关公布了一组质量安全检验数据：2022 年，上海海关累计对 313 批检验不合格的进口商品实施退运或销毁处置，对 117 批检验不合格的出口危险货物包装实施禁止出口处置，持续完善进出口商品质量安全风险预警和快速反应监管体系建设，严把进出口商品质量安全检验关，以实际行动维护关系国计民生的进出口商品质量安全，保障广大消费者合法权益。

民生商品检验抓实效，履职担当显作为——上海海关注重三个强化

强化进口机动车检验。持续关注全球汽车行业发展动态，密切跟踪“新能源汽车刹车失灵”“高田安全气囊缺陷召回”等热点舆情，强化风险评估，完善检验监管措施，2022 年累计检出进口机动车不合格 1.2 万辆。

强化进口医疗器械监管。围绕落实国务院集中打击整治危害药品安全违法犯罪专项行动，加强与市场监管、药监部门执法合作，提升监管效能，统筹协调上海口岸重点医疗器械商品的进出口检验。2022 年检出不合格进口医疗器械产品 93 批。

强化进口消费品检验。聚焦“安全、卫生、健康、环保”要求，基于风险评估分析，针对性加强重点进口消费品质量安全检验监管。2022 年检出进口服装不合格 197 批，其中婴童服装不合格 37 批；检出进口食品接触产品不合格 108 批；检出进口玩具不合格 39 批；检出进口牙刷不合格 23 批；检出进口家具不合格 10 批。

风险管理筑基石，严守国门不放松

同时，上海海关持续完善进出口商品质量安全风险预警监管体系建设，整合海

关系统内外专业机构技术资源，不断提升上海海关3个质量安全风险一级监测点与2个国家级风险评估中心技术实力，推动工作抓实见效。2022年累计采集风险信息2.5万条，有针对性地开展进口文具专项风险监测，发现存在严重质量安全问题的进口文具41批次，并及时对社会公众实施消费提醒。

严格落实进口危险化学品安全监管。上海是全国最大的进口危险化学品口岸，进口批次约占全国的一半。上海海关强化责任担当，加强部门协作，积极落实“口岸危险品综合治理”百日专项行动，率先开展危险化学品检验模式改革试点，推动进口危险化学品检验管理提质增效，统筹保障口岸通关与安全生产。2022年，共检验进口危险化学品10.23万批次，检出不合格1.4万批次。

此外，坚决防止洋垃圾进境。规范固废属性鉴别程序，完善鉴别会商会评机制，做好固废属性鉴别工作。2022年，完成固体废物属性鉴别920批，鉴别结果为固废133批，鉴别为固废比例达14.5%，并在上海口岸首次鉴别发现废板材、废人发、废电池等固废案例。

改革攻坚疏堵点，服务发展开新局

值得一提的是，上海海关创新进口机动车检验模式，助力企业减负增效。持续推进进口机动车第三方采信试点，2022年共对24.68万辆进口汽车采信第三方检验结果。创新进口摩托车质量安全风险评价分级举措，基于风险分级动态调整进口摩托车合格评定程序和检验项目，有效统筹通关效率与质量安全监管要求，促进外贸保稳提质。截至2023年3月15日，已完成包括川崎、雅马哈等公司在内的5家企业、40余款车型的风险评级，相关车型的通关时长平均压缩20%，为企业节省通关成本逾百万元。

优化进博会汽车展品留购检验程序，服务“溢出效应”持续释放。为汽车展品开辟绿色通道，展前对车辆标准合规性给予评估预判，指导企业完成单车认证等前置准入要求，采信单车认证型式检验结果，快速完成合格评定，助力第五届进博会汽车“巨无霸”——戴姆勒牵引车留购进口，支持进博会溢出效应持续放大。

深化进口服装质量安全风险评价制度，有效压缩通关时间。基于产品风险，灵活运用合格评定程序，实现进口服装梯度化、多元化管理。2022年，评价制度惠及企业38家，受理进口服装安全风险评价318批次，涉及1 414款、21.99万件，平均减少实验室检测环节时长3～5个工作日，通关时长压缩近50%。基于评价制度的实践经验，推荐进口服装纳入海关总署首批采信管理商品。

多措并举出实招，保供稳链必尽责

首先，便利措施见实效，大宗资源商品进口有保障。2022年，上海海关对517批进口矿产品实施“先放后检”，累计为企业节省费用约848万元；对近120万吨进口铁矿依企业申请免予实施品质检验，累计为企业节省费用约40.6万元；依企业申请免予开展大宗资源商品数重量鉴定1 031批，货物总计近1 000万吨；打造“筛、查、取、检、放”一体化高效监管作业流程，推进进口煤炭快速检验放行，通关放行时间同比压缩50%以上，有力支持动力煤进口。

其次，推出支持成套设备进口举措“组合拳”，重点项目序时推进有保障。上海海关落实成套检验项目管理、集中受理、绿色通道，多举措保障地方重大工程按时推进，创新经验为系统打造服务经济发展的“样板工程”。2022 年疫情期间通过视频方式完成检验 945 批，有效保障了以积塔、华虹、中芯为代表的重点集成电路制造项目建设顺利推进。

此外，为重点行业“量体裁衣”，企业生产有保障。2022 年疫情期间，经海关总署同意，上海海关对特定企业的进口光刻胶产品临时取消取样送检，并充分运用跨境贸易大数据平台开展质量安全风险评估与供应链安全评估，遴选 29 家企业优先享受便利措施，积极助力企业“复工复产”。同时，做好试点经验总结，推动建立固化机制并推广至全部集成电路行业企业。创新集成电路维修用金属材料便利措施，优化合格评定模式，降低企业物损成本，助力集成电路产业发展。

资料来源：郭剑烽．保质量促消费稳外贸，上海海关严把进出口商品质量安全检验关 [N]．新民晚报，2023-03-14.

操作指导

工作任务 1　会同工厂技术部门下达生产通知单

收到 SKY 公司允许生产大货的通知后，杨华的首要工作就是会同工厂技术部门将合同转化为企业下达生产任务的生产通知单。生产通知单应明确所订产品的名称、规格型号、数量、包装、出货时间等要求。2023 年 6 月 20 日，杨华会同萧山永新服装有限公司技术科共同下达了生产通知单（见表 5-8）。

表 5-8　生产通知单

<table>
<tr><td colspan="6">生产部门：生产一组、二组和三组</td></tr>
<tr><td colspan="2">订单编号：2023YX001</td><td>订货客户</td><td>浙江金苑进出口有限公司</td><td>通知日期</td><td>2023.6.20</td></tr>
<tr><td colspan="2">产品名称：女式夹克</td><td>交货方式</td><td>全部完工后一次性交货</td><td>生产日期</td><td>2023.6.21—2023.7.10</td></tr>
<tr><td colspan="2">规格型号：款式号 WJ0101
面料：100% 棉斜纹 20 × 16/128 × 60
里料：100% 棉
型号：棕色 38#、40#、42#、44#、46#、48#
灰色 38#、40#、42#、44#、46#、48#
填充物：涤纶（正身 100 克 / 平方米，袖子 80 克 / 平方米）</td><td>交货期限</td><td>2023.7.10</td><td>完工日期</td><td>2023.7.10</td></tr>
<tr><td colspan="2">生产数量：6 080 件</td><td colspan="2">特别规定事项</td><td colspan="2">除服装品质合格外，必须确保所有标唛准确无误</td></tr>
<tr><td>工艺要求</td><td colspan="5">样衣、纸样、工艺单等均见技术科资料</td></tr>
<tr><td>质检要求</td><td colspan="5">生产过程三检制：工人自检、互检，质检员专检，大货完工后抽样检验</td></tr>
<tr><td>包装要求</td><td colspan="5">混色混码，一件一胶袋，10 件入一出口标准三坑纸箱，尾箱必须注明。胶袋和纸箱外必须印刷“可循环”标志</td></tr>
</table>

工作任务 2 跟踪生产进度，确保按时出货

为了保证在合同规定的时间内按时出货，外贸跟单员杨华应该紧盯萧山永新服装有限公司的生产进度。为此，在业务经理 Chris 的指示下，杨华计划每周赴工厂两次查看生产进度。跟踪生产进度主要从清点成品数量（合格品数）以及查看生产车间的生产日报表入手。清点成品数量可以静态确定生产进度，查看生产日报表则可以动态检查生产情况，可以预测后续工作中是否存在问题。因此，在生产进度跟单工作中，学会查看生产日报表是跟踪企业实际生产进度的有效工具和手段。

萧山永新服装有限公司从 2023 年 6 月 21 日（星期三）开始生产金苑公司订单的产品，每周工作 5 天，每天 2 个班次，每个班次工作 8 小时。表 5－9 至表 5－12 是杨华得到的该厂的生产日报表（其中废品已扣除）。

表 5－9 生产日报表（1）

填表时间：2023 年 6 月 21 日 23 时 30 分　填表人：范飞　订单号：2023YX001

颜色	裁剪		缝制		后道		包装	
	当天	累计	当天	累计	当天	累计	当天	累计
灰色（38#、40#、42#、44#、46#、48#）	540	540	330	330	0	0	0	0
棕色（38#、40#、42#、44#、46#、48#）	0	0	0	0	0	0	0	0
小计	540	540	330	330	0	0	0	0

表 5－10 生产日报表（2）

填表时间：2023 年 6 月 22 日 23 时 30 分　填表人：范飞　订单号：2023YX001

颜色	裁剪		缝制		后道		包装	
	当天	累计	当天	累计	当天	累计	当天	累计
灰色（38#、40#、42#、44#、46#、48#）	540	1 080	540	870	750	750	750	750
棕色（38#、40#、42#、44#、46#、48#）	0	0	0	0	0	0	0	0
小计	540	1 080	540	870	750	750	750	750

表 5－11 生产日报表（3）

填表时间：2023 年 6 月 23 日 23 时 30 分　填表人：范飞　订单号：2023YX001

颜色	裁剪		缝制		后道		包装	
	当天	累计	当天	累计	当天	累计	当天	累计
灰色（38#、40#、42#、44#、46#、48#）	540	1 620	540	1 410	660	1 410	660	1 410
棕色（38#、40#、42#、44#、46#、48#）	0	0	0	0	0	0	0	0
小计	540	1 620	540	1 410	660	1 410	660	1 410

表 5 - 12　生产日报表（4）

填表时间：2023 年 6 月 26 日 23 时 30 分　　填表人：范飞　　订单号：2023YX001

颜色	裁剪		缝制		后道		包装	
	当天	累计	当天	累计	当天	累计	当天	累计
灰色（38#、40#、42#、44#、46#、48#）	540	2 160	540	1 950	540	1 950	540	1 950
棕色（38#、40#、42#、44#、46#、48#）	0	0	0	0	0	0	0	0
小计	540	2 160	540	1 950	540	1 950	540	1 950

以后几天都是按照这个速度生产，直到 7 月 3 日（见表 5 - 13）。

表 5 - 13　生产日报表（5）

填表时间：2023 年 7 月 3 日 23 时 30 分　　填表人：范飞　　订单号：2023YX001

颜色	裁剪		缝制		后道		包装	
	当天	累计	当天	累计	当天	累计	当天	累计
灰色（38#、40#、42#、44#、46#、48#）	0	3 040	0	3 040	0	3 040	0	3 040
棕色（38#、40#、42#、44#、46#、48#）	540	1 070	540	1 070	540	1 070	540	1 070
小计	540	4 110	540	4 110	540	4 110	540	4 110

杨华对生产开始至今的生产速度感到满意，因为按此速度的话，整个订单的生产可以提前完成。

但是从 7 月 4 日开始，由于电力紧张以及工厂新订单插入，工厂每天的生产时间缩短，每天生产能力相应下降，生产调整后的生产日报表如表 5 - 14、表 5 - 15 所示。

表 5 - 14　生产日报表（6）

填表时间：2023 年 7 月 4 日 23 时 30 分　　填表人：范飞　　订单号：2023YX001

颜色	裁剪		缝制		后道		包装	
	当天	累计	当天	累计	当天	累计	当天	累计
灰色（38#、40#、42#、44#、46#、48#）	0	3 040	0	3 040	0	3 040	0	3 040
棕色（38#、40#、42#、44#、46#、48#）	100	1 170	100	1 170	100	1 170	100	1 170
小计	100	4 210	100	4 210	100	4 210	100	4 210

表 5 - 15　生产日报表（7）

填表时间：2023 年 7 月 5 日 23 时 30 分　　填表人：范飞　　订单号：2023YX001

颜色	裁剪		缝制		后道		包装	
	当天	累计	当天	累计	当天	累计	当天	累计
灰色（38#、40#、42#、44#、46#、48#）	0	3 040	0	3 040	0	3 040	0	3 040
棕色（38#、40#、42#、44#、46#、48#）	100	1 270	100	1 270	100	1 270	100	1 270
小计	100	4 310	100	4 310	100	4 310	100	4 310

杨华在7月6日赴萧山永新服装有限公司查看生产进度时才发现产能下降、订单进度落后的问题（自7月开始，萧山永新服装有限公司调整了生产计划，每周工作时间调整为6天，实行周日单休的生产计划）。对调整后的生产速度，杨华进行了以下分析：

（1）在服装生产的裁剪、缝制、后道和包装四个生产环节中，缝制是决定生产速度的关键环节，因此只要在没有发生人员变动的情况下，缝制任务能完成，则可以基本保证完成全部产量。

（2）由于正值夏季用电高峰，作为经济发达地区的杭州萧山地区，工业用电量大，地区电力供应有时会出现不足的情况；同时由于工厂接单过多，插单问题分流了金苑公司订单的生产能力，导致目前金苑公司的订单生产被延误。剩余要完成生产的产品数量是6 080－4 310＝1 770件，如果按照每天100件的生产速度，需要1 770÷100＝18个工作日，也就是要到7月26日才能完成订单的生产，因此肯定无法在订单规定的交货期7月14日完成交货，届时出口商金苑公司将出现违约的情况。

综合以上分析，杨华一方面及时向业务经理汇报了情况，同时会同萧山永新服装有限公司的有关管理人员进行了协调，要求工厂杜绝插单生产的情况，确保金苑公司订单按期完成，否则所有责任和损失将由萧山永新服装有限公司承担。经过积极交涉，萧山永新服装有限公司负责人同意恢复正常生产时间，承诺根据生产进度，必要时会加班作业，确保金苑公司订单在7月10日之前完成（在实际跟单工作中，如果工厂产能不足，必要时可让工厂通过外包的方式进行生产，质量问题由工厂负责）。

工作任务3 实施生产全过程的质量监控

1. 加强各道生产工序质量监控

因为是新供应商，为确保产品质量，杨华与金苑公司的质检员时常深入萧山永新服装有限公司生产车间查看生产过程及成衣的质量是否符合订单要求，以及生产流程中有无脱节、停滞等不良现象，同时根据最新的生产排程，查看订单完成情况，分析生产进度是否能满足订单交货期的要求。如果生产出现异常情况，杨华应马上同生产主管协商，确保准时交货。

（1）对生产过程进行全面监控。对生产过程的质量控制是产品质量形成的核心和关键控制阶段。这一阶段质量控制的基本要求是：确保萧山永新服装有限公司严格按照女士夹克的样板和生产工艺单执行技术标准，使成衣达到合同质量要求；实施生产各工序（裁剪、缝制、锁钉、整烫、包装）的质量监督，确保各工序质量水平。

加强对各个工序的质量控制，保证服装在各个生产阶段的局部质量，最终使服装的整体质量达到最佳水平。此外，杨华应检查并确保服装生产的各道工序，包括裁剪、缝制、锁钉、整烫及包装等都已经落实了工人自检、互检以及质检员专检的质量控制制度。

（2）对生产关键环节进行重点监控。对生产女士夹克的关键环节——缝制进行检验时，杨华与金苑公司质检员进行了如下的质量监控，确保该环节的工作顺利进行：夹克各部位顺直、平服、整齐、牢固、松紧适宜，不准有开线、断线、连续跳针；锁眼、钉扣位置准确，大小适宜，整齐牢固；包缝牢固、平整、宽窄适宜，各部位套结定位准确、牢固。此外，杨华没有放松对各类标唛，如主唛、洗水唛、尺码唛的严格检查，重点检查了其位置、内容等是否正确，是否整齐牢固，因为按照合同约定，此项错误的话，金苑公司将会被 SKY 公司扣减 2% 的货款（All the labels must be correct，otherwise we will debit the supplier 2% of purchase price）。

2. 加强生产初期、中期、尾期的成衣检验

整个生产过程，杨华与金苑公司质检员加强了在生产初期、中期、尾期的成衣检验工作。

（1）生产初期检验。生产初期杨华必须到每个车间对每道工序进行半成品高标准检验，如有问题及时向工厂反映，并监督、协助工厂落实整改。每个车间生产首件成衣后，杨华要对其尺寸、做工、款式、工艺进行全面、细致的检验，针对客户和工艺的要求及时修正不符点（如果有的话），并对工艺难点进行攻关，以便大批量流水线作业的顺利进行。

（2）生产中期检验。生产中期检验一般安排在有部分批量的成衣从流水线出来后进行。它主要检验所生产的成品是否符合工艺单的要求，是否与客户确认的样衣一致。另外，还要计算按目前的生产量是否赶得上大货的交货期。

（3）生产尾期检验。生产尾期检验一般安排在生产进度达到订单总量 90% 以上的成品率的时候，并且有 80% 以上的成箱率。检验的方法可以采用 100% 检验或抽验。成衣检验分外观质量检验和内在质量检验，其大致内容包括成衣外观、尺寸规格、缝合缝制、面料、色差、整烫、服装辅件、包装等。

工作任务 4　协调和处理生产过程中的异常情况

经过上次电力短缺造成的紧张情况，同时考虑到生产过程中可能还会出现其他异常情况，杨华思考并准备好了相应的协调应对措施（见表 5－16）。

表 5－16　协调应对措施

生产异常内容	异常现象	应对措施
应排产，未排产	影响生产进度及交货	1. 通知相关部门尽快列入排产计划； 2. 告知交货期管理约定
应生产，未生产	影响生产进度及交货	1. 通知相关部门尽快列入车间日生产计划； 2. 向相关部门发出异常通知； 3. 应至少于生产前 3 天催查落实情况
进程延迟	影响交货进度	1. 通知相关部门加紧生产； 2. 查清进程延迟原因，采取应对措施； 3. 进程延迟较严重时发出异常通知，要求给予高度重视； 4. 应至少每天催查生产落实情况
应入库，未入库； 应完成，未完成	影响整体交货	1. 查清未入库原因，采取应对措施； 2. 通知相关部门加班生产； 3. 发出异常通知，要求采取措施尽快完成

续表

生产异常内容	异常现象	应对措施
次品、不合格品增多	影响整体交货	1. 通知相关部门检查设备性能是否符合要求； 2. 检查工艺单、工艺流程是否符合要求

此外，对生产中出现的不合格品管理，杨华通过向前辈及质检员请教，掌握了以下几个不合格品处置方法：（1）当生产过程中的某个工序出现不合格品时，决不允许对其做进一步的加工。如系生产过程失控造成，则在采取纠正措施前应暂停生产过程，以免产生更多的不合格品。（2）对于不合格品本身，应根据不合格品管理程序及时进行标识、记录、评价、隔离和处置。

针对具体情况，对不合格品可以采取以下处置办法：（1）可以通过再加工或其他措施使不合格品完全符合规定要求的，返工；（2）不合格程度轻微，不影响成衣质量，原样使用；（3）缺陷严重不能再用的，报废。同时，杨华牢记不合格品的管理不但包括对不合格品本身的管理，而且包括对出现不合格品的生产过程的管理。

工作任务 5 对成品进行抽样检验，验收货物

2023 年 7 月 9 日，萧山永新服装有限公司给杨华来电，WJ0101 女式夹克预计在第二天完成生产，数量 6 080 件。对于本笔业务，外商 SKY 公司没有要求进行装船前的检验，但为了确保工厂交付的货物质量合格，出口商还是需要在整批货装运前进行抽样检验。对于抽样检验，杨华了解到外商通常采用国际上通用的 AQL 标准进行严格的抽样检验。杨华采用国家标准《计数抽样检验程序》（GB/T 2828.1—2012）一次正常抽样检验方案对工厂生产完毕的整批产品进行了抽样检验。对于服装而言，抽样检验的 AQL 一般在 1.0 ～ 6.5，检验水平一般为Ⅱ级。杨华决定采用 AQL 为 1.0 的标准。

杨华首先确定了此次抽样检验方案：

由批量范围、检验水平与样本量字码之间的关系确定 $N=6\,080$ 所在的行是 3 201 ～ 10 000，这一行和检验水平Ⅱ级所在的列的交叉栏可确定样本量字码为 L。然后查 GB/T 2828.1—2012 正常检验一次抽样方案表可知，样本量字码 L 对应的样本大小 $n=200$，L 所在的行与 AQL = 1.0 所在的列的交叉格中 $Ac=5$，$Re=6$，即抽样方案为：$n=200$，$Ac=5$，$Re=6$。

这个抽样方案代表的是：从 6 080 件服装中随机抽取 200 件为样本进行检验，如不合格品 $d \leqslant Ac=5$，则判定产品符合要求，检验合格，可以接收产品；如不合格品 $d \geqslant Re=6$，则判定产品不合格，检验未通过，拒收。

按照抽检方案，杨华首先从包装好的 6 080 件产品中随机抽取了 200 件作为样本，并对这 200 件服装进行了逐一的检验，只发现其中 1 件产品存在扣子缝制不牢固的轻微缺陷，检验通过，整批产品合格，并且质量令人满意。

通过抽样检验，杨华对本订单的产品质量有了充分的信心，可以放心等待下一步安排货物出运了。

同步训练

一、单项选择题

1. 在以下代号中，代表德国国家标准的是（　　）。

A. GB　　B. DIN　　C. JIS　　D. ANSI

2. 以下不属于影响产品质量的重要因素是（　　）。

A. 操作人员因素　　B. 机器设备因素

C. 材料因素　　D. 生产时间因素

3. 在生产过程中，如果外贸跟单员发现生产有可能延误，则首先应该采取什么措施？（　　）

A. 跟客户联系，申请延期交货

B. 跟客户商量如何赔偿

C. 跟客户商量是否可以分批交货

D. 跟工厂交涉，要求工厂采取措施加快进度

4. 在电器产品质量认证中，以下哪一项属于欧盟认证？（　　）

A. CE　　B. SAA　　C. CSA　　D. UL

5. 对于不合格程度较轻，不影响进一步生产加工的，可采用（　　）处理方法。

A. 返工　　B. 降级使用　　C. 原样使用　　D. 报废

6. 根据 GB/T 2828.1—2012 一次抽样标准，一般检验水平分为Ⅰ、Ⅱ、Ⅲ三级，如无特殊说明，则一般选取（　　）。

A. Ⅰ级　　B. Ⅱ级　　C. Ⅲ级　　D. 视情况而定

7. 从批量产品中抽取一定数量的样品（样本），检验该样本中每个样品的质量，称为（　　）。

A. 计量抽检方法　　B. 计数抽检方法

C. 一次抽检方法　　D. 二次抽检方法

8. 评价一块手表计时十分精确，指的是产品质量构成要素的哪一项？（　　）

A. 性能　　B. 安全性　　C. 适应性　　D. 时间性

9. 下列哪一项不属于检验的准备工作？（　　）

A. 熟悉检验标准和规定要求　　B. 选择检验方法

C. 制定检验规范　　D. 检验记录

10. 根据 GB/T 2828.1—2012 一次抽样标准，Ac 和 Re 是由（　　）决定的。

A. 样本大小 n 和 AQL　　B. 批量大小 N 和 AQL

C. 检验水平和批量大小　　D. 检验水平和 AQL

二、判断题

1. 现场蹲点是生产进度跟踪最常见的方法，该方法效果最好、成本最低，合作工厂也乐于接受。（　　）

2. 某外贸订单规定出口商应在6月30日之前装船交货，因此出口商在跟工厂约定交货时间时也应该约定6月30日。(　　)

3. 首件检验的“三检制”办法，是指先由操作者自检，再由班组长或质检员复检，最后由检验员专检。(　　)

4. 商品检验中按照数量划分可分为全数检验和抽样检验两种方法。(　　)

5. 接收质量限（AQL）是生产方和接收方共同认为可以接受的不合格品率的下限。(　　)

6. 生产进度管理需要做好事前防范，同时也要有事后补救措施，其中事前防范是关键。(　　)

7. 甘特图常被用于生产进度的管理，其作用在于帮助出口企业调配资源及监控进度。(　　)

8. 对于抽样检验，AQL值越小，则表明抽样检验越严格。(　　)

9. 在抽样检验中，批合格就是指该检查批中每个产品都合格。(　　)

10. 理化检验适用于产品的外观质量，而感官检验适用于产品的内在质量。(　　)

三、案例分析题

安徽K公司于2023年8月9日与西班牙某公司签订了出口羊毛衫的合同，合同规定羊毛成分不得低于80%，总价款超过30万美元。合同规定装运期为2023年10月31日之前，合同还规定以瑞士通用公证行（SGS）签发品质合格证书作为最后的交货依据。安徽K公司随后便开始积极备货生产。因为客户要求提交品质证书，同时该羊毛衫属于法检商品，因此安徽K公司外贸跟单员便将产品送交海关进行检验，检验报告显示产品羊毛含量达到81%，其他各项质量要求也符合规定。安徽K公司在完工后于10月30日装船出货。2023年11月上旬，西班牙进口商来电表示羊毛衫品质不合格，并提出索赔。西班牙进口商还出具了SGS的检验和化验报告，报告显示，羊毛衫羊毛成分只有77%。安徽K公司对此予以反驳，认为产品完全合格，并且做工精良。但西班牙进口商坚持表示产品不符合要求：产品做工虽然不错，但羊毛成分不足，卖方违约，存在欺诈行为，并指出卖方选择的检验机构不是合同指定的SGS。

请分析：安徽K公司应吸取哪些经验教训？外贸跟单员可采取哪些措施避免类似问题的发生？

拓展训练

2023年4月27日，嘉兴长长服装有限公司正式开始生产M0345款男式外套。浙江新力进出口有限公司外贸跟单员马斌每周不定期下工厂跟单，重点关注产品质量和生产进度，以确保按订单规定顺利交货。

【工作任务1】生产进度跟单。

嘉兴长长服装有限公司从4月27日开始生产这批男式外套，每周计划生产6天，每天安排1个班次，每班生产8小时，每天该款男式外套的生产能力为450件。

若外贸跟单员马斌在 6 月 6 日获悉，嘉兴长长服装有限公司因在 5 月 28 日临时插入一笔新订单，导致浙江新力进出口有限公司订单的生产得不到保证，每天生产能力大幅下降，致使到 6 月 6 日下班才生产了 7 000 件，则马斌该如何处理此事？

【工作任务 2】产品质量跟单。

经过努力，嘉兴长长服装有限公司在 2023 年 6 月 20 日完成了 14 400 件男式外套的生产。在出货前，外贸跟单员马斌需要对成品进行装船前的抽样检验。假如马斌采取的抽样检验标准为 GB/T 2828.1—2012，且 MAJOR（重大缺陷）和 MINOR（次要缺陷）的 AQL 分别为 1.0 和 1.5，检验水平为Ⅱ级（正常检验），则该批订单产品的抽样检验方案是什么？马斌应如何进行抽样检验？

项目六

产品包装跟单

知识目标

通过学习，了解服装出口的包装方式、类型，熟悉主要包装材料及其特点，熟悉国际上主要的出口包装法规。

能力目标

通过学习，能够根据合同处理出口包装工作，包括制作和下达装箱计划、按合同落实内包装和外包装、刷制运输标志等。

素养目标

培养严谨细致、一丝不苟的职业品格；强化绿色环保意识和责任意识。

业务背景

在外贸订单下达后不久，2023 年 6 月 20 日，德国进口商 SKY 公司发来电子邮件，对产品的包装做了如表 6-1 所示的补充要求。

表 6-1　补充要求

INSTRUCTION FOR PACKING AND DELIVERY GARMENTS

Attention: all packing and delivery instructions are part of our order. The cost and any deviation will be charged to the supplier.

Polybag:

Use polythene bag PE04 with self-adhesive flap.
Each bag is to be clearly labeled with article No. and size. Article No. must be printed at the right corner on the front, directly on the polythene bag. Use white label is also ok, just like the right photo.

Outer carton:

The outer carton is to be made of good quality corrugated cardboard minimum 5 layers. The carton is to be sealed with tape. Metal buckles and stapling are not allowed. Extra straps around the carton are not required.

工作任务

金苑公司外贸跟单员杨华阅读并理解了客户对包装的补充要求，由于客户的补充要求没有给金苑公司增加很多的包装费用，因此他接受了客户的补充要求（在实际业务中，有些客户的包装补充要求比较特殊，会使出口商增加许多额外的成本，这时需要与客户协商费用的承担问题）。

2023 年 7 月 4 日，萧山永新服装有限公司后道车间在生产尾期开始了女式夹克成品的包装作业。外贸跟单员杨华在工厂包装作业开展之前再次确认了合同中有关包装的条款，确保包装按照合同规定方式进行，并对工厂的包装作业下达了明确的指令。

实际包装作业由工厂操作，但金苑公司作为货物的采购方需要对工厂的包装作业做出明确指示，以便工厂顺利地按要求落实包装。需要注意的是，外贸跟单员给工厂下达的包装指令必须严格遵守国外客户或外贸合同的包装规定。在出口包装跟单环节，外贸跟单员杨华需要完成以下工作任务：

【工作任务 1】制作和下达装箱计划单。

【工作任务 2】选择合适的瓦楞纸箱。

【工作任务 3】监督工厂按照要求落实包装。

知识准备

按照一些国家的法律解释，如果一方违反了所约定的包装条件，另一方有权提出索赔，甚至可以拒收货物。包装条件是国际货物买卖合同中的重要交易条件。出口商的外贸跟单员必须确保按照合同或国外客户的要求落实包装。

一、服装包装介绍

（一）服装的包装方法

服装的包装方法通常有折叠包装、真空包装和挂装。

微课视频

服装包装介绍

1. 折叠包装

折叠包装是服装包装中最常用的一种方法。折叠时要把服装的特色之处，款式的重点部位，尤其是服装吊牌，显示于可见位置。折叠要平整、服帖，视不同类服装分别减少服装叠位，尽量减少消费者拆装后的整烫工作。为防止松脱，在适当的部位要用大头针或胶夹固定。为防止产品变形，可衬硬纸板，折叠好后亦可装入相应的包装袋或包装盒。

2. 真空包装

真空包装是把服装装入封闭式塑料袋后，将袋内和服装中的空气抽掉，然后将袋口封合。真空包装可缩小服装体积，减少服装重量，方便储运，特别适合体积大且蓬松的棉绒类服装。

3. 挂装

挂装多用于高档服装，如毛呢、裘皮类服装以及一些特种定型效果的服装等，高档时装也采用挂装。挂装是将服装套在衣架上，再套包装袋，它克服了服装包装运输后产生褶皱的问题，保持了服装良好的外观，可充分保证服装的外观质量，并有利于营造良好的店铺陈列效果，但成本较高。

（二）服装的包装方式

1. 袋包装

袋包装是应用最普及和最广泛的包装方式。目前袋包装的主要材料是塑料袋，有些塑料袋要求留有气孔。塑料袋包装具有防污染、保护服装、成本低廉、便于运输等优点，但存在支撑强度小、容易损坏等缺点。折叠包装使用的塑料袋有扁平袋、矩形袋、自开袋、书包袋等；挂装使用的是挂袋，顶端要有衣架孔，开口在下方。

2. 盒包装

盒包装的优点是成本低、强度高、外表美观，但存在包装量受限制、体积较大、运输成本相对较高等不足。

3. 箱包装

箱包装是为了方便装运和批发销售的包装方式，一般采用瓦楞纸箱，但对于一些需要防压的高档服装和远程运输的服装，则采用较坚固的板条箱和木箱。包装箱的内外需要采取防潮措施。采用挂装方法时，箱内要有支架，可把服装直接吊挂在上面。

（三）服装装箱的分配方法

（1）单色单码装：按同种颜色、同一规格的服装进行装箱。

（2）单色混码装：同种颜色按一定的比例进行规格搭配装箱。

（3）混色单码装：同种规格按一定的比例进行颜色搭配装箱。

（4）混色混码装：先按一定的比例进行规格搭配，然后考虑进行颜色搭配装箱。

二、出口包装材料介绍

微课视频

常见包装材料介绍

在国际货物买卖合同中，包装是说明货物情况的重要组成部分，包装条件是买卖合同中的一项主要条件。按照某些国家的法律规定，如果卖方交付的货物未按约定的条件包装，或者货物的包装与行业习惯不符，买方有权拒收货物。出口商品所用的主要包装材料包括木质包装材料、纸质包装材料、塑料包装材料、金属包装材料、玻璃包装材料、陶瓷包装材料、纤维织品包装材料、复合包装材料和其他天然包装材料等。目前出口商品用得最多和最广泛的包装材料主要有木质包装材料、纸质包装材料、塑料包装材料和金属包装材料等。

（一）木质包装材料

木质包装材料是人类使用最悠久的包装材料之一。随着技术的进步，现在虽然出现了许多优质的包装材料，但木质包装材料具有很多其他包装材料无法比拟的优点：木质包装材料相对于纸质包装材料、塑料包装材料强度要高，且有一定的弹性，能承受冲击和振动，适合作为沉重的产品（如机械设备）的外包装。此外，木质包装材料具有很高的耐久性且价格低廉，在当今的包装工业中占有很重要的地位。

木质包装材料可分为天然木材和人造板材两种。主要的包装用天然木材包括红松、马尾松、杉木、桦木、毛白杨等。人造板材则是用木材采伐过程中的剩余物，如树枝、树皮、碎片、刨花、锯木等废料加工制作而成的，主要有胶合板、纤维板和刨花板。

外贸跟单员应了解出口包装箱对所使用木材的基本要求。出口常用的木质包装有木箱、木桶、夹板等。包装木材根据出口产品的性质不同有不同的要求，因此，木材的密度、硬度和握钉力等性能及木材的价格是选择包装用材等级的重要依据。

（二）纸质包装材料

纸质包装材料是无污染、可降解的绿色包装材料。纸质包装材料的来源非常丰富，除了树木，许多天然植物纤维，如蔗渣、棉秆、谷壳、玉米秸秆、稻草、麦秆等都是制作纸及纸制品的原料。纸质包装材料在当今包装材料中占据着主导地位，其中尤以瓦楞纸板及纸箱的使用最为广泛。

瓦楞纸板是指由瓦楞纸与两面箱板纸融合制成的纸板（见图 6－1）。瓦楞纸板的类别主要是依据构成瓦楞纸板的瓦楞规格、瓦楞形状和用纸层数三个方面的情况来区分的。

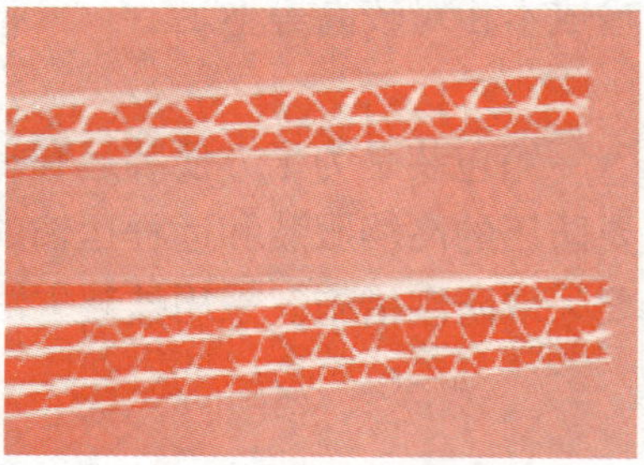

图 6－1　瓦楞纸板

1. 瓦楞规格

不同的瓦楞规格具有不同的瓦楞高度（楞谷与楞峰之间的距离）、不同的瓦楞数（楞与楞之间的疏密程度）和不同的收缩率。瓦楞规格的型号以瓦楞轮廓的大小和粗细程度为序，分为 K、A、C、B、D、E、F 七种（见表 6－2），其中 A、C、B、E 四种型号使用比较普遍。目前世界各国对瓦楞型号种类的代号称谓比较统一，但对每一种瓦楞型号种类的技术要求并不完全一致。

表 6－2　瓦楞型号种类

型号	瓦楞高度（mm）				瓦楞数（楞 /330mm）				收缩率（理论值）
	中国	日本	美国	欧洲	中国	日本	美国	欧洲	
K			6.5	6.6 ～ 7					
A	4.5 ～ 5	4.5 ～ 5	4.8	4.7	34 ± 2	34 ± 2	34 ± 3	35	1.53
C	3.5 ～ 4	3.5 ～ 4	3.6	3.6	38 ± 2	40 ± 2	38 ± 2	42	1.46
B	2.5 ～ 3	2.5 ～ 3	2.4	2.5	50 ± 2	50 ± 2	46 ± 2	50	1.36
D			1.8	1.8 ～ 2			68	68	1.31
E	1.1 ～ 2	1	1.2	1.2	96 ± 4	96	96 ± 4	95	1.25
F			0.8	0.9			110	105	1.22

2. 瓦楞形状

瓦楞形状是指瓦楞齿形轮廓的波纹形状，主要区别在于瓦楞波峰与波谷圆弧半径大小。瓦楞形状有三种：U 形、V 形、UV 形。U 形的峰、谷圆弧半径较大，V 形较小，UV 形处于中间状态。不同瓦楞形状具有不同的性能特点（见表 6－3）。

表 6－3　不同瓦楞形状的性能特点

瓦楞形状	平面抗压强度	缓冲性能	受压后恢复能力	黏合剂耗用	瓦楞辊磨损	瓦楞黏合线
U 形	弱	好	强	多	慢	宽
V 形	强	差	弱	少	快	窄
UV 形	适中	适中	适中	适中	适中	适中

综观 U 形、V 形、UV 形三种瓦楞形状的优缺点，U 形和 V 形的利弊均显而易见，UV 形虽然不是最理想的，但缺点也不突出，综合性能比较适合大多数瓦楞纸板包装的普遍要求，因此，UV 形瓦楞在世界各国都得到比较广泛的应用。当然，有些包装需要特别强调缓冲性能和减震作用，或者对于硬度和抗压的要求特别高，则应选用在这些方面具有某种特殊效果的 U 形和 V 形瓦楞纸板。

3. 用纸层数

瓦楞纸板用纸层数一般有以下四种：二层瓦楞纸板（又称露瓦楞纸板）、三层瓦楞纸板（又称单坑纸板）、五层瓦楞纸板（又称双坑纸板）、七层瓦楞纸板（又称三坑纸板）。不同用纸层数瓦楞纸板的结构形式如图 6－2 所示。

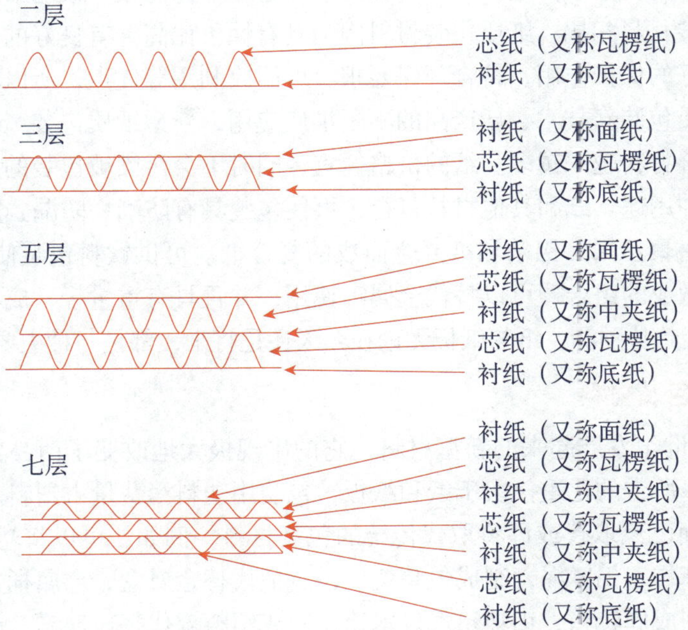

图 6－2　不同用纸层数瓦楞纸板的结构形式

（1）二层瓦楞纸板（露瓦楞纸板）。二层瓦楞纸板通常作为包装衬垫物料使用，多数用瓦楞高度较低的 B、E 型瓦楞和弹性比较好的 U 形或 UV 形瓦楞来制作。

（2）三层瓦楞纸板（单坑纸板）。三层瓦楞纸板通常用来制作中、小型瓦楞纸箱和衬板，大多采用瓦楞高度较高的 A、C 型瓦楞和物理性能适中的 UV 形瓦楞来制作。至于用来制作瓦楞纸盒内包装的三层瓦楞纸板，则多采用 B、E 等瓦楞高度较低、印刷效果较好的瓦楞型号和物理性能适中的 UV 形瓦楞来制作。

（3）五层瓦楞纸板（双坑纸板）。五层瓦楞纸板通常用来制作包装容积较大、内容物较重的大型或中型的瓦楞纸箱，以及材板或其他瓦楞包装构件。五层瓦楞纸板应根据其包装功能的要求，选择适宜的瓦楞型号和瓦楞形状的配置，一般多选用厚度较高的 A、C 或 B 型瓦楞来制作。在实际使用过程中，往往要根据包装功能的需要和流通运作的特点，考虑以缓冲性能较佳的 A 和 C 型瓦楞来制作里层的芯纸，而用 C 或 B 型平面抗压强度较高的瓦楞作为外层瓦楞。由于设备和工艺上的局限，瓦楞形状较难按理想要求随意搭配，因此一般采用 UV 形瓦楞来制作。如果条件允许，尽可能考虑采用不同瓦楞形状和其他型号的瓦楞来制作，以便达到更加理想的包装效果。

（4）七层瓦楞纸板（三坑纸板）。七层瓦楞纸板一般用以加工制作成大型及特大型的瓦楞纸箱，也可以结合木质托盘或者与其他材料构件配套制成超重型的瓦楞包装容器，具有很高的承重抗压性能。七层瓦楞纸箱或容器的内容物大都是体大量重的货物，一般可考虑采用 B+A+B 的瓦楞结构来制作瓦楞纸板，这种结构方式既可保证纸板有一定的总厚度和负载力，又能使纸板的里、外层都具备一定的平面抗压强度，使箱体的表层和里层都具有承受来自外部冲撞和内容物挤压的相应抗压能力。在某种特定要求下，也可采取 B+A+C、C+A+C、B+A+A、A+A+A、E+B+A 等瓦楞型号组合方式制作七层瓦楞纸板。至于瓦楞形状的选择，除特殊要求外，通常都比较一致地采用 UV 形瓦楞。

与其他包装材料相比，纸质包装材料因为具有性价比高、有良好的弹性和韧性、对被包装物有良好的保护作用、符合环保要求、可回收利用等优点，所以被广泛利用。近年来，随着纸质包装新技术、新产品的不断推广应用，新型纸质包装产品不断推出，以纸为基材的复合材料越来越多。纸的价格便宜，同时不会污染被包装的商品；纸的性能优越，具有多种用途。纸和其他材料复合，可使包装具有防潮、防漏、防紫外线等多种功能。例如：由聚乙烯、铝箔和纸复合而成的复合纸盒可供饮料包装使用；由聚丙烯、铬箔和硬纸板做成的组合罐可以替代金属罐使用，并且具有重量轻、成本低、废弃容易的优点。从发展趋势预测，纸与纸板无论在今天还是将来，都是一种主要的包装材料。

（三）塑料包装材料

塑料是 20 世纪发展起来的新型材料，它的出现极大地改变了商品包装的面貌。塑料在包装材料中所占的比重仅次于纸和纸板，包装用塑料消费量占塑料总消费量的 1/4。塑料在许多方面已经取代或即将取代传统的包装材料。例如，可以将塑料制成编织袋、捆扎绳代替棉麻袋、棉麻绳，制成包装盒、包装桶代替金属盒、金属桶，制成各种塑料袋代替纸袋，制成周转箱、钙塑箱代替木箱，制成塑料罐代替玻璃罐，制成多种泡沫塑料代替传统的缓冲材料等。

塑料包装材料包括软性的薄膜、纤维材料和刚性的成型材料，具有质轻、美观、耐腐蚀、机械性能高、可塑性强、易于加工和着色等优点。当然，塑料作为包装材料也有以下的不足：强度不如钢铁；耐热性不如玻璃；在外界因素的长期作用下易老化；有些塑料在高温下会软化，在低温下会变脆，强度下降；有些塑料带有异味，某些有害成分可能会渗入内装物；易产生静电而吸附灰尘；塑料包装废弃物处理不当会造成环境污染等。不过，随着科技的发展，不断出现的性能高、功能强、无毒、易回收利用或降解的新型塑料包装材料，将被广泛用于各类产品的包装。

主要的塑料包装材料有以下几种：

1. 聚乙烯

聚乙烯（PE）具有质轻柔软，不易脆化，无臭、无味、无毒，化学稳定性强，绝缘性好等优点。其中，高密度聚乙烯（HDPE）适用于制造各种桶、瓶、杯、盘、盒等包装材料，低密度聚乙烯（LDPE）广泛用于制造薄膜和包装袋。此外，聚乙烯还用于制造软管、泡沫材料及涂层材料等。

2. 聚氯乙烯

聚氯乙烯（PVC）分软质和硬质两类。软质聚氯乙烯用于制造薄膜、各种包装袋，硬质聚氯乙烯用于制造各种管、瓶、杯、盘、盒等。聚氯乙烯由于化学成分中含氯元素而不适用于制作食品包装。

3. 聚丙烯

聚丙烯（PP）无毒无味，耐冲击、耐摩擦、耐腐蚀，绝缘，具有良好的耐热性和阻隔性，可用于吹塑和真空成型制造各种瓶、杯、盘、盒、包装薄膜、编织袋、打包带等包装容器和包装材料。聚丙烯不适宜用作香味浓郁商品的包装，也不适于用作长期存放植物油和矿物油的包装。

4. 聚苯乙烯

聚苯乙烯（PS）具有刚性，印刷性好，表面富有光泽，耐化学腐蚀性强，无毒无味。在包装工业中，常用改性聚苯乙烯（如抗冲聚苯乙烯）注塑成型制造各种桶、深杯、盘、盒等包装容器，可用于盛装食品、酸或碱。聚苯乙烯加发泡剂制作的发泡塑料是最常用的电器产品等的缓冲包装材料。

5. 聚酰胺塑料

聚酰胺（PA）俗称尼龙，无毒，具有良好的冲击韧性和优异的耐磨性能，较高的抗张强度，良好的耐光性、耐蒸汽加热性和气密性。尼龙主要用于食品软包装，特别适用于油腻性食品的包装。此外，尼龙还用于制造打包带和绳索，其坚固性强于聚丙烯。

用于包装的塑料还有：聚乙烯醇（PVA）用于制造食品的保鲜薄膜；聚碳酸酯（PC）用于制作蒸煮食品的包装袋以及饮料器具、容器和其他食品的包装材料；密胺（三聚氰胺）用于制作食品容器；乙烯－醋酸乙烯酯共聚物（EVA）用作密封包装的薄膜材料，与高密度聚乙烯复合成的薄膜材料可代替玻璃纸和蜡纸，是快餐食品的理想包装材料；聚对苯二甲酸乙二醇酯（PET）用于制作矿泉水、汽水的塑料瓶（俗称宝特瓶）。

（四）金属包装材料

金属是四种主要包装材料之一，广泛应用于食品、饮料、化工、医药、建材、家电等行业，可用于制作食品罐头、饮料、糖果、饼干、茶叶、油墨、油漆、染料、化妆品、医药和日用品等的包装容器。金属包装分为钢和铝两大类，其中产量和消耗量最多的是镀锡薄钢板（俗称马口铁），其次是铝合金薄板，镀铬薄钢板（为节约用锡而发展的一种镀锡板代用材料）位居第三。不同金属包装材料如图 6-3 所示。

镀锡薄钢板

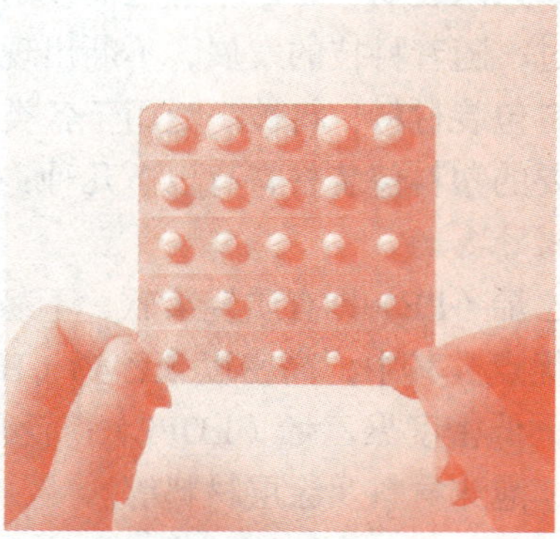
铝箔复合薄膜

图 6-3　金属包装材料

（五）玻璃和陶瓷包装材料

玻璃和陶瓷均是以硅酸盐为主要成分的无机材料。玻璃和陶瓷作为包装材料有较深的渊源，目前仍是现代包装的重要材料。

1. 玻璃包装材料

玻璃以其优良特性和不断进步的制造技术，仍能适应现代包装发展的需要，其具有化学性能稳定、密封性优良、透明性高、可回收利用、价格低廉等优点，当然也存在诸如耐冲击强度低、碰撞时易破碎、易造成人身伤害、运输成本高、能耗大等缺点。随着工业技术的进步，人们对玻璃进行改进处理，玻璃的强化、轻量化技术以及复合技术已经有了一定的发展，这增强了玻璃对包装的适应性，扩大了玻璃在包装工业中的运用范围。

玻璃主要用来制造销售包装容器，如玻璃瓶、玻璃罐（见图 6-4），广泛运用于酒水饮料、罐头食品、调味品、药品、化妆品、化学试剂、文化用品等的包装。此外，玻璃也用于制造大型运输包装容器，用来装运强酸类产品。

酒瓶

香水瓶

图 6-4　玻璃包装材料

2. 陶瓷包装材料

陶瓷的化学稳定性和热稳定性俱佳，耐酸碱腐蚀，遮光性优异，密封性好，成本低廉，可以制作成缸、罐、坛、瓶等多种包装容器，广泛用于包装各种发酵食品、酱菜、腌菜、咸菜、调味品、蛋制品及化工原料等。陶瓷也可以作为酒类和其他饮料的包装容器，其结构造型多样，古朴典雅，色彩丰富，图案及装潢美观，特别适合作为高级名酒的包装材料。

三、包装跟单常见工作要点

（一）采用工厂自己的包装时的工作要点

如果采用工厂自己的包装，一定要注意和客户确认内、外包装的尺寸、毛/净重、唛头等。

微课视频

出口包装的检查

（二）采用客户提供的包装设计时的工作要点

如果是客户提供的包装设计，外贸公司需要在印刷稿印刷完成后拍照给客户确认，没问题再进行包装材料的采购。

（三）核实客户提供的包装资料是否齐全

产品从中国出口到外国需要长途运输，多种方式的运输使得外贸出口对包装的要求比较高。

1. 内包装

内包装比较常用的是 PE 可回收环保塑料袋（PVC 塑料袋在欧美等发达国家是禁止使用的），塑料袋的厚度不小于 6 丝（1 丝 = 0.01mm），然后装入内盒。出口用塑料袋一般要打孔，每侧打一个，直径 5mm。另外，要在塑料袋上面印刷警告语“PLASTIC BAGS CAN BE DANGEROUS. TO AVOID DANGER OF SUFFOCATION，KEEP THIS BAG AWAY FROM BABIES AND CHILDREN”，以防止儿童将塑料袋套在头上发生危险。

塑料袋上要有表明所用塑料种类的三角形环保标志（见图 6－5）。

图 6－5 三角形环保标志

2. 内盒

内盒一般是客户摆上货架销售的包装，英文为 Inner Box 或 Gift Box。

3. 标签、条形码

有的客户为了产品能够直接上架，往往要求在包装的时候打印或贴上标签、条形码甚至价格。因此在印刷完成后，应测试是否可以用条形码扫描器读出数据。

4. 说明书

许多出口产品附有说明书，外贸跟单员需要自行核对印刷是否有误，确认准确无误再发给客户确认，客户确认没问题，即可批量印刷生产。

5. 外箱

为了更好地保护产品，出口产品的外箱一般采用五层瓦楞或七层瓦楞纸箱。

6. 封箱

客户一般会要求用胶带进行“工”字形封口，注意封箱时不能出现空箱或过度包装。为了确保包装牢固，出口商可采用以下办法对包装进行检查：

（1）摔箱测试：1 角 3 边 6 面，总共摔 10 次，一般是从 1 米的高度自由落体试摔。摔完 10 次后观察外箱是否摔坏，检验产品有无受损。

（2）外箱跌落测试：外箱跌落测试时的重量及对应高度如表 6－4 所示。

表 6－4　外箱跌落测试

重量	对应高度
0 ～ 9.5 千克	76.2 厘米
9.5 ～ 18.5 千克	60.9 厘米
18.5 ～ 27.5 千克	46 厘米
27.5 ～ 45 千克	30 厘米
45 ～ 67 千克	20 厘米

7. 唛头

微课视频

刷唛操作

唛头也称运输标志（Shipping Marks）。它是一种识别标志，由一个简单的几何图形和一些字母、数字及简单的文字组成。按国际标准化组织的建议，唛头应包括四项内容：

（1）收、发货人名称的英文缩写（代号）或简称；

（2）参考号（如订单号、发票号、运单号码、信用证号码）；

（3）目的地（港）；

（4）件号。

例如，某唛头的含义如下：

KKK——收、发货人名称

L/C：DC789——信用证号码

TOKYO——目的港

No.1-120——件号（顺序号和总件数）

运输标志的涂刷位置，应该在包装箱（外箱）的两个对称面上，也称为“正唛”（Front Mark）或“主唛”（Main Mark）；另外两个对称面则涂刷包装的体积，产品的毛重、净重、产地等内容，称为“侧唛”（Side Mark）（见图 6－6）。

除国际标准化组织的建议外，区别正唛和侧唛并没有明确统一的标准。需要指出的是，在发票、装箱单、提单（运单）、许可证、产地证、保险单等单据中显示的是正唛而不是侧唛。

G. W.：12KGS
N. W.：11KGS
MEAS.：58CM×40CM×40CM
MADE IN CHINA

图 6－6　侧唛

唛头内容如果客户有要求，则按照客户要求的内容刷制；如果客户没有要求，则由出口商自行设计。关于刷唛的操作，出口企业外贸跟单员还需要注意以下几个方面：

（1）在实务中，侧唛一般由出口商自行设计，除非合同或信用证中有专门规定；

（2）若合同或信用证中没有写明具体的正唛，则出口商可以选择“No Mark”或“N/M”来表示无正唛，或自行设计一个具体的正唛；

（3）若合同或信用证规定了具体正唛，并有“仅限于……”字样，则正唛中的每一个字母、数字、排列顺序、位置、图形和特殊标注等都应按合同或信用证规定的原样进行刷唛；

（4）若合同或信用证规定了具体的正唛内容（见图 6－7），但没有“仅限于……”等类似字样，则可以增加内容（见图 6－8），但不能删减内容（见图 6－9）。

KKK
L/C：DC789
TOKYO
No. 1

图 6－7　正唛（1）

KKK
L/C：DC789
TOKYO
No. 1-200

图 6－8　正唛（2）

KKK
L/C：DC789
TOKYO

图 6－9　正唛（3）

（5）若合同或信用证规定的正唛须用英文图形表示，如“UUU in diamond”或“UUU in triangle”或“UUU in circle”等，则应用菱形、三角形或圆形等具体图形表示，如图 6－10 所示。

图 6－10　正唛图形

四、出口包装环保要求

随着人们环保意识的逐渐增强，目前国际上许多国家和地区开展了环境标志计划。使用符合环保要求的包装材料是出口包装的发展方向。外贸跟单员在进行出口包装时，需要掌握进口国的有关包装的环保要求。例如：欧洲在 1992 年就完全禁止使用聚氯乙烯（PVC）包装材料；欧盟 1994 年正式颁布《包装和包装废弃物指令》（94/62/EC），严格限制包装产品中铅、镉、汞、六价铬等重金属含量；德国规定包装材料要符合“3R”原则，即可再生利用（Reuse）、可自然降解还原（Reduce）、可进行循环再生处理（Recycle）；德国正在实施的《循环经济与废物管理法》中规定商品生产者和经销者回收包装垃圾，要求容器及包装物贴绿色标志，绿色标志使用费根据包装垃圾再生利用的难易程度而定。

微课视频

出口包装的常见环保要求

（一）纸箱出口包装环保要求

纸箱表面不能上蜡、上油，也不能涂塑料、沥青等防潮材料；外箱不能有蜡纸或油质隔纸；箱体瓦楞纸板间的连接须采取黏合方式，不能用任何金属或塑料钉或夹，尽可能用胶水封箱，不能用PVC或其他塑料胶带；纸箱上所做的标记必须用水溶性颜料等。如产品须做熏蒸，外箱的四面左下角要有2mm开孔；出口至欧洲的外箱一般要印刷可循环回收标志，箱体上不能使用铁钉（扣）。

（二）塑料袋出口包装环保要求

PVC胶袋一般是禁用的；塑料袋上要有表明所用塑料种类的三角形环保标志；塑料袋上印刷“PLASTIC BAGS CAN BE DANGEROUS. TO AVOID DANGER OF SUFFOCATION, KEEP THIS BAG AWAY FROM BABIES AND CHILDREN”；塑料袋上要打孔，每侧打一个，直径5mm。

（三）木箱出口包装环保要求

机械设备出口大多需要用木质材料包装。在国际贸易中，各国为保护本国的资源，对有的进口商品实行强制的检疫制度。对于木质包装材料，出口之前需要做熏蒸处理。各国对外来木质包装要求进行熏蒸处理是为了防止病虫害而采取的一种强制措施。木质包装材料需要被强制熏蒸的做法源于欧盟在1999年6月和2001年10月起实施的针对木质包装的紧急法令。1999年6月的法令（简称1号法令）主要内容如下：木材上必须没有树皮；不能有直径大于3mm的虫蛀洞；必须对木质包装材料进行处理，使木材含水量低于20%。但该法令没有要求出具官方检疫证书，只要符合标准便可出口。2001年10月的法令（简称2号法令）则要求出具官方检疫证书（熏蒸/消毒证书），并注明木质包装材料来自非疫区。

根据我国原国家质量监督检验检疫总局①2005年第4号公告，木质包装是指用于承载、包装、铺垫、支撑、加固货物的木质材料，如木板箱、木条箱、木托盘、木框、木桶、木轴、木楔、垫木、枕木、衬木等。以下除外：经人工合成或经加热、加压等深度加工的包装用木质材料，如胶合板、刨花板、纤维板等。薄板旋切芯、锯屑、木丝、刨花等以及厚度等于或者小于6mm的木质材料。

原国家质量监督检验检疫总局2005年第4号公告通知，从2005年3月1日起，出境货物木质包装应当按照检疫除害方法实施处理后，由检验检疫部门出具出境货物木质包装除害处理合格凭证并加贴IPPC的专用标识（胶合板、刨花板、纤维板等除外）（见图6-11），方能报关出口。

图6-11中，各部分内容的含义如下：

IPPC——《国际植物保护公约》的英文缩写；

① 2018年3月，根据第十三届全国人民代表大会第一次会议批准的国务院机构改革方案，将国家质量监督检验检疫总局的职责整合，组建中华人民共和国国家市场监督管理总局；将国家质量监督检验检疫总局的出入境检验检疫管理职责和队伍划入海关总署；将国家质量监督检验检疫总局的原产地地理标志管理职责整合，重新组建中华人民共和国国家知识产权局；不再保留中华人民共和国国家质量监督检验检疫总局。

图 6－11　我国出境货物木质包装标识

CN——国际标准化组织规定的 2 个字母，代表国家编号，如“CN”就是中国编号；

000——出境货物木质包装生产企业的 3 位数登记号；

YY——除害处理方法，如溴甲烷熏蒸为“MB”，热处理为“HT”。

木质包装出口到欧盟以及美国、加拿大、澳大利亚、日本、韩国、新西兰、土耳其、墨西哥、智利、巴西、南非、菲律宾等地都必须做熏蒸。

（四）绿色环境标志

绿色环境标志是一种在产品或其包装上印制的图形。它表明该产品不但质量符合标准，而且在生产、使用、消费、处理过程中符合环保要求，对生态环境和人类健康均无损害。发展中国家的产品为了进入发达国家市场，必须提出申请，经批准后才能得到绿色环境标志。

1978 年，当时的联邦德国率先推出“蓝色天使”计划，以一种画着蓝色天使的标签作为产品达到一定生态环境标准的标志。之后发达国家纷纷效仿，在加拿大叫“环境选择”，在日本叫“生态标志”（见图 6－12）。美国于 1988 年开始实行绿色环境标志制度，由多个州联合立法，在塑料制品、包装袋、容器上使用绿色标志，甚至率先使用再生标志，以说明可回收、再生使用。欧盟于 1993 年正式推出欧洲环境标志，凡加贴此标志的货物，可在欧盟成员国间自由通行。美国食品与药品监督管理局规定，从 1995 年 6 月起，凡是出口到美国的鱼类及其制品，都必须贴上由美方证明的来自未污染水域的标签。绿色环境标志是国际贸易中的一种非关税壁垒，给发展中国家产品进入发达国家市场设置了非常大的障碍。

蓝色天使　环境选择　生态标志

图 6－12　绿色环境标志

五、包装条形码

（一）条形码的相关知识

在国际贸易中，有些国外进口商往往要求在包装时贴上条形码。条形码技术是一种自动识别技术，它是在计算机应用和实践中产生和发展起来的，大大提高了物流管理效率。与传统标志不同的是，条形码只是内装货物相关信息的代码。发货人除将条形码粘贴在货物表面外，还要将条形码和内装货物的相关信息输入计算机，并与物流公司及水运、铁路、公路货运站的计算机联网。这些货运站应用自动识别装置通过货物上的条形码获得内装货物的相关信息，并通过互联网在计算机上办理货物运输的各种业务。采用条形码这种运输包装标志，能节省大量人力，提高货物运输效率，能更准确、更安全、更快捷地将货物运到目的地，更能方便地为收货人办理货物的交接手续。

商品条形码是指由一组规则排列的条、空及其对应字符组成，用以表示一定的商品信息的符号。其中条为深色、空为浅色，用于条形码识读设备的扫描识读。其对应字符由一组阿拉伯数字组成，供人们直接识读或通过键盘向计算机输入数据使用。

目前世界上常用的码制有 EAN 条形码、UPC 条形码、二五条形码、交叉二五条形码、库德巴条形码、三九条形码和 128 条形码等，而商品上最常使用的是 EAN-13 商品条形码。

EAN-13 商品条形码又称通用商品条形码，由国际物品编码协会制定，在世界各地通用，是目前国际上使用最广泛的一种商品条形码。我国目前在国内推行使用的也是这种商品条形码。

EAN-13 商品条形码由前缀码、制造厂商代码、商品代码和校验码组成。EAN-13 商品条形码中的前缀码是用来标识国家或地区的代码，赋码权在国际物品编码协会，如 000 ～ 019、030 ～ 039、060 ～ 139 代表美国，300 ～ 379 代表法国，690 ～ 695 代表中国（不含港澳台），471 代表中国台湾，489 代表中国香港。制造厂商代码的赋码权在各个国家或地区的物品编码组织手中，在我国，由中国物品编码中心赋予制造厂商代码。商品代码是用来标识商品的代码，赋码权由产品生产企业自己行使。EAN-13 商品条形码最后用 1 位校验码来校验商品条形码中左起第 1 ～ 12 位数字代码的正确性。

以条形码 6936983800013 为例，此条形码分为 4 个部分，从左到右分别为：

第 1 ～ 3 位：共 3 位，对应该条形码的 693，是中国的国家代码之一。

第 4 ～ 8 位：共 5 位，对应该条形码的 69838，代表生产厂商代码，由厂商申请，国家分配。

第 9 ～ 12 位：共 4 位，对应该条形码的 0001，代表厂内商品代码，由厂商自行确定。

第 13 位：共 1 位，对应该条形码的 3，是校验码，依据一定的算法，由前面 12 位数字计算得到。

EAN-13 商品条形码的编码遵循唯一性原则，以保证商品条形码在全世界范围内不重复，即一个商品项目只能有一个代码，或者说一个代码只能标识一种商品项目。不同规格、不同包装、不同品种、不同价格、不同颜色的商品只能使用不同的商品条形码。

EAN-13 商品条形码的标准尺寸是 37.29mm × 26.26mm，放大倍率是 0.8 ～ 2.0。当印刷面积允许时，应选择 1.0 倍率以上的条形码，以满足识读要求。放大倍率越小的条形码，印刷精度要求越高，当印刷精度不能满足要求时，易造成条形码识读困难。

由于条形码的识读是通过条形码的条和空的颜色对比度来实现的，因此只要能够满足对比度要求的颜色都可使用。通常采用浅色作为空的颜色，如白色、橙色、黄色等，采用深色作为条的颜色，如黑色、暗绿色、深棕色等，最好的颜色搭配是黑条白空。根据条形码检测的实践经验，红色、金色、浅黄色不宜作为条的颜色，金色不能作为空的颜色。

EAN-13 商品条形码的诞生极大地方便了商品流通，现代社会已离不开 EAN-13 商品条形码。

（二）服装条形码的运用

服装企业有其行业特性，服装产品的款式、颜色、尺码组合的特点决定了其单品数量随款式的增加而呈几何级数增长。而服装销售体系又涵盖直销、批发、特许加盟等多种业态，显然，手工处理销售、物流、盘点、调配等环节的大量数据是不现实的，因此大多数服装企业在服装包装上采用服装条形码技术。由于采用条形码技术可以大大提高工作效率，不少国家和地区为了适应服装流通的需求，要求在服装包装上印刷条形码，否则不准进口。因此在国际上，服装条形码的应用已成为服装现代化包装的一项重要内容。

在我国，凡使用服装条形码的企业，一律要通过设在各地的分中心向中国物品编码中心提出申请，由中国物品编码中心统一分配企业代码。生产和经营出口服装的企业使用条形码，还须由中国物品编码中心统一向国际物品编码协会申请注册手续。

专题：外贸与中国

包装上的这个小改变，竟让销售额增长了 4 600%

美国流行色彩研究中心的一项调查研究表明，消费者在选购商品的时候存在一个“7 秒钟定律”：面对各种各样的商品，消费者只需 7 秒钟就可以确定对这些商品有没有兴趣。商品给消费者的第一印象会引起消费者对商品的兴趣，令消费者期待在功能、品质等其他方面对商品有更进一步的了解。

假如企业对商品的视觉设计敷衍了事，丢失的不单单是一份关注，更将丢失一次商机。尤其是在更替快速的饮料市场，好看又好玩的包装，不仅是免费的广告，还自带话题属性，让人不自觉地想要打卡，和别人分享。

可以看新闻的包装

2014 年，日本通讯社调查统计发现，随着互联网的发展，如今买报读报的人越来越少。于是《每日新闻》带着“怎样才能让年轻人阅读新闻报纸”的问题，想到了一个绝妙的创意：在矿泉水的包装上印上新闻内容，放到各大便利店出售。

就这样，NewsBottle 诞生了，且一经发售就极受欢迎。印着新闻的包装不但引起了大家对瓶身上文字的好奇心，还提升了矿泉水在商品货架上的辨识度。为了提升新闻的可读性，NewsBottle 在一个月内更新了 31 篇新闻，消费者每天都能购买到完全不一样的新闻包装。这一举动无疑提升了消费者的重复购买率，因此，在一个月的时间里，NewsBottle 平均在每个便利店获得了 3 000 多瓶的销量。

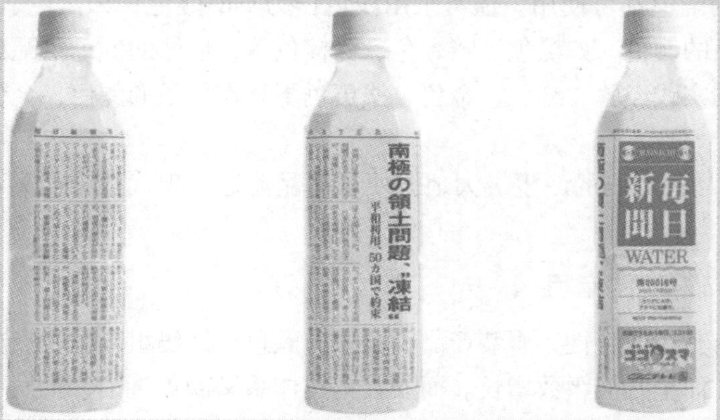

环保包装

2020 年 4 月，三得利推出了一款限定版无标签绿茶包装，瓶身包装上没有任何贴纸，只有瓶盖处一个小小的标签。这个设计一举拿下 2020 年的“JPDA 日本包装设计大赛”全场大奖。

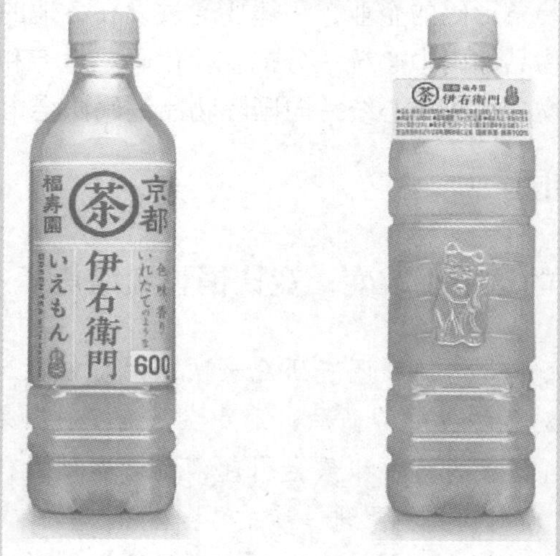

原包装　　新包装

日本的垃圾分类处理非常严格，这种包装设计不但帮助人们省去了“撕标签”这一垃圾分类处理步骤，也让生产厂家节约了成本。

光溜溜的饮料瓶尽管单调，但看起来十分通透，人们能够直接感受到青翠茶色的纯粹、清新、自然、健康。而这一改变也获得了消费者的认可，2020 年三得利绿茶销量同期对比直接增长了 50%。

这个小小的包装设计，不但在市场上获得了许多消费者的推崇，甚至还引起了一阵“无标签风潮”，越来越多的生产厂家开始在电商渠道尝试无标签的饮料包装设计。

新鲜包装

欧洲人非常喜欢喝橙汁。当地果汁生产商为了提高销量，都会以新鲜作为卖点。这时，产品包装的差异化设计就显得十分重要。但是怎样才能把一瓶平平无奇的果汁包装得与众不同呢？

法国连锁超市 Intermarché 就为自己的果汁做了一个小改变，在橙汁的包装上，用超大字号的白底黑字标注出每瓶橙汁的生产时间，橙汁新不新鲜，让人一目了然。

就是这样一个“懒人”设计，使新包装橙汁在上线当天仅用了 3 个小时就达到了 5 000 万次的媒体曝光量，上市 3 周销售额增长了 4 600%，全球到店客流增长了 25%。

如今，好玩、好看、环保越来越成为影响商品销量的重要因素，包装不再只是起着保护商品的作用，更多时候还背负着品牌营销推广的重任。对于品牌方来说，与其投入大量广告费，不如在商品包装上出力，通过创意的包装设计吸引消费者的眼光，赋予包装话题性，以此获得消费者的分享和推荐。

资料来源：博士立方．包装上的这个小改变，竟让销售额增长了 4 600%[EB/OL]．知乎，2021-01-08.

操作指导

工作任务 1　制作和下达装箱计划单

在工厂实际装箱前，外贸公司需要根据客户的要求制定装箱计划，将装箱计划单下达给工厂，工厂按照装箱计划单进行装箱。装箱计划单，简单而言就是说明出口产品的装箱数量、每箱产品数量以及明确每个外箱内产品的配置要求的单据。

SKY 公司给金苑公司下的订单中规定：“to be packed of 10pcs each per export carton，per piece in a polybag”，即 10 件装 1 箱，每件套 1 个塑料袋。订单没有规定 10 件产品如何分配，因此，外贸跟单员杨华通过电子邮件与客户进行沟通，客户要求单色单码 10 件装 1 箱，个别可以混装，但不同颜色不能混装。在收到客户的指令后，杨华对 6 080 件产品的包装制作了装箱计划单，并将之发送给工厂。萧山永新服装有限公司将 6 080 件 WJ0101 女式夹克按装箱计划单（见表 6－5）的要求进行包装。

表 6－5　装箱计划单

颜色	箱号	38#	40#	42#	44#	46#	48#
棕色	第 1 ～ 48 箱	10 件 / 箱					
棕色	第 49 箱	5 件	5 件				
棕色	第 50 ～ 97 箱		10 件 / 箱				
棕色	第 98 ～ 149 箱			10 件 / 箱			
棕色	第 150 箱			4 件	6 件		
棕色	第 151 ～ 202 箱				10 件 / 箱		
棕色	第 203 ～ 254 箱					10 件 / 箱	
棕色	第 255 箱					3 件	7 件
棕色	第 256 ～ 304 箱						10 件 / 箱
棕色 3 040 件服装共装 304 箱，其中第 49 箱、第 150 箱和第 255 箱为混码拼箱							
灰色	第 305 ～ 352 箱	10 件 / 箱					
灰色	第 353 箱	5 件	5 件				
灰色	第 354 ～ 401 箱		10 件 / 箱				
灰色	第 402 ～ 453 箱			10 件 / 箱			
灰色	第 454 箱			4 件	6 件		
灰色	第 455 ～ 506 箱				10 件 / 箱		
灰色	第 507 ～ 558 箱					10 件 / 箱	
灰色	第 559 箱					3 件	7 件
灰色	第 560 ～ 608 箱						10 件 / 箱
灰色 3 040 件服装共装 304 箱，其中第 353 箱、第 454 箱和第 559 箱为混码拼箱							
总计：6 080 件服装，共装 608 箱							

每件服装套 1 个 PE 环保塑料袋，塑料袋上需要印刷如下警告语：“PLASTIC BAGS CAN BE DANGEROUS. TO AVOID DANGER OF SUFFOCATION，KEEP THIS BAG AWAY FROM BABIES AND CHILDREN.”塑料袋上还要打孔，每侧打一个，直径 5mm。塑料袋用自粘封口塑料袋，塑料袋上需要印有产品款号及尺码大小，款号和尺码信息可以直接印刷在塑料袋右下角或使用白色标签纸。

纸箱唛头刷制如下：

正唛：

SKY

P/O No.：3356-G-11

Hamburg，Germany

Carton No.：1-up

侧唛：

brown 或 gray

每箱件数和尺码（英文）

G.W.：× ×KGS

N.W.：× ×KGS

Made in China

外包装纸箱上不可以有铁钉或铁扣（合同规定：Metal buckles and stapling are not allowed）。纸箱不需要用打包带（合同规定：Extra straps around the carton are not required）。

注意：必须按上述要求落实包装，如果因为违反包装要求引起国外客户索赔，一切责任由供应商承担。

杨华将上述装箱指令通过电子邮件的方式下达给萧山永新服装有限公司，并通过电话嘱咐工厂必须严格按照指令包装。

工作任务 2 选择合适的瓦楞纸箱

瓦楞纸箱一般由工厂采购，为了确保瓦楞纸箱品质合格，外贸跟单员杨华要求工厂在选择与购买瓦楞纸箱时与其保持沟通。2023 年 7 月 4 日，萧山永新服装有限公司来电告知杨华他们准备采用双层瓦楞纸箱。对瓦楞纸箱的具体使用，杨华不甚了解，为此他请示了业务经理。业务经理告诉杨华，一般轻便物品采用双层瓦楞纸箱没问题，但相对而言双层瓦楞纸箱不够牢固，工厂选用双层瓦楞纸箱是为了节约成本，应要求工厂改用品质更好、更牢固的三层瓦楞纸箱。

此外，为确保服装入箱后纸箱的牢固程度，杨华到萧山永新服装有限公司跟单期间会同其工作人员做了瓦楞纸箱（600mm × 450mm × 400mm，每箱毛重 10kg，净重 9kg）跌落测试。纸箱跌落测试是让装有货物的纸箱从规定的高度自由落下，查看纸箱中的货物及其包装有无损坏，从而检验纸箱的品质。

测试时需要对被测试纸箱的某一面或某一角进行测试，为此可以用数字对纸箱的每一面进行标识。

由于 10 件衣服装入纸箱后的毛重没有超过 10kg，因此杨华在做跌落测试时，在 1 米左右的高度按照“1 角 3 边 6 面”的方法做了 10 次跌落测试。结果发现纸箱没有破裂，里面的服装也完好，因此该三层瓦楞纸箱质量合格。

工作任务 3 监督工厂按照要求落实包装

杨华对服装的内、外包装都进行了仔细的核查，以确保萧山永新服装有限公司按照合同要求落实了服装的包装。

（一）内包装检查

1. 查验产品包装形式是否正确

服装的包装形式是否采用折叠包装，即衣服两袖交叉平放于胸前，然后衣服对折（合同规定：Each piece arms folded across chest and then half folded，and ensure that carton is full used，but no squashing of goods inside）。

2. 查验吊牌的挂法是否正确

吊牌是否穿过主唛（进口商在打样函中规定：Hangtag should be through the size label）。此项检验关系重大，如果出现吊牌错误，金苑公司将会损失 2% 的货款（合同规定：All the labels must be correct，otherwise we will debit the supplier 2% of purchase price）。

3. 核对纸箱内是否使用了防潮纸

使用防潮纸的目的，一是防止服装受潮，二是防止服装搭色或出现挤压痕（特别是合成面料的服装容易出现搭色或挤压痕）。金属或比较硬的服装辅料，如拉链头、纽扣等也需要用防潮纸包扎起来，因为服装可能在车、船等交通工具上滞留的时间较长，难免出现遇高温、受潮的情况。虽然在合同中，SKY 公司没有对使用防潮纸提出明确要求，但按照行业习惯以及出于对客户利益的考虑，杨华在核查和要求萧山永新服装有限公司落实包装时，要求装箱工人在箱内垫防潮纸。

4. 查验包装材料及规格是否正确

因为合同规定每件衣服必须装在一个透明塑料袋里面，因此杨华应检查衣服装入塑料袋后是否平整，封口是否松紧适宜，是否有开胶、破损现象；塑料袋的字迹、图案是否清晰，是否有脱落现象，是否与所装服装的方向一致。

（二）外包装检查

1. 瓦楞纸箱检查

作为外贸跟单员，杨华必须考虑选用的纸箱包装能否顺利通过报检报关。因为对纸箱包装的出口商品，海关在抽样、品质检验、重量鉴定、验舱监装、下厂监督检查中，同时例行对纸箱进行检查。查验包装时，以出口合同中的包装条款和有关产品标准中的包装技术条件为依据；出口合同、有关产品标准中没有规定具体包装条件的，则以国内购销合同规定的包装条件为依据。凡不符合出口合同、有关产品标准规定的纸箱包装条件，或者纸箱包装存在下列各项情况的，不予放行：（1）箱身塌陷或破烂；（2）采用黏合剂封盖或用胶带封口而未封盖封口的；（3）黏合剂或黏合带黏合力不强，易被揭开重封而不留撕痕。

因此，在选用瓦楞纸箱时，杨华重点检查并落实了以下工作：

（1）瓦楞纸箱应保持内外清洁、牢固、干燥，适于长途运输。萧山永新服装有限公司的三层瓦楞纸箱是新采购的，完全符合要求。

（2）纸箱封口时衬垫防割破材料，起到保护商品的作用。

（3）箱底、箱盖封口严密、牢固。封箱纸贴正，两侧通常下垂 10cm。

（4）装箱适度，不可出现“胖顶”（超装）或“空箱”（未装满）现象。

（5）箱体标签字体要清晰、端正，不得有任何污染。

2. 瓦楞纸箱标志检查

对于外箱的标志及字体，杨华也做了仔细的检查，因为按照合同的约定，假如唛头等标志刷制错误将会产生严重后果。因此，杨华检查了纸箱的唛头。

杨华首先查看了箱号为 1 的纸箱唛头，正唛显示如下：

SKY
P/O No.：3356-G-11
Hamburg，Germany
Carton No.：1-608

侧唛显示如下：

brown
38#：10pcs
G.W.：10kgs
N.W.：9kgs
Made in China
对照客户的订单要求和给工厂的装箱计划单，杨华判断唛头正确无误。
然后，杨华查看了箱号为 353 的纸箱唛头，正唛显示如下：
SKY
P/O No.：3356-G-11
Hamburg，Germany
Carton No.：353-608
侧唛显示如下：
gray
38#：5pcs
40#：5pcs
G.W.：10kgs
N.W.：9kgs
Made in China
对照客户的订单要求和给工厂的装箱计划单，杨华判断唛头正确无误。
杨华还查看了其他纸箱的唛头，也没有发现问题，工厂的刷唛完全符合要求。

同步训练

一、单项选择题

1. 定牌中性包装是指（　　）。
   A. 在商品本身及其包装上使用买方指定的商标 / 牌号，但不标明产地
   B. 在商品本身及其包装上使用买方指定的商标 / 牌号，且标明产地
   C. 在商品本身及其包装上不使用买方指定的商标 / 牌号，也不标明产地
   D. 在商品本身及其包装上不使用买方指定的商标 / 牌号，但标明产地
2. 在服装的装箱方法中，同一规格按一定的比例进行颜色搭配装箱的是（　　）。
   A. 单色单码装　　B. 单色混码装　　C. 混色单码装　　D. 混色混码装
3. 在包装材料中，来源丰富且无污染、可降解的绿色包装材料是（　　）。
   A. 木质包装材料　　B. 塑料包装材料
   C. 陶瓷包装材料　　D. 纸质包装材料
4. 下列包装标志的英文表达不正确的是（　　）。
   A. 易燃品（Inflammable）　　B. 爆炸品（Explosive）
   C. 保持干燥（Keep Wet）　　D. 小心轻放（Handle with Care）

5. 深圳某企业准备出口大量特色腌菜作为预制菜，海运时间预计为28天，适合选用的包装材料是（　　）。

A. 铝盒　　B. 玻璃瓶　　C. 陶罐　　D. 塑料盒

6. 发票唛头应按信用证或合同规定填制，如果信用证与合同中没有唛头要求，则发票中的唛头栏目应填写为（　　）。

A. N/M　　B. NO　　C. YES　　D. 不填

7. 以下不是木质包装材料优点的是（　　）。

A. 分布广，可以就地取材

B. 价格低廉

C. 容易加工

D. 一般无须进行任何处理即可用于出口包装

8. 若合同或信用证规定的正唛须用英文图形表示，则表示“UUU in triangle”的图形是（　　）。

A. 

B. 

C. 

D. 

9. 对于高档的西服或裘皮大衣等服装的出口，应采用（　　）包装出口。

A. 盒装　　B. 真空包装　　C. 折叠包装　　D. 挂装

10. 条形码4898769289021代表的国家或地区是（　　）。

A. 中国台湾　　B. 中国香港　　C. 美国　　D. 日本

二、判断题

1. 在出口包装材料中，木质包装材料相对于纸质包装材料、塑料包装材料强度要高，且有一定的弹性，能承受冲击和振动，适合作为沉重的产品的外包装。（　　）

2. 在纸箱包装材料中，主要依据构成瓦楞纸板的瓦楞规格、瓦楞形状和用纸层数三个方面的情况来区分。目前，全球各国对于瓦楞型号种类是统一的。（　　）

3. 纸箱上所做的标记必须用水溶性颜料，出口至欧洲的外箱一般要印刷可循环回收标志，箱体上不能使用铁钉（扣）。（　　）

4. 国际贸易中，使用最多的外包装材料是瓦楞纸箱。（　　）

5. 如果信用证对唛头做了规定，则发票上的唛头必须与信用证保持一致，但额外的内容是可以增加的。（　　）

6. 运输包装上的标志一般包括唛头、指示性标志和警告性标志。（　　）

7. 世界上常用的码制有EAN条形码、UPC条形码、二五条形码、交叉二五条形码、库德巴条形码、三九条形码和128条形码，而最常用的是UPC条件码。（　　）

8. 绿色环境标志是国际贸易中的一种非关税壁垒，给发展中国家产品进入发达国家市场设置了非常大的障碍。（　　）

9. 原国家质量监督检验检疫总局2005年第4号公告通知，从2005年3月1日起，出境货物木质包装应当按照检疫除害方法实施处理后，由检验检疫部门出具出境货物木质包装除害处理合格凭证并加贴IPPC的专用标识，方能报关出口。（　　）

10. 为确保封箱的牢固程度，一般使用摔箱测试、外箱跌落测试进行检查。(　　)

三、案例分析题

2023 年 8 月，福建 A 公司出口一批货物到加拿大，价值 23 万美元。合同规定用塑料袋包装，包装上要使用英、法两种文字的贴头。但 A 公司在实际交货时，因塑料袋没有采购到位而用了纸袋，并只使用了英文贴头。货到加拿大后，加拿大进口商为了适应当地市场的销售要求，在当地雇人重新更换了包装和贴头，随后便向 A 公司提出了索赔。A 公司以产品质量本身无瑕疵为由提出抗辩，但遭到了加拿大进口商的拒绝，最后 A 公司支付了罚金。

请分析：本案中加拿大进口商提出索赔要求是否合理？为避免类似情况发生，出口商在产品包装方面应注意哪些方面？

拓展训练

在大货生产期间，2023 年 6 月 5 日，英国客户 PRINCE 公司就产品包装发来了如表 6－6 所示的补充要求。

表 6－6　补充要求

As for the corrugated carton，therein after is our requirements：

The corrugated carton：

Must be 7-layer corrugated board export carton.

Color of the carton must be brown.

A minimum carton requirement of 200lb bursting strength.

No staples & no metal buckles.

It has corrugated boards inside top and bottom of cartons for protection to avoid damaging the goods when opening cartons.

Must be able to withstand the standard ISTA（International Safe Transit Association）drop test.

Carton tape：

Two inch wide，brown in color.

Tape should fold over corner and hang down two inches（minimum）.

Shipping marks：

Shipping marks must be printed in black and centered on front and back panel of the carton.

Main mark must include PRINCE，P/O No.，port of destination and Carton No.

Side mark must include quantity of goods in a carton，G.W.，N.W. and carton size.

Barcode sticker：

Make sure that the correct barcode stickers are attached on the correct carton. We have already sent the barcode stickers to you via DHL today.

Size	Barcode sticker
S	25289473
M	25289480
L	25289350
XL	25289660
XXL	25289210

外贸跟单员马斌的工作任务如下：

【工作任务 1】制作和下达装箱计划单。

【工作任务 2】选择合适的瓦楞纸箱（满足客户对纸箱提出的补充要求）。

【工作任务 3】监督工厂按照要求落实包装。

1. 监督工厂按照要求落实内包装

2. 监督工厂正确制作唛头

正唛：

侧唛：

项目七

出口运输跟单

知识目标

通过学习，了解出口货物的主要运输方式，掌握海运、空运的主要程序，熟悉出口货物运输的主要工作内容。

能力目标

通过学习，能协助办理出口货物的订舱运输手续，能处理与进口商指定货代的往来业务，能安排货物运输、集港等业务。

素养目标

培养严谨细致的职业规范、合作共赢的团队精神；强化沟通意识、团队协作意识和风险意识。

业务背景

2023 年 7 月 10 日，萧山永新服装有限公司将女式夹克的出货信息告知杨华，最终完成生产数量 6 080 件；产品包装纸箱尺寸 580mm × 550mm × 300mm，每箱毛重 10kg，净重 9kg。由于该款全棉女式夹克不需要办理报检，于是杨华开始着手货物出运及报关工作。交易采用的贸易术语是 FOB，由国外进口商 SKY 公司负责运输工作，但是作为出口商，金苑公司需要协助 SKY 公司办理装船运输工作。

工作任务

本笔业务采用的贸易术语是 FOB Shanghai，国际货物运输由买方 SKY 公司办理，货代也由买方指定，根据外贸订单的信息，买方指定的货代是 TRANSIT DEKEIREL AND HARDEBOLLE 公司。外贸跟单员杨华的工作任务如下：

【工作任务 1】协助办理服装出口订舱手续。

【工作任务 2】协助做好服装出口集港工作。

【工作任务 3】委托报关。

【工作任务 4】提单确认，结算费用。

知识准备

一、选择货运代理公司和询价选价

微课视频

比较运价和选择货代

（一）选择货运代理公司

外贸公司办理海上货物运输托运业务，可以选择自行办理，也可以委托货运代理公司（又称货运代理人，简称货代）办理。外贸公司通常会委托专业的货运代理公司办理，因为这样不仅可以获得专业的服务，而且可以获得更为优惠的运价。

选择货运代理公司时，外贸公司应主要权衡货运代理公司的海运报价、货代服务及公司实力等主要因素。托运化工产品、冷冻产品、食品、危险品、粉末状以及液体状物品等特殊商品时，还应了解货运代理公司是否有能力办理这些特殊商品的出口托运业务，是否能提供相应的冷冻柜、干冻柜、平板柜、开顶柜等特殊设备。此外，一流的货代应熟知航运法规，除应了解《海牙规则》《维斯比规则》《汉堡规则》外，还应适当了解货物出口地和目的地国家或地区的海运法规、港口操作习惯等；熟练操作海上货物运输单证，并确保单证制作的正确性和及时性；熟悉海关手续和港口作业流程。

（二）询价选价

向货代提供装运港、目的港、柜型、货物名称，询问运价所包含的内容以及船期、航程和是否中转，如果需要指定船公司，在询价时注明即可。

在 FOB 术语下，客户直接指定货代并请货代预订集装箱。如果客户没有直接指定货代，出口的货物体积接近一个集装箱，那么外贸公司可以直接要求货代报整箱的价格；如果货物量少，外贸公司可以直接要求货代报拼箱的价格；如果很难确定是拼箱还是整箱，外贸公司可以将详细产品名称、数量、体积、重量、港口等相关信息报给货代，让其报整箱价格和拼箱价格，最终根据产生的费用来选择拼箱还是整箱运输。

货代根据外贸公司提供的资料询价后向外贸跟单员报价，如果没有指定船公司，货代一般会给出几个船公司的价格供外贸跟单员选择。

以某公司出口一款男童裤子为例：

订单数量：10 000pcs。包装：50pcs/carton。纸箱尺寸：40cm × 30cm × 26cm。从上海港口发往国外某港口的海运费：USD1 000/20′GP，USD80/CBM。

整箱运输的单个产品运输成本计算如下：

总箱数 $= 10\,000 \div 50 = 200$（箱）

总体积 $= 200 \times (0.4 \times 0.3 \times 0.26) = 6.24$（$m^3$）

20 英尺货柜的空间有 $26m^3$ 左右，足够装下这 10 000 件男童裤子。

如果采用整箱运输，单个产品的海运费为 $1\ 000 \div 10\ 000 = 0.1$ 美元 / 件。

拼箱运输的单个产品运输成本计算如下：

单个纸箱体积 $= 0.4 \times 0.3 \times 0.26 = 0.031\ 2$（$m^3$）

单个纸箱海运费 $= 0.031\ 2 \times 80 = 2.496$（美元）

如果采用拼箱运输，单个产品的海运费为 $2.496 \div 50 = 0.05$ 美元 / 件。

通过对比该批货物的海运费发现，选择拼箱运输费用会节省一半，所以选择拼箱运输。在本例中，整批货只有 $6.24m^3$，无须计算也很容易判断应采用拼箱运输。如果在实际业务中，货物体积较大，但不到一个整箱，这时就非常有必要按照上述方法分别进行整箱运费和拼箱运费的计算和比较，最后选择价格较低的方式运输。

二、出口托运操作的注意事项

微课视频

出口托运的注意事项及工作要点

在出口货物托运流程中，需要注意以下几方面：

（一）托运要求

出口商在出口货物备妥出运前，应严格遵照出口货物买卖合同的规定向货运代理人提出货物托运要求，注意明确货物运输时间、运输方式、装运地、目的地、是否分批、能否转运等要素。

（二）托运责任人

在国际海上货物运输中，货运代理人虽然发挥了重要的作用，但其本身并不是货物运输合同的当事人，即货运代理人不是托运人。所以，有义务完成货物订舱运输的当事人依贸易术语不同而不同。在 FOB 术语下，买方有义务与承运人签订运输合同，此时出口商需要密切关注指定船舶到港时间，做好船货衔接的准备，否则，一旦出现由于出口商的原因造成的船货脱节，则出口商需要承担因此产生的滞期费、空舱费等费用。在 CIF 或 CFR 术语下，出口商负责租船订舱，安排货物运输。在这种情况下，外贸跟单员有必要认真遵照出口合同规定，向船公司提出托运申请，在指定时间、指定装运港至目的港之间安排货物运输，并且做好货物装船前的一切准备工作，包括货物检验、领取出口证明、报关、装箱等环节。

（三）托运单据要求

在委托货运代理人代为租船订舱的情况下，外贸跟单员要明确托运单上托运人、收货人、通知人、货物信息等相关内容，因为托运单是货运代理人向船公司订舱时的依据，其内容应该与装船后签发的提单上的相关内容一致，所以出口商向货运代理人提出货运委托要求时，务必认真核对托运单上的相关信息，确保信息无误，方可避免装船后改单的麻烦出现。

（四）装船时间要求

装船时间是托运业务中重要的内容，是外贸跟单员必须认真对待的要素。

首先，装船时间必须符合出口合同与信用证的相关规定，否则，卖方将承担违约责任，且信用证项下货款将被拒付。

其次，依据合同规定或信用证要求订舱后，装船时间到来之前，外贸跟单员需要留出足够的时间办理货物的商检、报关等手续。

最后，订舱完成后，承运人通常都会通知托运人货物集港的日期。外贸跟单员要注意在规定的时间内务必保证货物到达港区，交给指定的仓库收货。如果可能，可以略早于规定时间，尤其在运输旺季到来时，不按照规定集港，很有可能造成不必要的麻烦。

（五）集装箱提取与交付要求

在集装箱运输中，集装箱空箱的提取与重箱的交付需要业务人员做好衔接准备工作。空箱提取根据货物运输方式分为整箱货提取与拼箱货提取。如果出口货物采取整箱运输的方式，出口商可以自行向船公司箱管部门申请设备交接单，从空箱堆场提取空箱至出口商仓库；也可以委托货代代为提箱并送至出口商仓库，完成货物的装箱。拼箱运输时，一般情况下，由出口商将货物运至货代指定的货运站，而由货代负责从空箱堆场提回空箱装货、封存。重箱的交付在货物装箱、封存后，由出口商或货运代理人将重箱按照港区规定的时间交至码头堆场，由码头堆场签发场站收据给托运人。

如果出口商采用集装箱运输，则需要与货代协商空箱提取责任、空箱交付的时间与地点、重箱装箱责任、重箱交付责任、重箱交付的时间与地点等。

（六）承运人责任起讫

根据我国《海关法》的相关规定，在海上货物运输中，承运人的责任期间因运输货物属件杂货或集装箱货物而不同。在件杂货运输中，承运人的责任起讫期间为“船至船”，即承运人自货物装上船起至卸下船止承担货物灭失、毁损等责任；而在集装箱货物运输中，承运人的责任起讫期间为自接收货物时起至交付货物时止，所以自出口商在码头堆场将货物交付承运人时起，承运人便开始承担货物运输责任。

三、海洋运输操作流程

微课视频

海运出口托运业务流程

国际贸易采用的运输方式主要有海洋运输、航空运输、铁路运输、公路运输等，其中以海洋运输最为常见。掌握各种运输方式的特点、业务流程等，对外贸跟单员而言是必要的，这可以帮助外贸跟单员在办理各种类型的外贸业务时，运用好各种运输方式，将货物及时、准确地交付客户。下面以海洋运输为主来阐述出口货物运输环节的操作流程。

地球表面 70% 被海洋覆盖，海洋运输借助天然航道进行，不受道路、轨道的限制，通过能力强，载运量大，运费低廉，且现代海上货物运输由于具备专业化、大型化、高速化的特点，因此成为国际货物运输最主要的方式。在国际贸易货物总量中，约有 2/3 是通过海洋运输的。目前在国际海上货物运输中，集装箱运输被广泛采用，是海洋运输的重要工具。

外贸跟单员在进行外贸出口运输跟单时，应该对海洋运输的主要流程有全面的了解。在不同的贸易术语下，运输跟单的内容不同，凡以 CIF 和 CFR 条件签订的出口合同，皆由卖方安排运输。这里以 CIF 术语为例介绍海洋运输的主要流程。

（一）委托代理

在集装箱班轮货物运输中，出口商一般委托货运代理人办理有关货物运输的手续。货运代理关系的建立通常由出口商提出委托代理要求，货代公司接受委托，双方就委托事项达成一致，通常会以书面的“货运代理委托书”的形式证明双方的委托代理关系。

在委托代理这一环节，在 CIF、CFR 术语下通常都是由出口商选择货代公司，签订委托代理协议，货代公司为出口商办理货物运输相关手续，待货物装船后将船公司提单交给出口商办理交单结汇，这种方式风险相对较小。在 FOB 术语下通常是由进口商指定货代公司办理租船订舱手续，在这种情况下，出口商应该与进口商指定货代公司签订代理协议，约定在出口商确定货款收妥前货代公司应该保证物权凭证的安全，不得未经出口商同意将提单交给进口商，这样才有可能降低 FOB 条件下无单放货的风险。

（二）订舱

货代公司在接受委托后，应根据委托人出具的订舱委托书的指示办理订舱手续。托运人在填写订舱委托书时，要注意根据交易情况准确填写以下项目：

（1）运输期限：根据合同或信用证要求准确填写运输期限。通常出口商不会指定船公司，货代在接受委托时要考虑不同船公司某一航线的船期不同，根据客户要求的船期安排订舱。

（2）运费与付款方式：贸易术语不同，海运费的支付方式也不同，CIF 术语下运费一般为预付，FOB 术语下则为到付。

（3）当事人信息：发货人（Shipper）、收货人（Consignee）、通知人（Notify Party）三栏的内容应与最终签发的提单相同，所以需要认真核对。

（4）装运信息：包括装货港（Port of Loading）、卸货港（Port of Discharge）、目的港（Port of Destination）、箱型、箱量等。

（5）货物信息：包括货物描述（件数、毛重、品名、尺码）等。

货代公司通常会填写托运单，在货物出运前一定时间内向船公司提出订舱要求。船公司或其代理人在决定是否接受发货人的托运申请时，通常会考虑航线、船舶、运输要求、港口条件、运输时间等方面能否满足要求。船方一旦接受订舱，就会在托运单上加注拟订船名、航次、预计离港时间等信息，船公司确认后会将配舱回单及托运单其他各联返还货代公司以备装货使用。

（三）货物集港

货代公司在订妥舱位后，会及时将舱位信息通知出口商。目前货代公司提供的集装箱装货方式有场装与拖装两种，即内装箱与门到门两种。场装（内装箱）是指客户将货物送到指定堆场装箱；拖装（门到门）是指货代公司指定拖车公司将集装箱拖到客户指定地点装货。

如果是集装箱整箱运输，出口商通常会选择要求货代公司提供门到门服务，由货代公司指定车队前往出口商所在地安排装箱。车队会首先前往船公司指定堆场提取空箱，验箱合格后，将空箱拖至出口商指定装箱地点装货，并将重箱运至指定港区待运。

如果是集装箱拼箱运输，货代公司通常要求出口商在规定的时间内将符合装船条件的出口货物发运到港区内指定的仓库或货场，以待装船。在这种情况下，出口商需要自行联系车队或由生产厂商自有运输车辆将待装货物在指定时间运至指定仓库。一旦出现货物未按指定时间进港，则有可能影响货物出口报关、装船等一系列环节，给出口交易的顺利履行带来困难。

（四）出口报关和装船

货物集港后，发货单位必须备妥出口货物报关单、发票、装货单、装箱单（或磅码单）及其他有关单证向海关申报出口。出口商也可以将报关事宜委托货代公司或专门的报关行代为办理。海关人员对货物查验合格后，在装货单上加盖放行章方可装船。如果海关人员发现货物不符合出口要求，则不予放行，直到符合要求为止。

海关查验放行后，出口商或其指定货代公司应与港务部门和理货人员联系，做好装船前的准备和交接工作。发货单位的现场工作人员应严格按照港口的规章与港方办妥交接手续，做好现场记录，以便划清船、港、货三方面的责任。在办理交接过程中，如货物数量短少或包装破损、污染等，应由发货单位补齐、换货、修理或更换包装。

在装船过程中，出口商最好派人监装，随时掌握装船情况和处理装船过程中发生的问题。对舱容紧、配货多的船只，应联系港方和船方配合，合理装载以充分利用舱容，防止货物被退关。若舱位确定不足，应安排快到期的急运货物优先装船；对必须退关的货物，应及时联系有关单位设法处理。

（五）投保

在出口货物运输环节，出口货物运输投保是关键的一环。在 CIF 术语下，由出口商负责办理出口货物运输保险。外贸跟单员应该注意的是，出口货物运输保险单应该在货物运输开始时生效。一般出口商与保险公司会签订预约保险合同，当货物装船后，预约保险合同自动生效。在 FOB 术语下，出口商需要在装船时发出装船通知，由国外进口商自行办理出口货物运输保险。因此，发货人应及时发出装船通知，如因发货人延迟或没有发出装船通知，致使收货人不能及时或没有投保而造成损失，发货人应承担责任。如由发货人负责投保，一般应在船舶配妥后即予投保。

（六）结算费用

船公司为正确核收运费，一般会在出口货物集中于港区仓库或库场后申请海关对其进行测量。对需要预付运费的出口货物，船公司或其代理人必须在收取运费后签给托运人运费预付提单。如属到付运费货物，则在提单上注明运费到付，其运费由船公司卸货港代理在收货人提货前向收货人收取。

（七）换取提单

出口商在结算海运费及港口相关杂费后，应该请货代公司尽早签发提单。外贸跟单员要注意提醒外贸业务员仔细审核提单各项内容是否准确，是否与信用证或合同要求一致。如果不一致，务必要求船公司进行修改，以免耽误交单结汇。

本步骤一般存在提单确认和提单签发两个环节。

1. 提单确认

货物报关后，货代会把提单确认件传真给发货人，发货人根据提单上显示的内容与自己实际出货情况及信用证条款（如果采用信用证结算）进行核对，包括数量、重量、体积、品名、唛头、运费条件、买卖双方的名称等。发货人若发现提单确认件存在与实际出货和信用证不符的情况，应及时告诉货代。修改后，货代会将修改文件传真给发货人。直到提单完全正确，才能签发正本提单。

船开之后，就没有做提单确认的必要了，因为那时候船公司已经将开船之前的提单信息传给目的港，如果再修改，船公司将会对每票提单收取一定的费用。

申请修改提单，除缴纳改单费之外，船公司还要求出口商提交提单更改保函。各个公司的提单更改保函格式不一样，船公司会将提单更改保函发给货代，货代会将其发给发货人，然后先由发货人盖好公章，将正本寄给货代，货代再盖章，寄给船公司。

不做提单确认，不但会引起以上这些修改费用，而且如果错误提单没有修改直接到港让收货人提货，真正的收货人可能会提不到货。此外，不做提单确认会造成延误，在目的港会产生滞留费用、码头费用，且很可能会引起进口商的索赔。所以提单确认对收货人和发货人来说都非常重要。

2. 提单签发

确认无误后，船公司或货代就会签发正本提单给发货人。船公司签发的提单称为船东提单（MB/L），货代提单（HB/L）的签发人其实是无船承运人。

在我国，货运代理人是商务部批准的企业，而无船承运人是交通运输部承认的一种资格。货运代理人只要具备交通运输部承认的无船承运人资格，就可以以货运代理人的身份或者无船承运人的身份进行操作。所以，简单来说，无船承运人肯定是货运代理人；但反过来，货运代理人不一定是无船承运人。

货运代理人与无船承运人的比较如表 7－1 所示。

表 7－1 货运代理人与无船承运人的比较

内容	货运代理人	无船承运人
与托运人的关系	受托方与委托方	承运人与托运人
与收货人的关系	不存在任何关系	提单签发人
法律地位	委托方的代理人	是一种特殊的承运人
相关费用计收	佣金	收取运费或赚取差价
提单签发	不能签发提单	能签发提单
法律关系	委托代理关系	双重关系

船东提单和货代提单（无船承运人提单）存在如下差别：

船东提单是船公司出具的提单，只要有船东提单，任何提单持有人都可以在目的港直接向船公司提货。货代提单是货运代理人（其实是无船承运人）基于船东提单出具的提单，需要再向目的港的指定代理换取船东提单才能办理提货。

如果出口货物不是整箱货而是零散的拼箱货，就只能出货代提单，因为船公司是不会帮货主拼箱的，更不可能因为集装箱里的货有多个货主而出多份提单，所以拼箱情况下只能是货代提单。货代提单在页面右下角标有“as agent of carrier”字样，船东提单则标有“as carrier”字样。

一般提单都是出正本提单，但是如果货款已经全部收到，客户同意的话，可以直接出电放提单。电放是电报放货的简称。在电放提单方式下，承运人会通知目的港代理，允许收货人凭加盖“正本”公章的提单复印件和保函换单提货。船公司和货代为了免责，一般要求出口商出具电放保函，先由出口商出电放保函给货代，货代再出电放保函给船公司。这种情况下，提单表面往往会标有“telex release”或“surrender”字样。

提单的种类，除按出单人身份分为船东提单和货代提单外，从不同角度可做以下分类：

（1）根据货物是否装船，提单可分为已装船提单（Shipped B/L）和收货待运提单（Received for shipment B/L）。收货待运提单上加注“已装船”标记后，即成为已装船提单。

（2）根据提单上对货物外表状况有无不良批注，提单可分为清洁提单和不清洁提单。在国际贸易结算中，银行只接受清洁提单，即承运人未在其上批注货物外表状况有任何不良情况的提单。

（3）根据提单“收货人”栏内的书写内容，提单可分为记名提单和指示提单。记名提单上，该栏记载特定收货人名称，只能由该收货人提货，不能转让。指示提单又分为不记名指示提单和记名指示提单。不记名指示提单仅填写“To order”（凭指示），只有由托运人背书后才能转让，又称“空白抬头”。记名指示提单填写“To the order of...”（凭……指示），省略部分即为具体的指示人（通常为受托银行），提单由其背书后可以转让。

（4）根据船舶运营方式的不同，提单可分为班轮提单和租船提单。班轮提单上载明运输合同的条款，船货双方受其约束。租船提单则受另行制定的租船合同约束，故在使用租船提单时，往往要提供租船合同副本。

四、海洋运输主要费用

出口商在海洋运输环节将发生一系列的费用，根据发生环节的不同，可以将这些费用划分为承运人费用与货代费用两类。

（一）承运人费用

承运人费用是指在出口货物海洋运输中的承运人，即船公司收取的各项费用，主要包括运费、运输附加费与操作费用三种。

1. 运费

不同的船公司根据航线、运输季节不同会定期调整运价表。各船公司的运价水平均可以通过船公司网页查询，或通过其船代查询，当然，更多的时候出口商会通过货代公司报价。因为通常船公司只承运整箱货，当出口商的货量不足选择拼箱时，通常通过货代公司拼箱，所以价格通常由货代公司提供。

2. 运输附加费

由于运价水平变化不宜过于频繁，因此承运人通过各类附加费的征收与解除来调整运价水平。主要的海洋运输附加费如表 7－2 所示。

表 7－2　海洋运输附加费种类

序号	附加费			附加费含义
	中文名称	英文名称	英文名称缩写	
1	燃油附加费	Bunker Adjustment Factor	BAF	由于燃油价格上涨，船公司在不调整原定运价的前提下，为补偿燃油费用的增加而加收的附加费
		Bunker Surcharge	BS	
		Fuel Adjustment Factor	FAF	
2	码头操作费（吊柜费）	Terminal Handling Charge/Loading	THC/L	码头操作费是船公司在目的港向货主收取的卸货费用，关于这一费用争议较大，因为班轮运输中卸货费用应由船公司承担
3	码头操作费（卸柜费）	Terminal Handling Charge/Discharge	THC/D	
4	旺季附加费	Peak Season Surcharge	PSS	每年运输旺季时，船公司根据运输供求关系状况而加收的附加费
5	超长附加费	Overlength Surcharge	OLS	单件货物的外部尺寸超过规定标准时加收的附加费，一般单件货物长度超过 9m 时加收超长附加费，每转船一次加收一次
6	超重附加费	Overweight Surcharge	OWS	单件货物的毛重超过规定重量时加收的附加费，一般单件货物重量超过 5mt 时加收超重附加费，每转船一次加收一次。货物既超长又超重时，两者取高者计收
7	货币贬值附加费	Currency Adjustment Factor	CAF	由于国际金融市场的汇率发生变动，需要计收运费的货币贬值，因此加收附加费，其目的是弥补船公司在货币兑换过程中的汇兑损失
8	转船附加费	Transshipment Additional	TA	运输过程中货物需要转船运输时，承运人加收的附加费
9	直航附加费	Direct Additional	DA	托运人要求承运人将其货物从装货港不经转船直接运抵航线上的非基本港时加收的附加费
10	港口附加费	Port Additional	PA	由于港口装卸效率低，或港口使用费过高，或存在特殊的费用，承运人为弥补这方面的损失而加收的附加费

续表

序号	附加费			附加费含义
	中文名称	英文名称	英文名称缩写	
11	港口拥挤附加费	Port Congestion Surcharge	PCS	由于港口拥挤，船舶抵港后需要长时间停泊而产生额外的费用，为补偿船期延误损失而加收的附加费
12	选港附加费	Optional Surcharge	OS	选择港口时加收的附加费
13	绕航附加费	Deviation Surcharge	DS	因战争、自然灾害等原因导致绕航时加收的附加费

3. 操作费用

船公司根据操作环节设置相关的操作费用，主要的操作费用如表 7－3 所示。

表 7－3　船公司操作费用

序号	费用		含义
	中文名称	英文名称	
1	单证费	Documentation Fee	船公司制作、签发提单的费用
2	装船指示改单费	SI Amendment Fee	更改装船指示的费用
3	提单改单费	Bill Amendment Fee	提单签发后更改需要支付的费用
4	目的地变更费	Administration Fee for Change of Destination	船舶启运后发货人更改目的地需要支付的费用
5	电放费	Telex Release Fee	发货人要求采用电放时需要支付的费用
6	封箱费	Seal Fee	集装箱整箱封箱的费用

（二）货代费用

货代费用主要涉及货代公司为出口商提供专门服务所收取的费用。上文提到的船公司操作费用也多数由货代公司代收，转交船公司。

货代公司收取的主要费用包括订舱费、报关费、签单费、货代操作费等。这些费用各货代公司的收取标准有所不同，但随着市场竞争的日益增强，各货代公司的收费水平也日益透明。不过，还是建议出口商在选择货代公司时掌握大体收费标准，以免支付额外的费用。

五、海洋运输主要单据

海洋运输中出现的运输单据种类较多，出口商主要接触的运输单据包括订舱委托书、托运单、海运提单等。

（一）订舱委托书

订舱委托书（Booking Note，B/N）通常是出口商委托货代办理订舱事宜时填写的单据，用以明确订舱的要求，包括需订舱货物的基本信息、运输期限、装运港、目的港、托运人、收货人及通知人等信息。因为订舱委托书是货代制作托运单的依据，所以出口商在填写订舱委托书时要确保所填信息的准确性。在实践操作过程中，也存在出口商以出口货物明细单来代替订舱委托书的情况，这种情况一般出现在长期合作的出口商与货代之间。

（二）托运单

托运单（Shipping Note，S/N）是托运人根据贸易合同和信用证条款内容填制的，托运人向承运人或其代理人办理货物托运的单据。承运人根据托运单内容，并结合船舶的航线、挂靠港、船期和舱位等条件综合考虑，认为合适后，即接受托运。

目前海运基本采用集装箱方式。集装箱运输的托运单通常又称为十联单，各联信息如下：

第一联：货主留底（货主缮制并留存）。

第二联：船代留底（船代据以缮制载货清单，船公司据以编制预配图）。

第三联：运费通知 1（船代用）。

第四联：运费通知 2（货代向发货人结算用）。

第五联：装货单（又称场站收据副本或关单）。

第六联：场站收据副本大副联（理货公司留存）。

第七联：场站收据正本（又称收货单或大副收据，船代凭此联签发提单）。

第八联：货代留底。

第九联：配舱回单 1（交还发货人或货代，由其缮制提单）。

第十联：配舱回单 2（根据此联批注修改提单）。

（三）海运提单

海运提单（Bill of Lading，B/L）是承运人或其代理人收到货物后所签发的货物收据（Receipt of Goods）；提单是物权凭证，代表所载货物的所有权，也是承运人所签署的运输契约的证明。

六、其他货物运输方式

（一）航空运输

1. 航空运输的特点

航空运输有其自身特有的优势，也有不足，主要表现在以下方面：

（1）运送速度快。航空运输采用飞机作为运输工具，其速度在每小时 600 ～ 800 千米，与其他交通工具相比速度快得多。正是由于这一特点，航空运输满足了一些特殊商品如海鲜、活动物等的运输需求。

（2）破损率低、安全性好。航空运输对地面操作流程的控制比较严格，这使得货物破损的情况大大降低。而且在货物运输过程中，飞机飞行较为稳定，货物在空中受损的可能性较小，更好地保护了运输货物。

（3）空间跨度大。在有限的时间内，飞机的空间跨度是最大的。这也是航空运输优势的又一体现。

（4）可节省生产企业的相关费用。航空运输的快捷性可加快生产企业的产品流通速度，减少其仓储费、保险费和利息支出等。产品的流通速度加快，企业资金周转速度提高，可大大增加资金的利用率。同时，由于航空运输对货物的保护性较好，还可以节省货物包装的部分成本。

（5）运价比较高。由于技术要求高、运输成本高等，因此航空运输的运价水平较高，有时候很可能是海运价格的10倍甚至更高。

（6）载量有限。鉴于飞机本身的载重、容积限制，航空运输的货运量相对于海洋运输来说比较有限。

（7）易受天气影响。航空运输受天气的影响较大，遇到恶劣天气，航班很可能会延迟甚至取消。

2. 航空运输的流程

（1）委托代理。航空货运代理公司与出口单位（发货人）就出口货物运输事宜达成协议后，可以向发货人提供国际货物托运书作为委托书。委托书由发货人填写并加盖公章，并作为委托和接受委托的依据。对于长期出口或出口货量大的单位，航空货运代理公司一般都与之签订长期的代理协议。

（2）订舱。订舱就是向航空公司申请运输并预订舱位的行为。货物订舱需要根据发货人的要求和货物本身的特点进行。一般来说，紧急物资、鲜货易腐物品、危险物品、贵重物品等，应尽量预订直达航班的舱位；非紧急货物，可以预订转运航班的舱位（运费相对低廉）。

航空货运代理公司在订舱时，应在订舱单上写明货物的名称、体积、重量、件数、包装种类、目的港及要求出运的时间等，以便航空公司根据实际情况安排航班和舱位；同时，可按照发货人的要求选择最佳航线和最理想的承运人（即航空公司），并为其争取最合理的运价。

订妥舱位后，航空货运代理公司应及时通知发货人备单、备货。

（3）接单接货。接单就是航空货运代理公司在订妥舱位后，从发货人手中接过货物出口所需的一切单证，主要是报关单证。接货是指航空货运代理公司与发货人进行空运出口货物的交接，并将货物储存于海关监管仓库或场所。

接货一般与接单同时进行。对于通过空运出境的货物，航空货运代理公司可按照发货人提供的运单号、航班号及接货地点、接货日期，代其提取货物。如果货物已在启运地办理了出口报关手续，发货人应同时提供启运地海关的关封。

航空货运代理公司在接货时应根据发票和装箱单清点货物，核对货物的数量、品名、合同号或唛头等是否与货运单据上所列一致，检查货物外包装是否符合运输要求、有无残损等，然后与发货人办理交接手续。

货物可先进入航空货运代理公司的海关监管仓库，或者直接进入航空公司为其提供地面服务的机场货运站的海关监管仓库。

（4）制单。制单就是缮制航空货运单。航空货运单包括总运单和分运单。

缮制航空货运单是空运出口业务中最重要的环节之一。运单填写正确与否，直接关系到货物能否及时、准确地运达目的地，因此必须详细、准确地填写各项内容。

填写航空货运单的主要依据是发货人提供的国际货物托运书。托运书上的各项内容都应体现在航空货运单上，如发货人和收货人的全称、详细地址、电话、传真、联系人、电子信箱，出口货物的名称、件数、重量、体积、包装方式，承运人和代理人的名称，城市名称，始发港和目的港等。

除托运书的内容之外，航空货运单上还要注明航班号和日期、运单号、运价类别、运费等内容。

（5）报检报关。根据出口商品的种类和性质，按照进出口国家或地区的有关规定，海关进行商品检验、卫生检验、动植物检验等。自2018年4月20日起我国正式实施“关检合一”政策，原国家质量监督检验检疫总局的出入境检验检疫管理职责和队伍划入海关总署。因此从2018年4月20日开始，出口企业只需到海关就可以完成出口报检报关手续。

出口报关是指发货人或其代理人在发运货物之前，向出境地海关办理出口手续的过程。发货人自己或委托报关行、货代公司首先将出口货物报关单的各项内容输入计算机，即计算机预录入；然后在计算机打印的报关单上加盖报关单位的报关专用章，并将报关单与发票、装箱单、航空货运单及根据贸易性质或货物种类所需的其他证明文件，一起由持有报关员证的报关员递交给海关，办理申报手续；海关审单无误后，海关人员即在总运单正本上加盖放行章，同时在出口报关单（手册核销或出口退税）上加盖海关验讫章。

（6）交接。交接是指航空货运代理公司按预订舱位的航班时间，根据航空公司的规定，向航空公司或机场货运站交单、交货。交单就是将随机单据和应由承运人留存的单据交给航空公司。随机单据包括第三联航空货运单正本、分运单（如有）、发票、装箱单、产地证书、品质鉴定书、出口商品配额等。交货是指航空货运代理公司同航空公司或机场货运站办理与单据相符的货物的交接手续。航空货运代理公司在交货之前必须粘贴或拴挂货物标签，核对、清点货物，缮制货物交接清单。机场货运站审单验货后，在交接清单上签收。

（7）出运。货物按预订航班出运。

（8）费用结算。费用结算主要涉及发货人、承运人和国外代理人三方面。与发货人结算费用，即航空货运代理公司向发货人收取航空运费（在运费预付的情况下），同时收取地面操作费以及各种服务费和手续费。与承运人结算费用，即航空货运代理公司向承运人支付航空运费，同时向其收取代理佣金。与国外代理人结算费用，主要涉及航空货运代理公司付运费和手续费。

（9）信息传递。航空货运代理公司在发运货物后，应及时将发运信息传递给发货人，向其提供航班号、运单号和出运日期等，并随时提供货物在运输过程中的准确信息。与此同时，航空货运代理公司应将盖有海关验讫章的出口货物报关单、海关核发的加工贸易手册、出口商品配额等单据，寄送发货人。

对于集中托运的货物，航空货运代理公司还应将发运信息预报收货人所在地的国外代理人，以便其及时查询、接货、分拨处理。

（二）铁路运输

铁路运输是使用铁路列车运送货物的一种运输方式。铁路运输主要承担长距离、大数量的货运。铁路运输的优点是速度快，载运量大，运输成本较低，运输不大受自然条件限制；主要缺点是灵活性差，只能在固定线路上实现运输，需要与其他运输手段相配合和衔接。在国际货物运输中，国际铁路联运也发挥着重要的作用。

国际铁路联运是使用一份统一的国际联运票据，无须发货人与收货人参加，由铁路部门负责办理两个或两个以上国家或地区铁路全程运送的货物运输方式。

1. 国际铁路联运的特点

（1）涉及国家多。凡是办理国际铁路联运的，都要涉及两个或两个以上的国家或地区，还有可能涵盖《国际铁路货物联运协定》与《国际铁路货物运送公约》覆盖下的不同国家。

（2）要求高。由于国际铁路联运参与国家或地区多，涉及多个国家或地区的铁路、车站和国境站，这就要求每批货物的办理高标准、严要求，否则极易造成货损、货差、延迟交货等运输事故。

（3）运输时间短、成本低。国际铁路联运的始发站和最终目的站大多是内陆车站，或发、收货的铁路专用线。货物从发货人的专用线或就近的车站出发，直接到达收货人的专用线或就近的车站。对内陆收、发货人来讲，国际铁路联运比海运节省时间，运输成本也比海运低。

2. 国际铁路联运的类别

国际铁路联运包括整车货物、零担货物和大吨位集装箱货物运输三种。

（1）整车货物：按一份运单托运的，按其体积或种类需要单独车辆运送的货物。下列货物只限按整车货物办理，不得按零担货物运送：

1）需要冷藏、保温或加温运输的货物；

2）根据规定应按整车办理的危险货物；

3）易污染其他货物的污秽品；

4）蜂蜜；

5）不易计数的货物；

6）未装容器的活动物（铁路部门有按零担货物运输的办法者除外）；

7）一件重量超过 2 吨，体积超过 3 立方米，或长度超过 9 米的货物（经发站确认不致影响中转站或到站装卸车作业的除外）；

8）一批重量超过 5 000 千克或一件重量不足 10 千克、体积小于 0.01 立方米的货物。

（2）零担货物：按一份运单托运的一批货物，重量不超过 5 000 千克，按其体积或种类不需要单独车辆运送的货物。

（3）大吨位集装箱货物：按一份运单托运，用大吨位集装箱运送的货物。集装箱货物运输主要是将零担货物中适合集装箱运输的货物组织装箱，其要求有：

1）必须在铁路集装箱办理站办理运输；

2）必须是适合集装箱装载运输的货物；

3）必须符合一批办理的条件；

4）由发货人、收货人分别负责装、拆箱；

5）必须由发货人确定重量。

3. 国际铁路联运操作

发货人在托运货物时，应向车站提供货物运单和运单副本，以此作为货物托运的书面申请。车站工作人员接到运单后，应认真审核，对整车货物应检查是否有批准的月度、旬度要车计划，检查货物运单各项内容是否正确。若确认可以承运，车站工作人员在运单上进行签证并写明货物应进入车站的日期和装车日期，表示接受托运。发货人按签证指定的日期将货物搬入车站或指定的货位，并经铁路部门根据货物运单的记载查对核实，认为符合《国际铁路货物联运协定》和有关规章制度的规定，车站方可予以承认。整车货物一般在装车完毕，发站在货物运单上加盖承运日期戳后即开始承运。发运零担货物，发货人在托运时不需要编制月度、旬度要车计划即可凭运单向车站申请托运。车站受理托运后，发货人应按签证指定的日期将货物搬进货场，送到指定的货位上，经查验过磅后，即交由铁路部门保管。车站工作人员将发货人托运的货物连同货物运单一同接收完毕，在货物运单上加盖承运日期戳，即表示货物业已承运。铁路部门对承运后的货物负保管、装车发运责任。

（1）货物交付：联运出口货物实际交付在接收路国境站进行。外运公司接收铁路交接的运送票据后，依据联运运单审核其附带的各种单证份数是否齐全、内容是否正确，遇有矛盾、不符等缺陷，则根据有关单证或函电通知订正、补充。

（2）报检报关：运送单据经审核无误后，海关将出口货物明细单截留三份（易腐货物截留两份），然后将有关运送单据送各联检单位审核放行。

（3）货物交接：单证手续齐备的列车出境后，交付路在邻国国境站的工作人员会同接收路工作人员共同进行票据和货物交接，依据交接单进行对照检查。交接分为一般货物铁路方交接和易腐货物贸易双方交接。

七、集装箱运输操作

集装箱运输是以集装箱为集合包装和运输单位，适合门到门交货的成组运输方式，它是成组运输的高级形态，也是国际贸易运输高度发展的必然产物。目前，集装箱运输已成为国际上普遍采用的一种重要的运输方式。

（一）集装箱运输的优点

集装箱又称“货柜”“货箱”，是一种容器，即具有一定强度和刚度的专供周转使用并便于机械操作和运输的大型货物容器，因其外形像箱子，又可集装成组货物，故称集装箱。

集装箱是用钢、铝、胶合板、玻璃钢或这些材料混合制成的。它具有坚固、密封和可以反复使用等优点，这是任何运输包装都无法比拟的。集装箱放在船上等于货舱，放在火车上等于车皮，放在卡车上等于货厢，因此无论是在单一运输方式还是在多式联运方式下，均不必中途倒箱。集装箱的内部容量较大，而且易于装满和卸空，在装卸设备配套的情况下能迅速搬运。

集装箱运输的优点如下：

（1）可露天作业、露天存放，不怕风雨，节省仓库。

（2）可节省商品包装材料，保证货物质量、数量，减少货损、货差。

（3）便于装卸作业机械化，节省劳动力和减轻劳动强度。

（4）可提高装卸速度，提高车船周转率，减轻港口拥挤度，扩大港口吞吐量。据统计，一个集装箱码头的作业量可顶 7 ～ 11 个普通码头；一台起吊设备装卸集装箱所需时间仅是装卸普通件杂货所需时间的 1/30；一艘集装箱船每小时可装卸货物 400 吨，而普通货轮每小时只能装卸货物 35 吨，每小时的装卸效率相差 10 倍以上。

（5）可减少运输环节，进行门到门运输，从而加快货运速度，缩短货物的在途时间。

（6）可减少运输开支，降低运费。一般来说，集装箱运费要比普通件杂货运费低 5% ～ 6%。

（二）集装箱的分类

集装箱的分类见表 7－4。在国际航运中，运用较多的集装箱主要是 20 英尺集装箱和 40 英尺集装箱两种。

表 7－4　集装箱的分类

分类方法	集装箱种类
按所装货物种类分	杂（干）货集装箱、散货集装箱、液体货集装箱、冷藏集装箱、挂衣集装箱、通用集装箱、罐式集装箱
按制造材料分	木集装箱、钢集装箱、铝合金集装箱、玻璃钢集装箱、不锈钢集装箱、纤维板集装箱
按结构分	折叠式集装箱、固定式集装箱（密闭集装箱、开顶集装箱、板架集装箱）
按总重分	30 吨集装箱、20 吨集装箱、10 吨集装箱、5 吨集装箱、2.5 吨集装箱
按尺寸规格分	20 英尺集装箱（20′C）、40 英尺集装箱（40′C）、40 英尺高柜集装箱（40′HC）、45 英尺集装箱（45′C）
按拥有者的身份分	货主自备集装箱、承运人自有集装箱
按 ISO 标准分	A 型集装箱、B 型集装箱、C 型集装箱

（三）集装箱的尺寸

在集装箱运输中，20 英尺集装箱是标准箱，它同时也是港口计算吞吐量和船舶大小的一个理想的度量单位，通常以 TEU（Twenty-foot Equivalent Unit）表示，意即“相当于 20 英尺集装箱”。在统计不同型号的集装箱时，一般将集装箱的长度换算成 20 英尺集装箱加以计算。在实践中，外贸跟单员要了解各种集装箱的内部尺寸及装载重量。各种集装箱的内部尺寸及装载重量如表 7－5 所示。

表 7－5　各种集装箱的内部尺寸及装载重量

集装箱规格	内部尺寸 / 米（长 × 宽 × 高）	预计可配货毛重 / 吨	预计可装体积 / 立方米
20′C	5.898 × 2.352 × 2.385	20	28
40′C	12.032 × 2.352 × 2.385	23	58
40′HC	12.032 × 2.352 × 2.698	23	68
45′C	13.58 × 2.352 × 2.698	29	86
20′C 开顶柜	5.898 × 2.32 × 2.31	20	31.5
40′C 开顶柜	12.032 × 2.352 × 2.33	30.4	65
20′C 平底货柜	5.85 × 2.23 × 2.15	23	28
40′C 平底货柜	12.05 × 2.12 × 1.96	36	50

注：（1）“HC”为“High Container”或“High Cubic”的缩写，在实际工作中，也有写成“HQ”的，其中字母“Q”为“Cubic Meter”的谐音。（2）立方米“Cubic Meter”有两种表达形式：m^3 和 CBM。（3）数据均为大概数据。

（四）集装箱的装箱方式

微课视频

集装箱的装箱方式

按照集装箱内货物是否属于同一托运人来分，集装箱运输包括整箱（Full Container Load，FCL）运输和拼箱（Less Container Load，LCL）运输两种类型。整箱运输是由货主在工厂或仓库进行装箱，货物装箱后直接运至集装箱堆场（Container Yard，CY）等待装运。货到目的港（地）后，收货人可直接从目的港（地）集装箱堆场提走，即“场到场”方式。拼箱运输是指由于货量不足一整箱，因此需由承运人在集装箱货运站负责将不同发货人的少量货物拼在一个集装箱内，货到目的港（地）后，再由承运人拆箱分拨给各收货人，即“站到站”方式。

集装箱整箱运输中，货物的装箱方式可以分为门到门、内装箱和自拉自送三种。

1. 门到门

门到门是货代为客户提供货物运输的一种服务，即货代从承运人处提取空箱，送至出口商所在地将货物装箱、封存，再由货代将重箱自出口商所在地运至港区集港，安排货物装船运输至目的地，由货代在进口地的代理或分支机构负责将货物送至进口商仓库或进口商指定的其他地方，实现货物运输的方式。采用门到门装箱方式时，外贸跟单员一定要确认集装箱装箱单内容的准确性。

整箱运输时，集装箱到达公司 / 工厂仓库准备装货前，外贸跟单员需要对集装箱进行以下检查：

外部检查：对箱子的外侧进行六面检查，观察外部是否有损伤、变形、破口等异常情况。

内部检查：对箱子的内侧进行六面检查，观察是否漏水、漏光，有无污点、水迹等。

箱门检查：检查箱门是否完好，门锁是否完整，箱门是否可重复开启，能否 270 度开启。

清洁检查：检查箱子内有无残留物、污染物、锈蚀异味、水渍。若不符合要求，应令人予以清扫，甚至更换。

附属件检查：对货物的加固环节，如板架集装箱的支柱、平板集装箱和敞篷集装箱上部延伸结构进行检查。

装货时，司机会给外贸跟单员一份集装箱装箱单，外贸跟单员需要正确填写。集装箱装箱单（见表 7－6）是详细记载每一个集装箱内所装货物名称、数量、尺码、重量、

表 7－6　集装箱装箱单

<table>
<tr><td colspan="4">Reefer Temperature Required
冷藏温度　　　℃　　　℉</td><td colspan="6" rowspan="2">CONTAINER LOAD PLAN　COSCO SHANGHAI COMPANY
装　箱　单　　中远上海公司
Shipper's/Packer's Copy
发货人 / 装箱人　联</td></tr>
<tr><td>Class
等级</td><td>IMDG Page
危规页码</td><td>UN No.
联合国编码</td><td>Flashpoint
闪点</td></tr>
<tr><td colspan="4">Ship's Name/ Voy.No. 船名 / 航次</td><td>Port of Loading
装港</td><td>Port of Discharge
卸港</td><td>Place of Delivery
交货地</td><td colspan="3">SHIPPER'S/PACKER'S DECLARTIONS:
We hereby declare that the container has been thoroughly cleaned without any evidence of cargoes of previous shipment prior to vanning and cargoes has been properly stuffed and secured.</td></tr>
<tr><td colspan="4">Container No. 箱号</td><td>B/L No.
提单号</td><td>Packages & Packing
件数与包装</td><td>Gross Weight
毛重</td><td>Measurements
尺码</td><td>Description of Goods
货名</td><td>Marks & Numbers
唛头</td></tr>
<tr><td colspan="4">Seal No. 封号</td><td colspan="2" rowspan="4">Front
前

Door
门</td><td rowspan="4"></td><td rowspan="4"></td><td rowspan="4"></td><td rowspan="4"></td></tr>
<tr><td colspan="2">Cont.Size 箱型
☐ 20′C
☐ 40′C
☐ 40′HC</td><td colspan="2">Cont.Type 箱类
☐ GP= 普通箱　☐ TK= 油罐箱
☐ RF= 冷藏箱　☐ PF= 平板箱
☐ OT= 开顶箱　☐ HC= 高箱
☐ FR= 框架箱　☐ HT= 挂衣箱</td></tr>
<tr><td colspan="4">ISO Code For Container Size/Type
箱型 / 箱类 ISO 标准代码</td></tr>
<tr><td colspan="4">Packer's Name/Address
装箱人名称 / 地址

TEL No. 电话号码</td></tr>
<tr><td colspan="4">Packing Date 装箱日期</td><td>Received by Drayman
驾驶员签收及车号</td><td>Total Packages
总件数</td><td>Total Cargo Wt.
总货重</td><td>Total Meas.
总尺码</td><td colspan="2" rowspan="2">Remarks 备注</td></tr>
<tr><td colspan="4">Packed by 装箱人签名</td><td colspan="2">Received by Terminals/Date of Receipt
码头收箱签收 / 收箱日期</td><td>Cont. Tare Wt.
集装箱皮重</td><td>Cgo./Cont. Total Wt.
货 / 箱总重量</td></tr>
</table>

标志和箱内货物积载情况的单证，对于特殊货物还应加注特定要求，如冷藏货物要注明对箱内温度的要求等。集装箱装箱单每一个集装箱一份，一式五联，其中，码头、船代、承运人各一联，发货人、装箱人各一联。在货运站装箱时，集装箱装箱单由货运站缮制；由发货人装箱时，集装箱装箱单由发货人货运代理人的装箱货运站缮制。

集装箱装箱单是发货人向承运人提供集装箱内所装货物的明细清单，它的作用如下：

（1）它是发货人、集装箱货运站与集装箱码头堆场之间的货物交接凭证；

（2）它是在装箱地向海关申报货物出口的单据，也是集装箱船舶进出口报关时向海关提交的载货清单的补充资料；

（3）它上面所记载的货物与集装箱的总重量是计算船舶吃水差、稳定性的数据；

（4）在卸货地点，它是办理集装箱保税运输的单据之一；

（5）当发生货损时，它是处理索赔事故的原始单据之一；

（6）它是卸货港集装箱货运站安排拆箱、理货的单据之一。

2. 内装箱

内装箱是指货代将空箱提回自己的货运站，向出口商发出发货通知书或货物进仓通知书（见表7－7），要求出口商在指定期限内将指定货物送至指定货运站，在货运站内完成货物装箱并封存，然后向出口商出具货物进仓接收单（见表7－8）或入库单，再安排重箱送至港区的方式。

表7－7 货物进仓通知书示例

TO：浙江AAA对外贸易有限公司	客户编号：ZND1100300
进仓编号：ISLH0730333JAP	工作编号：
关单号：	船公司：
船名／航次：	ETD：2023-03-20 港区
目的港：TOKYO，JAPAN	中转港：
件数：51箱	重量：7 215千克
品名：被子／靠垫	体积：4.842立方米
唛头：	
送货仓库： 仓库：上海市立昌集装箱储运有限公司出口仓库 电话：（021）56826471，56822574 传真：（021）56826479 联系人：李女士 地址：上海市宝山区逸仙路1600号	
请于2023-03-18中午之前将货物送入上述仓库。	

表 7-8　货物进仓接收单示例

上海长隆物业有限公司 货物进仓接收单					
送货单位：TTT 进出口有限公司					
进仓编号：1103097					
实收件数：收肆拾陆箱			送货人签名：李伟		
仓库安排卸货：☑是　□否			收货人签名：036		
接收日期：2023 年 3 月 15 日 16:30			铲车：047		
金额：			装卸：		
订单号	件数	尺码	仓位号	潮湿	破损
54995	46	40 × 33 × 37			

3. 自拉自送

自拉自送是指货代完成订舱并向承运人提出用箱申请后，由出口商自己派车队提取空箱送至货物存储地，并在货物装箱后将集装箱按港区要求集港。

（五）集装箱的交接方式

集装箱的交接方式应在运输单据上予以说明。常用的交接方式有以下几种：

1. FCL/FCL

FCL/FCL，即整箱交 / 整箱收。在这种交接方式下，集装箱的具体交接地点有以下四种情况：

（1）Door to Door，即“门到门”，是指在发货人的工厂或仓库整箱交货，承运人负责将集装箱运至收货人的工厂或仓库整箱交收货人。

（2）CY to CY，即“场至场”，是指发货人在启运地或装箱港的集装箱堆场整箱交货，承运人负责将集装箱运至目的地或卸箱港的集装箱堆场整箱交收货人。

（3）Door to CY，即“门至场”，是指在发货人的工厂或仓库整箱交货，承运人负责将集装箱运至目的地或卸箱港的集装箱堆场整箱交收货人。

（4）CY to Door，即“场至门”，是指发货人在启运地或装箱港的集装箱堆场整箱交货，承运人负责将集装箱运至收货人的工厂或仓库整箱交收货人。

2. LCL/LCL

LCL/LCL，即拼箱交 / 拆箱收。在这种交接方式下，集装箱的具体交接地点只有一种情况：CFS to CFS，即“站到站”。这是指发货人将货物运往启运地或装箱港的集装箱货运站，货运站将货物拼装后交承运人，承运人负责运至目的地或卸箱港的集装箱货运站进行拆箱，当地货运站按件拨交各有关收货人。

3. FCL/LCL

FCL/LCL，即整箱交 / 拆箱收。在这种交接方式下，集装箱的具体交接地点有以下两种情况：

（1）Door to CFS，即“门到站”，是指在发货人的工厂或仓库整箱交货，承运人负责将集装箱运至目的地或卸货港的货运站，货运站拆箱按件拨交各收货人。

（2）CY to CFS，即“场到站”，是指发货人在启运地或装箱港的集装箱堆场整箱交货，承运人负责将集装箱运至目的地或卸货港的集装箱货运站，货运站负责拆箱拨交各收货人。

4. LCL/FCL

LCL/FCL，即拼箱交 / 整箱收。在这种交接方式下，集装箱的具体交接地点也有以下两种情况：

（1）CFS to Door，即“站到门”，是指发货人在启运地或装箱港的集装箱货运站按件交货，货运站进行拼箱，然后由承运人负责将集装箱运至目的地收货人工厂或仓库整箱交货。

（2）CFS to CY，即“站到场”，是指发货人在启运地或装箱港的集装箱货运站按件交货，货运站进行拼箱，然后由承运人负责将集装箱运至目的地或卸箱港的集装箱堆场，整箱交收货人。

每个集装箱有固定的编号，装箱后封闭箱门的钢绳铅封上印有号码。集装箱号码和封印号码可取代运输标志，显示在主要出口单据上，成为运输中的识别标志和货物特定化的记号。

（六）集装箱运输的费用

集装箱运输的费用包括内陆或装货港市内运输费、拼箱服务费、堆场服务费、海运费、集装箱及其设备使用费等。

目前，集装箱货物海上运价体系较内陆运价体系成熟，基本上分为两大类：一类是沿用件杂货运费计算方法，即以每运费吨为单位计算费用（俗称散货价），再加上相应的附加费；另一类是以每个集装箱为计费单位（俗称包箱价）计算费用。

1. 件杂货基本费率和附加费

（1）基本费率。参照传统件杂货运价，以运费吨为计算单位，多数航线上采用等级费率。

（2）附加费。除传统件杂货所收的常规附加费外，还要加收一些与集装箱货物运输有关的附加费。

2. 包箱费率

包箱费率（Box Rate）以每个集装箱为计费单位，常用于集装箱交货的情况。常见的包箱费率有以下三种形式：

（1）FAK（Freight for All Kinds）包箱费率，即对每个集装箱不细分箱内货类级别，不计货量（在重量限额之内），只按箱型统一收取运价的包箱费率。

（2）FCS（Freight for Class）包箱费率，即按不同货物等级制定的包箱费率。集装箱普通货物的等级划分与件杂货一样，都是分为 1 ～ 20 级，但是集装箱货物的费率级差远小于件杂货的费率级差。一般而言，低等级的集装箱收费高于传统运输收费；同一等级的货物，重货集装箱运价高于体积货运价。在这种费率下，拼箱货运费计算与传统运输运费计算一样，先根据货物名称查到等级，然后用相应的费率乘以运费吨，即得运费。

（3）FCB（Freight for Class and Basis）包箱费率，即按不同货物等级、货类及计算标准制定的包箱费率。

八、出口报关报检（出口通关）操作

长期以来，我国实施的是“先报检，后报关”的出口制度，即出口企业需要先向出入境检验检疫机构申请报检，报检完成后再向海关申请报关，报检与报关是两个独立的业务环节，报检工作由原国家质量监督检验检疫总局主管，报关工作由海关总署主管。为了提高通关效率、减轻企业负担、进一步推进贸易便利化，2018 年召开的十三届全国人大一次会议审议通过的《国务院机构改革方案》明确，原国家质量监督检验检疫总局的出入境检验检疫管理职责和队伍划入海关总署，从 2018 年 4 月 20 日起，原出入境检验检疫系统统一以海关名义对外开展工作，正式开始实施“关检合一”的出口通关制度。以前同一批货物进出口，要经历两部门申报，采用两套不同的系统，出口企业需要经历“两次申报（报检，报关）、两次查验（商检检验，海关查验）、两次放行（商检放行，海关放行）”6 个步骤。“关检合一”后，意味着企业之前商检、海关“两头跑”的时代结束，通关作业上实现“一次申报（报关）”“一次查验（海关查验）”“一次放行（海关放行）”。出口企业只需在同一个机构、同一栋楼甚至同一个窗口就能完成出口报关报检手续。对于广大进出口企业来说，企业通关费用减少了，通关效率提升了，贸易便利化程度进一步提高。

为了实现报关报检系统的整合，海关总署发布了一系列公告，对原先的相关政策进行了修订：

2018 年 4 月 16 日，海关总署发布《关于企业报关报检资质合并有关事项的公告》。根据公告，今后企业报关报检资质合并，报关员与报检员资质合并，企业只需获取相关的备案，即可同时具备报关报检资质。

2018 年 5 月 29 日，海关总署发布公告，宣布自 6 月 1 日起全面取消进出口商品的《入/出境货物通关单》，对于仍需检验检疫纸质证明文件的特殊情况，按以下方式处理：（1）对入境动植物及其产品，在运输途中需提供运递证明的，出具纸质《入境货物调离通知单》。（2）对出口集中申报等特殊货物，或者因计算机、系统等故障问题，根据需要出具纸质《出境货物检验检疫工作联系单》。

2018 年 6 月 21 日，海关总署发布《关于修改进出口货物报关单和进出境货物备案清单格式的公告》。根据公告，修改后的进口、出口货物报关单和进境、出境货物备案清单格式自 2018 年 8 月 1 日起启用，原入境、出境货物报检单同时停止使用。

“关检合一”后，报关报检业务流程及相关配套政策的改革还有新的举措，以简化进出口手续、推动贸易便利化为目的的通关制度改革必定还会有进一步的深入发展。

九、出口投保操作

在出口业务中，如果采用的贸易术语是 CIF 或 CIP，则出口商还须办理国际货运保险。以最常见的海上货物运输保险为例，出口商在订舱完成、船舶配妥后即可投保，最晚必须在船舶起航前办妥保险。

（一）货物运输风险

国际货物和运输工具在运输过程中的风险主要有：

（1）自然灾害：如恶劣气候、雷电、洪水、地震、海啸等。

（2）意外事故：如运输工具遭遇搁浅、触礁、沉没、碰撞、失火、爆炸等。

（3）一般外来风险：如偷窃、钩损、雨淋、串味、短缺等。

（4）特殊外来风险：如战争、罢工、拒收、交货不到等。

（二）货物运输损失类型

在保险业务中，损失包括损害和灭失。损失按其程度可分为全损与部分损失两种，其中全损又可分为实际全损和推定全损，部分损失又有共同海损和单独海损之分。

实际全损是指货物全部灭失，如焚毁、沉入海底或已失去原有的性质和用途，如食品变质等。

推定全损是指货物发生保险事故后，认为实际全损已经不可避免，或者为避免发生实际全损所需支付的费用与继续将货物运抵目的地的费用之和，将超过保险价值的损失。

共同海损是指货物运输途中因自然灾害及意外事故造成损失，为了保证同一航程中遇险财产的共同安全和免除危险所做出的有意而又合理的特殊牺牲或支出的特殊费用。共同海损的牺牲金额由各方按比例分摊。

单独海损属于特定方面的损失，并不涉及其他货主及船方。这种损失是意外发生的。此外，单独海损一定是部分损失，不是全损。

（三）保险条款和险别

国际上最常用的保险条款是英国伦敦保险协会的协会货物条款（Institute Cargo Clause，ICC）。它包括 ICC（A）、ICC（B）、ICC（C）、协会散装油条款、协会货物战争险条款、协会货物罢工险条款和恶意损害险条款。

中国保险条款（China Insurance Clause，CIC）是中国人民保险公司参照国际通常做法，结合我国实际情况拟订的。经过几十年的应用与实践，CIC 已被国际贸易界、航运界、保险界广泛接受。下面简单介绍中国保险条款。

中国保险条款按运输方式来分，有海洋、陆上、航空和邮包运输保险条款四大类。其中以海运险为主要险种，陆运险、空运险和邮包险是在海运险基础上发展起来的，其在一些基本内容上与海运险是相似的。

中国保险条款的保险险别一般分为主险（基本险）、一般附加险和特别附加险。

1. 主险（基本险）

主险（基本险）条款包括：海洋运输货物保险条款，海洋运输冷藏货物保险条款，海洋运输散装桐油保险条款，陆上运输货物保险条款，陆上运输冷藏货物保险条款，航空运输货物保险条款，邮包险条款，活牲畜、家禽的海洋、陆上、航空运输保险条款等。

2. 一般附加险

一般附加险条款包括：偷窃、提货不着险条款，淡水、雨淋险条款，短量险条款，混杂、沾污险条款，渗漏险条款，碰损、破碎险条款，串味险条款，受潮受热险条款，钩损险条款，包装破裂险条款，锈损险条款等。

3. 特别附加险

特别附加险条款包括：进口关税险条款、舱面货物险条款、拒收险条款、黄曲霉素险条款、交货不到险条款、出口货物到港澳存仓火险责任扩展条款、战争险条款、罢工险条款等。

（四）海洋运输货物保险

1. 平安险

平安险（Free from Particular Average，F.P.A.）的责任范围是海运险中最小的，主要包括以下责任：

（1）被保险货物在运输中因恶劣气候、雷电、海啸、地震、洪水等自然灾害造成整批货物的全损或推定全损。（被保险人要求按推定全损赔付时，须将受损物及权利委付给保险公司。）

（2）由于运输工具遭受搁浅、触礁、沉没、互撞、与流冰或其他物体碰撞以及失火、爆炸等意外事故造成货物的全部或部分损失。

（3）在运输工具已经发生搁浅、触礁、沉没、焚毁等意外事故的情况下，货物在此前后又在海上遭受恶劣气候、雷电、海啸等自然灾害所造成的部分损失。

（4）在装卸或转运时由于一件或数件货物落海造成的全部或部分损失。

（5）被保险人对承保责任内的危险货物采取抢救、防止或减少货损的措施而支付的合理费用，但以不超过这批被救货物的保险金额为限。

（6）运输工具遭遇海难后，在避难港由于卸货所引起的损失，以及在中途港、避难港由于卸货、存仓以及运送货物所产生的特别费用。

（7）共同海损的牺牲、分摊和救助费用。

（8）运输契约订有“船舶互撞责任”条款，根据该条款规定应由货方偿还船方的损失。

2. 水渍险

水渍险（With Average/With Particular Average，W.A./W.P.A.）的责任范围包括平安险的全部责任和恶劣气候、雷电、海啸、地震、洪水等自然灾害造成的部分损失。

3. 一切险

一切险（All Risks）的责任范围包括平安险和水渍险的全部责任以及各种外来因素所造成的保险货物的损失。这里所指的“各种外来因素”，是指上文 11 种一般附加险所涵盖的风险。

（五）航空运输货物保险

航空运输货物保险有下列两种：

1. 航空运输险

航空运输险（Air Transportation Risks）对被保险货物在运输途中遭受雷电、火灾、爆炸或由于飞机遭受恶劣气候或其他危难事故而被抛弃，或由于飞机遭受碰撞、倾覆、坠落或失踪等意外事故所造成的全部或部分损失负责赔偿。

2. 航空运输一切险

航空运输一切险（Air Transportation All Risks）除包括上述航空运输险责任外，对被保险货物在运输途中由外来因素所造成的包括失窃、短少等全部或部分损失也负责赔偿。

（六）陆上运输货物保险

货物如采用陆上运输工具运输，则可投保陆上运输货物保险。险别有下列两种：

1. 陆运险

陆运险（Overland Transportation Risks）对被保险货物在运输途中遭受暴风、雷电、洪水、地震等自然灾害，或由于陆上运输工具遭受碰撞、倾覆、出轨，或驳运过程中因驳运工具遭受搁浅、触礁、沉没、碰撞，或由于遭受隧道坍塌、崖崩或火灾、爆炸等意外事故所造成的全部或部分损失负责赔偿。

2. 陆运一切险

陆运一切险（Overland Transportation All Risks）除包括上述陆运险责任外，对外来因素造成的货物短少、短量、失窃、渗漏等全部或部分损失也负责赔偿。

（七）邮包运输保险

邮包运输保险有下列两种：

1. 邮包险

邮包险（Parcel Post Risks）对被保险货物在运输途中由于遭受暴风雨、雷电、流冰、海啸、地震、洪水等自然灾害，或由于运输工具搁浅、触礁、沉没、碰撞、出轨、倾覆、坠落或失踪，或由于失火和爆炸等意外事故所造成的全部或部分损失负责赔偿。此外还包括共同海损的牺牲、分摊和救助费用。

2. 邮包一切险

邮包一切险（Parcel Post All Risks）除包括上述邮包险的责任外，对被保险货物在运输途中由外来因素所造成的包括失窃、短少在内的全部或部分损失也负责赔偿。

（八）除外责任

保险公司对下列损失不负赔偿责任：

（1）被保险人的故意行为或过失所造成的损失。

（2）属于发货人责任所引起的损失。

（3）在保险责任开始前，被保险货物已存在的品质不良或数量短差所造成的损失。

（4）被保险货物的自然损耗、本质缺陷、特性以及市价跌落、运输延迟所引起的损失或费用。

（九）责任起讫

（1）海运险、陆运险、空运险和邮包险负“仓至仓”责任，自被保险货物运离保险单所载明的启运地仓库或储存处所开始运输时生效，包括正常运输过程中的海上、陆上、内河和驳船运输在内，直至该项货物到达保险单所载明目的地收货人的最后仓库或储存处所或被保险人用作分配、分派或非正常运输的其他储存处所为止。如未抵达上述仓库或储存处所，则以被保险货物在最后卸载地点全部卸离运输工具后满 60 天（空运险为 30 天）为止。如在上述 60 天（空运险为 30 天）内被保险货物需转运到非保险单所载明的目的地，则以该项货物开始转运时终止。

（2）由于被保险人无法控制的运输延迟、绕道、被迫卸货、重行装载、转载或承运人运用运输契约赋予的权限所做的任何运输上的变更或终止运输契约，致使被保险货物被运到非保险单所载明目的地时，在被保险人及时将获知的情况通知保险人，并在必要时加缴保险费的情况下，保险仍继续有效，保险责任按下列规定终止：

1）被保险货物如在非保险单所载明的目的地出售，保险责任至交货时为止，但不论任何情况，均以被保险货物在卸载地点全部卸离运输工具后满 60 天（空运险为 30 天）为止。

2）被保险货物如在上述 60 天（空运险为 30 天）内继续运往保险单所载原目的地或其他目的地，保险责任仍按上述条款的规定终止。

（十）保险单据

保险单据既是一份保险合同，也是一份赔偿合同。保险单据经过背书，可以随货物所有权的转移而进行转让。目前，我国进出口业务中使用的保险单据的种类主要有保险单、保险凭证、预约保险单、保险批单。

1. 保险单

保险单（Insurance Policy）又称大保单，是保险人与被保险人之间订立保险合同的一种正式证明。

以海运险为例，保险单的正面印制了保险所需的基本事项，包括被保险人和保险人名称，保险标的名称、数量、包装，保险金额、保险费率和保险费，运输工具、开航日期、装运港和目的港，承保险别，检验理赔人或代理人名称，赔款偿付地点，合同签订日期等。保险单的背面则列明了一般保险条款，规定了保险人与被保险人的各项权利和义务、保险责任范围、除外责任、责任起讫、损失处理、索赔理赔、保险争议处理、时效条款等各项内容。

2. 保险凭证

保险凭证（Insurance Certificate）实质上是一种简化的保险单。保险凭证与保险单具有同等的法律效力，故又称小保单，用以证明货物运输保险合同的有效存在，在实际业务中已经很少使用。保险凭证正面所列内容与保险单是一样的，但是其背面是空白的，没有载明保险条款，而在正面声明以同类保险单所载条款为准。

3. 预约保险单

预约保险单（Open Policy）又称开口保险单，适用于经常有相同类型货物需要陆续装运的保险。这种事先预约的保险合同在我国的货物进出口中使用广泛，我国进口货物基本上都采用预约保险单。许多外贸公司与保险公司订有预约保险合约，凡该外贸公司出口或进口的货物均在预约保险的保障范围内。

4. 保险批单

保险批单（Endorsement）是保险公司在保险单出立后，根据投保人的需求，对保险内容进行补充或变更而出具的一种凭证。保险批单是保险单的组成部分。

保险单据应按信用证规定的内容提交。如信用证规定提交保险单，则只能提交保险单；如信用证规定的是预约保险下的保险证明 / 声明，则可以用保险单替代。除非信用证特别授权，否则保险批单是不被接受的。

（十一）保险金额和保险费

保险金额是保险公司承担赔偿或给付保险金责任的最高限额，也是保险公司计算保险费的依据。

保险金额的计算公式为：

保险金额 = CIF（或 CIP）价 ×（1+ 投保加成率）

保险费的计算公式为：

保险费 = 保险金额 × 保险费率

= CIF（或 CIP）价 ×（1+ 投保加成率）× 保险费率

专题：外贸与中国

中欧班列铺就"一带一路"新通途——中国高质量发展亮点透视

2023 年 7 月 29 日 10 时 18 分，全国第 10 000 列中欧班列开行：满载 110 个标箱出口货物的 X8020 次中欧班列，从义乌西站鸣笛启程，向西班牙马德里飞驰而去。

古老的亚欧大陆上，"钢铁驼队"续写着丝路故事。2023 年 1 至 7 月，中欧班列累计开行 10 176 列、发送货物 110.4 万标箱，同比分别增长 13%、27%。

经过多年探索发展，中欧班列已步入高质量发展轨道，成为便利快捷、安全稳定、绿色经济的新型国际运输组织方式，也成为中国参与全球开放合作、高质量共建"一带一路"的生动实践。

横贯亚欧，网络不断延伸

乌鲁木齐国际陆港区，机车穿梭，作业不歇：在多式联运中心，正面吊起重机抓取一个个标有"中国制造"的集装箱；在中欧班列（乌鲁木齐）集结中心，一列列中欧（中亚）班列在这里完成换装，等待发运……

从中欧班列（乌鲁木齐）集结中心出发，搭乘中欧班列沿丝路古道西行，2 天可抵达哈萨克斯坦，8 天抵达俄罗斯，16 天抵达荷兰。

中国国家铁路集团有限公司数据显示，中国境内已铺划时速 120 公里的中欧班列运行线 86 条，联通中国境内 112 个城市，通达欧洲 25 个国家和地区超过 200 个城市，以及沿线 11 个亚洲国家和地区超过 100 个城市。

7月2日，从泰国罗勇府出发的一批汽车配件，由中老铁路国际货物列车运输，从中老边境的磨憨口岸入境云南，一路向北，抵达四川成都转乘中欧班列，经哈萨克斯坦、波兰等国家后到达匈牙利布达佩斯。

这是首趟以“中老铁路＋中欧班列”模式运输过境的货物列车。“罗勇至布达佩斯的物流时间最快缩短至15天，较传统海运提升15至20天以上。”中国铁路昆明局集团有限公司货运受理服务中心营销策划科科长李继业说。

随着此次“澜湄蓉欧快线”（罗勇—万象—昆明—成都—布达佩斯）的开通，中老铁路和中欧班列之间实现连线贯通，正形成一条横跨南亚、东南亚与欧洲之间的新通道。

量质齐升，助力产业快速发展

8月18日，一列满载服装、机械设备、五金配件、数码产品等货物的中欧班列从赣州国际陆港驶出，向满洲里口岸飞驰而去，目的地是俄罗斯。

据赣州国际陆港管委会主任罗永锋介绍，依托赣州国际陆港的平台优势，格力电器、大自然家居、美克家居等企业纷纷落户赣州市南康区，马士基、达飞、中远海运等公司及一大批外贸配套服务企业竞相入驻，使赣州国际陆港逐步成长为枢纽港、物流港、贸易港，在服务和融入新发展格局中赢得先机。

当地南康家具产业集群实现快速发展，产值从建港前的百亿元增长到2022年的2 500亿元。“有了中欧班列，越来越多的家具厂开始进军跨境业务。”江西家有儿女家具有限公司董事长申飞说，“赣州国际陆港开通后，外贸占公司业务额的比例已经增长到七成。”

西安，古丝绸之路起点，也是中欧班列建设发展规划明确的枢纽节点和集结中心。走进西安国际港站，龙门起重机正在将一个个集装箱搬运装车，中欧班列长安号将从这里出发，把中国各地集结来的货品运往亚欧十多个国家和地区。

“大到重卡、整车，小到德国厨具，荷兰奶粉，中亚的面粉、蜂蜜等农副产品，中欧班列长安号成为‘一带一路’沿线国家贸易往来的‘黄金通道’。”西安国际港务区党工委书记、管委会主任孙艺民说。

去年，康佳集团在西安布局了西北地区最大的智能家电生产基地。运输时效快、线路辐射广、稳定性更高的中欧班列，是企业选择落户西安的重要原因。陕西康佳智能家电有限公司总经理陈钊说，“今年，康佳集团白色家电计划年出口10亿元，其中一半将通过中欧班列运输”。

“空地一体”，辐射效应日益凸显

在地处重庆两江新区的三一集团智能化工厂，机械臂舞动、大型自动化物料运输小车穿梭，这里约17分钟就能下线一台大型挖掘机。“我们选择重庆，因为这里既能依托中欧班列向西拓展中亚、欧洲市场，又能依托西部陆海新通道向南拓展东南亚、南亚市场，还能依托长江黄金水道兼顾国内市场。”工厂负责人说。

“与其他陆港枢纽城市相比，重庆最大的优势在于可以实现水、陆、空多种国际物流通道的‘自由组合’，满足企业不同需求。”重庆工商大学副校长、长江上游经济研究中心常务副主任李敬说。

中原腹地，中欧班列（中豫号·郑州）辐射境外40多个国家和地区、140多个城市；郑州机场形成横跨欧美亚三大经济区、覆盖全球主要经济体的国际枢纽航线网络；我国首个空铁联运综合性货物集散中心——郑州航空港站高铁物流中心交付运营……以“物流＋产业”新模式，郑州正在培育新的经济增长极。

“物流业作为连接生产与消费的第三产业，是打造供应链、延伸产业链、提升价值链的重要支撑。”河南省物流学会会长、郑州大学管理学院副院长李玉民说。

中欧班列不仅联通了中国与欧洲及“一带一路”沿线国家和地区，还通过沿海港口海铁联运、西部陆海新通道、长江黄金水道等方式，联通了韩国、日本等东亚国家以及新加坡、泰国等东南亚国家；通过波罗的海、黑海、地中海海铁联运及莱茵河水铁联运等方式，联通了英国、北欧各国、地中海沿岸各国以及欧洲大陆腹地，基本覆盖了亚欧大陆全境，形成了“畅通高效、多向延伸、海陆互联”的通道格局。

资料来源：樊曦，丁怡全，周圆．中欧班列铺就“一带一路”新通途——中国高质量发展亮点透视 [EB/OL]．新华网，2023-08-23.

操作指导

工作任务 1 协助办理服装出口订舱手续

得知客户所订购的女式夹克已基本完成，杨华遂联系 SKY 公司指定的货代 TRANSIT DEKEIREL AND HARDEBOLLE 公司。在联系之前，杨华为自己列了一张清单以明确工作重点：

1. 了解进口商指定货代资信

杨华在阅读订单以确定运输跟单工作重点时就注意到，该合同为 FOB 术语下买方指定货代的合同。在 FOB 术语下，买方指定货代主要考虑到可以主动选择与之关系良好的货代公司提供专业服务，而且，国外货代公司通常与国外班轮公司关系良好，有可能获得较为优惠的运价。所以买方从成本、服务与安全性三方面考虑选择 FOB 贸易术语，由其指定货代安排运输事宜。而卖方可以避免运价波动给自己带来损失，在某种程度上也愿意签订 FOB 条件合同。

但是，在 FOB 术语下，买方指定货代安排运输，卖方必须注意核实指定货代的资信情况，如果属于无名货代，则千万要注意货物的安全。如果货代资信不良，与不法进口商勾结，卖方有可能会陷入“钱货两空”的境地。

杨华首先登录 TRANSIT DEKEIREL AND HARDEBOLLE 货代公司的网页了解该公司的情况。TRANSIT DEKEIREL AND HARDEBOLLE（英文缩写为 TDH）是法国的货代公司，拥有百余年的物流经营经验，与所有主要的欧洲港口都建立了强有力的合作关系；业务网络已经覆盖整个欧洲大陆的所有国家和地区，在中国的多个城市也都设立了分公司；可以提供海运上门提货及门点配送、仓储分拨、清关、订舱等一站式物流服务。随后，杨华又向国内曾经合作的货代公司了解该公司在业界的信誉，得到了肯定的回复。

在实际业务中，做 FOB 出口业务的很多，货代由买方指定，假如出口商对买方完全信任，则对买方指定的货代自然也会给予充分的信任。出口商如果对买方信任不够，那么自然对其指定的货代也会有所担心，此时可以调查货代资信，与货代签署协议以避免相关风险。

2. 根据工厂提供的装箱信息估算订舱量，协助进口商订舱

在确定法国TDH货代公司的信誉良好后，杨华再次确认了萧山永新服装有限公司提供的包装信息：6 080件产品，10件装1箱，共608箱，纸箱尺寸600mm × 450mm × 400mm，每箱毛重10千克，净重9千克。随后杨华联系货代公司业务员Jason落实订舱工作。Jason告知杨华，订舱可用的箱型有3种，具体如表7－9所示。

表7－9　可用箱型

集装箱规格	内部尺寸/米（长 × 宽 × 高）	预计可配货毛重/吨	预计可装体积/立方米
20′C	5.898 × 2.352 × 2.385	20	28
40′C	12.032 × 2.352 × 2.385	23	58
40′HC	12.032 × 2.352 × 2.698	23	68

Jason要求杨华在订舱委托书中告知运输所需的集装箱规格和数量，以便顺利订舱和运输。

因为运输的产品为服装，且每箱毛重10千克，608箱货物总共毛重6 080千克，即6.08吨，所以不需要考虑超重的问题，只考虑体积。

每个纸箱体积 = 0.60 × 0.45 × 0.40 = 0.108（立方米）

整批货物体积 = 0.108 × 608 = 65.664（立方米）

对照货代发来的可用集装箱规格，需要订1个40英尺高柜集装箱。

在实际业务中，如果对于订什么规格的集装箱不十分确定，外贸跟单员可以将具体的包装信息，如纸箱尺寸、每箱毛重、货物总箱数、总体积、总毛重等告知货代，让货代帮助配箱，因为货代公司业务员是这方面的专业人士。

杨华还与货代公司业务员Jason确认了货物装箱方式。通常，货物的装箱方式有内装箱和门到门方式。由于出口的货物刚好适合订一个40英尺高柜集装箱，因此采用门到门运输对买卖双方而言都是最方便的方式。同时Jason提醒杨华，集装箱师傅到工厂装箱拖柜前会跟杨华电话联系，并告知预计到达工厂的时间，需要杨华安排人员进行装箱。另外，报关单证应尽快寄送以便办理委托报关。

在确定了订舱量后，杨华通过电子邮件（见表7－10）将备货信息告知进口商SKY公司。

表7－10　电子邮件

Subject：about the shipment From：Jacky@jinyuan.com Date：July 9th，2023 To：David@sky.com
Dear David， The goods under P/O No.3356-G-11 will be finished on July 8th，2023. Please book 1 × 40′HC FCL a.s.a.p. The detailed information of the shipment is as follows： Packing：608 cartons.

续表

Total gross weight：6 080kgs. Total measurement：58.19CBM. Waiting for your shipping instruction a.s.a.p. Best regards! Jacky Yang ZHEJIANG JINYUAN IMP.&EXP.CO.，LTD. NO. 118，XUEYUAN STREET，XIASHA，HANGZHOU 310018，CHINA TEL：0086-571-86739177 FAX：0086-571-86739177

2023 年 7 月 10 日，进口商 SKY 公司完成了订舱，并给浙江金苑进出口有限公司外贸跟单员杨华发来了装船指示（见表 7－11）。

表 7－11 装船指示

Subject：shipping instruction From：David@sky.com Date：July 10th，2023 To：Jacky@jinyuan.com
Dear Jacky Yang， We have booked space according to the P/O No.3356-G-11 covering ladies' jacket style No.WJ0101. Departure from Shanghai，China on July 15th，2023 via COSCO EUROPE V.020W，the carrier is COSCO. Please keep in touch with our freight forwarder TRANSIT DEKEIREL AND HARDEBOLLE. Thanks for your cooperation of the shipment. Yours sincerely， David Queen SKY CORPORATION Rathausmarkt 100，20095 Hamburg，Germany TEL：0049-40-34108888 FAX：0049-40-34108888

3. 向货代询问相关费用

杨华比较关心货代公司的收费情况，法国 TDH 货代公司给杨华发来一份传真，列明了 40 英尺高柜集装箱运输的货代收费项目及收费标准（见表 7－12）。

表 7－12 收费项目及收费标准

序号	收费项目	收费标准 / 元
1	码头操作费	1 150
2	订舱费	550
3	文件费	500
4	箱单费	75
5	单证费	150

续表

序号	收费项目	收费标准 / 元
6	VGM 费	150
7	操作费	350
8	港杂费	130
9	ENS 费	250
10	舱单费	60
11	堆存费	24
12	拖车费	2 500
13	报关费	100

注：本笔业务采用的贸易术语是 FOB，货代及运输费用由买方负责，但在实际业务中买方常委托卖方代为办理，因此往往卖方先付费，后向买方收取。

货代公司提醒杨华，如果货物被海关抽检，则还可能产生掏箱费。对于该收费情况，杨华询问了师父 Chris。Chris 认为收费基本合理，并且是客户指定的货代，所以接受该报价。

4. 签订货代协议

因为是买方指定的货代，且与该货代公司是初次接触，杨华为了避免风险，遂就订舱事宜与法国 TDH 货代公司签订委托协议，明确在 FOB 术语下，货代必须保障在接到出口商放单指令前物权凭证应控制在出口商手中，如果货代违反约定，货代公司必须承担因此产生的一切损失与责任。

在 FOB 术语下，出口商与进口商指定货代签订协议约定双方权责是非常有必要的。无论提单出单方式是采用承运人提单还是货代提单，由于指定货代与进口商的关系相对较近，指定货代的信誉及操作是否规范都将影响出口商的利益，关乎货物的安全，因此出口商与指定货代签订协议明确双方权责是对出口商利益的保障。

工作任务 2　协助做好服装出口集港工作

2023 年 7 月 12 日，货代公司指定的集装箱车司机王师傅电话联系杨华：“集装箱已经从堆场拉出，等下就出发去工厂，预计下午 2 点左右能到达，安排一下人员准备装箱。”杨华接到装箱通知后，立刻电话联系萧山永新服装有限公司负责人，要求安排人员准备装箱。为确保装箱环节顺利完成，杨华亲自赶往萧山永新服装有限公司进行监装。下午 2 点，集装箱车司机王师傅到达了萧山永新服装有限公司，他给了杨华一份集装箱装箱单（见表 7 - 13），要求杨华在货物装好后填写并签字。

在工厂工人装箱期间，杨华接到师父 Chris 的电话：“拿到集装箱装箱单后，核对一下集装箱、集装箱装箱单和货代给我们的进仓单是否一致。”杨华问道：“还会不一致吗？”Chris 解释道：“有时会不一致，比如有时我们订的是 20 英尺柜，集装箱车司机拉的是 2 个 20 英尺柜，分别去 2 家工厂拉货，这个时候如果工作疏忽就会出现张冠李戴的错误，所以要特别核对集装箱的箱号、封号和集装箱装箱单、进仓单上的是否一致。等到所有货物都装完，关闭集装箱箱门之前，先对着集装箱多角度拍几张照片，等到封

表 7－13 集装箱装箱单

Reefer Temperature Required 冷藏温度 ℃ ℉				CONTAINER LOAD PLAN **COSCO SHANGHAI COMPANY** **装 箱 单** **中远上海公司** Shipper's/Packer's Copy 发货人 / 装箱人 联
Class 等级	IMDG Page 危规页码	UN No. 联合国编码	Flashpoint 闪点	

Ship's Name/ Voy.No. 船名 / 航次 HANJIN VENEZIA，004W	Port of Loading 装港	Port of Discharge 卸港	Place of Delivery 交货地	SHIPPER'S/PACKER'S DECLARTIONS： We hereby declare that the container has been thoroughly cleaned without any evidence of cargoes of previous shipment prior to vanning and cargoes has been properly stuffed and secured.

Container No. 箱号 COSU3234510	B/L No. 提单号	Packages & Packing 件数与包装	Gross Weight 毛重	Measurements 尺码	Description of Goods 货名	Marks & Numbers 唛头
Seal No. 封号		Front 前				
Cont.Size 箱型 ☐ 20′C ☐ 40′C ☑ 40′HC Cont.Type 箱类 ☐ GP= 普通箱 ☐ TK= 油罐箱 ☐ RF= 冷藏箱 ☐ PF= 平板箱 ☐ OT= 开顶箱 ☐ HC= 高箱 ☐ FR= 框架箱 ☑ HT= 挂衣箱						
ISO Code For Container Size/Type 箱型 / 箱类 ISO 标准代码 40′HC						
Packer's Name/Address 装箱人名称 / 地址 萧山永新服装有限公司 浙江省杭州市萧山区瓜沥镇临港工业园 TEL No. 电话号码 0571-82508888		Door 门				

Packing Date 装箱日期 2023 年 7 月 12 日	Received by Drayman 驾驶员签收及车号	Total Packages 总件数	Total Cargo Wt. 总货重	Total Meas. 总尺码	Remarks 备注
Packed by 装箱人签名	Received by Terminals/Date of Receipt 码头收箱签收 / 收箱日期		Cont. Tare Wt. 集装箱皮重	Cgo./Cont. Total Wt. 货 / 箱总重量	

号锁锁上后确认一下是否锁好，再拍几张照片，最后拍整个集装箱的照片（确保集装箱箱号显示在照片上）。拍照的目的是留证据，表明货和集装箱是没问题的，事后可以将照片发送给进口商，告知进口商已经发货。”

工作任务 3　委托报关

由于该款女式夹克不含有需要商检的成分，因此不需要商检。2023 年 7 月 9 日，杨华开始准备报关材料，协同公司外贸单证员小李制作报关委托书，连同报关单、商业发票（见表 7－14）、装箱单（见表 7－15）、外贸合同等报关材料一并交给法国 TDH 货代公司，委托其办理出口货物报关手续。

表 7－14　商业发票

<table>
<tr><td colspan="6">ZHEJIANG JINYUAN IMP.&EXP.CO.，LTD.
NO. 118 XUEYUAN STREET，XIASHA，HANGZHOU 310018，CHINA
TEL：0086-571-86739177　　FAX：0086-571-86739177
COMMERCIAL INVOICE</td></tr>
<tr><td rowspan="4">To：</td><td colspan="2" rowspan="4">SKY CORPORATION
Rathausmarkt 100，20095 Hamburg，Germany
TEL：0049-40-34108888
FAX：0049-40-34108888</td><td>Invoice No.：</td><td colspan="2">JY23018</td></tr>
<tr><td>Invoice Date：</td><td colspan="2">July 9th，2023</td></tr>
<tr><td>S/C No.：</td><td colspan="2">3356-G-11</td></tr>
<tr><td>S/C Date：</td><td colspan="2">June 12th，2023</td></tr>
<tr><td>From：</td><td>SHANGHAI，CHINA</td><td>To：</td><td colspan="3">HAMBURG，GERMANY</td></tr>
<tr><td>Marks and Numbers</td><td>Number and Kind of Packages；Description of Goods</td><td>Quantity</td><td>Unit Price</td><td colspan="2">Amount</td></tr>
<tr><td rowspan="2">SKY
3356-G-11
HAMBURG
C/NO.：1-608</td><td rowspan="2">ladies’ jacket style No.WJ0101
Shell：woven，100% cotton，20×16/128×60，reactive dyed，stone washed.
Padding：100% PES（body 100g/m^2，sleeves 80g/m^2）.
Lining：100% cotton.</td><td rowspan="2">6 080PCS</td><td colspan="3">FOB Shanghai</td></tr>
<tr><td>USD15.40/PC</td><td colspan="2">USD93 632.00</td></tr>
<tr><td colspan="2">TOTAL</td><td>6 080PCS</td><td></td><td colspan="2">USD93 632.00</td></tr>
<tr><td>SAY TOTAL</td><td colspan="5">U.S.DOLLARS NINTY THREE THOUSAND SIX HUNDRED AND THIRTY TWO ONLY.</td></tr>
<tr><td colspan="6">ZHEJIANG JINYUAN IMP.&EXP.CO.，LTD.
李　立</td></tr>
</table>

表 7－15 装箱单

ZHEJIANG JINYUAN IMP.&EXP.CO.，LTD.

NO. 118 XUEYUAN STREET，XIASHA，HANGZHOU 310018，CHINA

TEL：0086-571-86739177　　FAX：0086-571-86739177

PACKING LIST

<table>
<tr><td rowspan="4">To：</td><td rowspan="4">SKY CORPORATION
Rathausmarkt 100，20095 Hamburg，Germany
TEL：0049-40-34108888
FAX：0049-40-34108888</td><td>Invoice No.：</td><td>JY23018</td></tr>
<tr><td>Invoice Date：</td><td>July 9th，2023</td></tr>
<tr><td>S/C No.：</td><td>3356-G-11</td></tr>
<tr><td>S/C Date：</td><td>June 12th，2023</td></tr>
<tr><td>From：</td><td>SHANGHAI，CHINA</td><td>To：</td><td>HAMBURG，GERMANY</td></tr>
</table>

Marks and Numbers	Number and Kind of Packages; Description of Goods	Quantity	Package	G.W.	N.W.	Meas.
SKY 3356-G-11 HAMBURG C/NO.：1-608	ladies' jacket style No. WJ0101 Shell: woven, 100% cotton, 20 × 16/128 × 60, reactive dyed, stone washed. Padding: 100% PES (body 100g/m^2, sleeves 80g/m^2). Lining: 100% cotton.	6 080PCS	608CTNS	6 080KGS	5 472KGS	65.664M^3
	TOTAL	6 080PCS	608CTNS	6 080KGS	5 742KGS	65.664M^3
SAY TOTAL	SIX HUNDRED AND EIGHT CARTONS ONLY.					

ZHEJIANG JINYUAN IMP.&EXP.CO.，LTD.

李 立

出口报关所用的外贸合同（见表 7－16）可以根据外贸订单重新制作。

表 7－16　外贸合同

SALES CONFIRMATION

Contract No.：3356-G-11　　Date：June 12th，2023

The Seller：ZHEJIANG JINYUAN IMP.&EXP.CO.，LTD.
NO. 118 XUEYUAN STREET，XIASHA，HANGZHOU 310018，CHINA
TEL：0086-571-86739177
FAX：0086-571-86739177

The Buyer：SKY CORPORATION
Rathausmarkt 100，20095 Hamburg，Germany
TEL：0049-40-34108888
FAX：0049-40-34108888

This Contract is made by and between the Buyer and Seller，whereby the Buyer agrees to buy and the Seller agrees to sell the under-mentioned commodity according to the terms and conditions stipulated below：

COMMODITY AND SPECIFICATION	QUANTITY	PRICE	AMOUNT
		FOB Shanghai	
ladies' jacket 100% cotton color in brown/gray	6 080pcs	USD15.40/PC	USD93 632.00
TOTAL	6 080pcs		USD93 632.00
TOTAL CONTRACT VALUE：SAY U.S.DOLLARS NINETY THREE THOUSAND SIX HUNDRED AND THIRTY TWO ONLY.			

1% more or less of quantity and amount allowed.

PAYMENT：30% deposit to be paid upon proforma invoice with 5 working days by T/T. Balance to be paid by D/P at sight.

SHIPMENT：shipment to be effected not later than July 30th，2023. Partial shipment is not allowed. From Shanghai，China to Hamburg，Germany.

FORCE MAJEURE：

The Seller shall not held responsible if owing to Force Majeure cause or causes，fail to make delivery within the time stipulated in the Contract or cannot deliver the goods. However，in such a case，the Seller shall inform the Buyer immediately by cable and if it is requested by the Buyer，the Seller shall also deliver to the Buyer by registered letter，a certificate attesting the existence of such a cause or causes.

ARBITRATION：

All disputes in connection with this Contract or the execution thereof shall be settled amicably by negotiation. In case no settlement can be reached，the case shall then be submitted to the China International Economic Trade Arbitration Commission for settlement by arbitration in accordance with the Commission's arbitration rules. The award rendered by the commission shall be final and binding on both parties. The fees for arbitration shall be borne by the losing party unless otherwise awarded.

Signed by：

THE SELLER：
ZHEJIANG JINYUAN IMP.&EXP.CO.，LTD.
李　立

THE BUYER：
SKY CORPORATION
DAVID QUEEN

委托货代报关需要填制报关单（见表 7－17）。

表 7－17 中华人民共和国海关出口货物报关单

预录人编号： 海关编号： （上海海关） 页码/页数：

境内发货人 浙江金苑进出口有限公司	出境关别 上海海关		出口日期 20230712		申报日期 20230712	备案号	
境外收货人 SKY CORPORATION	运输方式 江海运输		运输工具名称及航次号 CMA CGM Medea/FL248W		提运单号		
生产销售单位 浙江金苑进出口有限公司	监管方式 一般贸易		征免性质 一般征税		许可证号 20230712		
合同协议号 3356-G-11	贸易国(地区) 德国		运抵国(地区) 德国		指运港 汉堡		
包装种类 纸箱	件数 608	毛重(千克) 6 080	净重(千克) 5 742	成交方式 FOB	运费 USD2 000.00	保费	杂费

随附单证 商业发票/装箱单/外贸合同
标记唛码及备注 SKY 3356-G-11 HAMBURG C/NO.:1-608

项号	商品编号	商品名称及规格型号	数量及单位	单价/总价/币制	原产国(地区)	最终目的国(地区)	境内货源地	征免
01	6204320090	全棉女式夹克	6 080 件	15.40/93 632.00/美元	中国	德国	中国杭州	照章征税

特殊关系确认：	价格影响确认：	支付特许权使用费确认：	自报自缴：

报关人员 报关人员证号 电话 兹申明对以上内容承担如实申报、依法纳税责任。 申报单位 浙江金苑进出口有限公司 申报单位(签章) 浙江金苑进出口有限公司 报关专用章	海关批注及签章

在实务中，考虑到实际装运时货物数量可能有变动，一般只在报关委托书上盖章，而不填写详细内容，详细内容由报关员报关时填写。报关委托书正反两面都印有内容（见表 7－18 和表 7－19）。

表 7－18　报关委托书（正面）

____________：　　　　　　　　　　　　　　　　　　　　　　编号：

我单位现____（A. 逐票；B. 长期）委托贵公司代理____（A. 填单申报；B. 辅助查验；C. 垫缴税款；D. 办理海关证明联；E. 审批手册；F. 核销手册；G. 申办减免税手续；H. 其他）等通知事宜，详见委托报关协议。

我单位保证遵守《中华人民共和国海关法》和国家有关法规，保证所提供的情况真实、完整、单货相符。否则，愿承担相关法律责任。

本委托书自签字之日起至　　年　月　日止。

委托方（盖章）：

法定代表人或其授权签署报关委托书的人（签字）：

年　月　日

委托报关协议

为明确委托报关具体事项和各自责任，双方经平等协商签订协议如下：

委托方		受托方		
主要货物名称		*报关单编码	No.	
HS 编码		收到单证日期	年　月　日	
货物总价		收到单证情况	合同□	发票□
进出口日期	年　月　日		装箱单□	提（运）单□
提单号			加工贸易手册□	许可证件□
贸易方式			其他	
原产地 / 货源地		报关收费	人民币：　　元	
其他要求：		承诺说明：		
背面所列通用条款是本协议不可分割的一部分，对本协议的签署构成了对背面通用条款的同意。		背面所列通用条款是本协议不可分割的一部分，对本协议的签署构成了对背面通用条款的同意。		
委托方业务签章： 经办人签章： 联系电话： 年　月　日		受托方业务签章： 经办报关员签章： 联系电话： 年　月　日		

表 7－19 报关委托书（背面）

委托报关协议通用条款

委托方责任 委托方应及时提供报关报检所需的全部单证，并对单证的真实性、准确性和完整性负责。

委托方负责在报关企业办结海关手续后，及时、履约支付代理报关费用，支付垫支费用，以及因委托方责任产生的滞报金、滞纳金和海关等执法单位依法处以的各种罚款。

委托方负责按照海关要求将货物运抵指定场所。

委托方负责与受托方报关员一同协助海关进行查验，回答海关的询问，配合相关调查，并承担产生的相关费用。

在受托方无法做到报关前提取货样的情况下，委托方承担"单货相符"的责任。

受托方责任 负责解答委托方有关向海关申报的疑问。

负责对委托方提供的货物情况和单证的真实性、完整性进行"合理审查"，审查内容包括：（1）证明进出口货物实际情况的资料，包括进出口货物的品名、规格、用途、产地、贸易方式等；（2）有关进出口货物的合同、发票、运输单据、装箱单等商业单据；（3）进出口所需的许可证件及随附单证；（4）海关要求的加工贸易手册（纸质的或电子的）及其他进出口单证。

因确定货物的品名、归类等原因，经海关批准，可以看货或提取货样。

在接到委托方交付齐备的随附单证后，负责依据委托方提供的单证，按照《中华人民共和国海关进出口报关单填制规范》认真填制报关单，承担"单单相符"的责任，在海关规定和本委托报关协议中约定的时间内报关，办理海关手续。

负责及时通知委托方共同协助海关进行查验，并配合海关开展相关调查。

负责支付因报关企业的责任给委托方造成的直接经济损失，所产生的滞报金、滞纳金和海关等执法单位依法处以的各种罚款。

负责在本委托书约定的时间内将办结海关手续的有关委托内容的单证、文件交还委托方或其指定的人员（详见委托报关协议"其他要求"栏）。

赔偿原则 受托方不承担因不可抗力给委托方造成损失的责任。因其他过失造成的损失，由双方自行约定或按国家有关法律法规的规定办理。由此造成的风险，委托方可以投保方式自行规避。

不承担的责任 签约双方各自不承担因另一方原因造成的直接经济损失，以及滞报金、滞纳金和相关罚款。

收费原则 一般货物报关收费原则上按当地报关行业收费指导价格规定执行。特殊商品可由双方另行商定。

法律强制 本协议的任一条款与《中华人民共和国海关法》及有关法律法规不一致时，应以法律法规为准，但不影响委托报关协议其他条款的有效性。

协商解决事项 变更、中止本协议或双方发生争议时，按照《中华人民共和国民法典》有关规定及程序处理。因签约双方以外的原因产生的问题或报关业务需要修改协议条款，应协商订立补充协议。双方可以在法律法规准许的范围内另行签署补充条款，但补充条款不得与本协议的内容相抵触。

工作任务 4 提单确认，结算费用

1. 提单确认

2023 年 7 月 13 日，法国 TDH 货代公司业务员 Jason 给杨华来电："报关已经成功，现把提单确认件（见表 7－20）传真给你，请你确认一下是否有问题，如果有问题请在提单确认件上标示出来，我们修改后再次发送给你确认。"在实际业务中，因为货代一天要处理许多单子，提单确认件存在错误的情况时有发生．所以出口商需要详细核对，指出错误，进行修改，直到提单完全正确。

表 7－20　海运提单确认通知书

FROM：TRANSIT DEKEIREL AND HARDEBOLLE

<table>
<tr><td colspan="2" rowspan="3">Shipper：
ZHEJIANG JINYUAN IMP.&EXP.CO.，LTD.
NO. 118 XUEYUAN STREET，XIASHA，HANGZHOU 310018，CHINA
TEL：0086-571-86739177
FAX：0086-571-86739177</td><td>贵司名称：浙江金苑进出口有限公司</td></tr>
<tr><td>贵司联系人：杨华（0571-86739177）</td></tr>
<tr><td>HB/L NO.：</td></tr>
<tr><td colspan="2">Consignee：
TO ORDER</td><td>MB/L NO.：COSCO110112099</td></tr>
<tr><td colspan="2" rowspan="4">Notify Party：
SKY CORPORATION
RATHAUSMARKT 100，20095 HAMBURG，GERMANY
TEL：0049-40-34108888
FAX：0049-40-34108888</td><td>开航日期：2023-07-15</td></tr>
<tr><td>运输条件：DOOR-DOOR</td></tr>
<tr><td>正本提单份数：3 份</td></tr>
<tr><td>本司文件联系人：张华华 /021-63114350</td></tr>
<tr><td>Pre-carriage by：</td><td>Place of Receipt：</td><td>本司传真：021-63114350</td></tr>
<tr><td rowspan="2">Vessel Voyage：
COSCO EUROPE V.020W</td><td rowspan="2">Port of Loading：
SHANGHAI，CHINA</td><td>提单类型：船东提单</td></tr>
<tr><td>运费条款：FREIGHT COLLECT</td></tr>
<tr><td>Port of Discharge：
HAMBURG，GERMANY</td><td>Final Destination：</td><td>付款地点：HAMBURG，GERMANY</td></tr>
</table>

Marks and Numbers	Number of Packages	Description of Packages and Goods	Gross Weight	Measurement
N/M	608CTNS	LADIES' JACKET 1 × 40′HC FCL DOOR-DOOR SHIPPER'S LOAD AND COUNT	6 080KGS	58.19M^3

件数大写 SAY TOTAL：SIX HUNDRED AND EIGHT CARTONS ONLY.

备注：此为提单确认件，请在收到后 24 小时内回传，否则默认为已确认。
如需办理电放，请提供电放保函。
ON BOARD 日期以实际开船日期为准。

外贸跟单员必须严格审查提单确认件，确保正确无误，否则可能导致正本提单出错，影响安全收汇。杨华收到货代发来的提单确认件后，对提单确认件进行了仔细的检查，发现唛头一栏显示的是 N/M，即没有唛头，而根据订单，产品包装是有唛头的，唛头内容是：

SKY
3356-G-11
HAMBURG
C/NO.：1-608

杨华在提单确认件上写了修改意见，并在提单确认件上做了标注：正本提单上需要注明装船日期，即 ON BOARD 信息。提单确认件其他栏目没有错误。随后，杨华将此提单确认件通过传真传给了货代公司业务员 Jason。Jason 按照杨华的修改意见进行了修改，再次将确认件发送给杨华检查。杨华检查无误后，最终确认了提单的内容，指示 Jason 让船公司按提单确认件出单。

2. 结算费用

由于该笔业务选择 FOB 术语交易，运费到付，因此金苑公司只需与货代公司结算国内环节相关费用。杨华请财务将费用电汇至货代公司账号，并将汇款回执传真给法国 TDH 货代公司。2023 年 7 月 15 日，杨华收到了法国 TDH 货代公司寄送的全套正本提单（见表 7－21）。

表 7－21　提单

<table>
<tr><td colspan="2">Shipper（Insert Name，Address and Phone）
ZHEJIANG JINYUAN IMP.&EXP.CO.，LTD.
NO. 118 XUEYUAN SREET，XIASHA，HANGZHOU 310018，CHINA
TEL：0086-571-86739177
FAX：0086-571-86739177</td><td colspan="3">B/L No.COSCO110112099</td></tr>
<tr><td colspan="2">Consignee（Insert Name，Address and Phone）
TO ORDER</td><td colspan="3" rowspan="4">中远集装箱运输有限公司
COSCO CONTAINER LINES

TLX：33057 COSCO CN
FAX：−86（021）6545 8984
ORIGINAL
Port-to-Port
BILL OF LADING

Shipped on board and condition except as...</td></tr>
<tr><td colspan="2">Notify Party（Insert Name，Address and Phone）
SKY CORPORATION
RATHAUSMARKT 100，20095 HAMBURG，GERMANY
TEL：0049-40-34108888
FAX：0049-40-34108888</td></tr>
<tr><td>Ocean Vessel Voy.No.
COSCO EUROPE V.020W</td><td>Port of Loading
SHANGHAI，CHINA</td></tr>
<tr><td>Port of Discharge
HAMBURG，GERMANY</td><td>Port of Destination</td></tr>
<tr><td>Marks & Nos.
Container/Seal No.</td><td>No.of Containers
or Packages</td><td>Description of Goods</td><td>Gross
Weight</td><td>Measurement</td></tr>
<tr><td>SKY
3356-G-11
HAMBURG
C/NO.：1-608</td><td>608CTNS</td><td>LADIES' JACKET
1 × 40′HC FCL DOOR-DOOR
SHIPPER'S LOAD AND COUNT
ON BOARD DATE：2023-07-15
FREIGHT COLLECT</td><td>6 080KGS</td><td>58.19M³</td></tr>
<tr><td colspan="5">Description of Contents for Shipper's Use Only（Not Part of This B/L Contract）</td></tr>
<tr><td colspan="5">Total Number of Containers and/or Packages（in words）：SIX HUNDRED AND EIGHT CARTONS ONLY.</td></tr>
<tr><td rowspan="2">Ex.Rate：</td><td>Prepaid at
SHANGHAI，CHINA</td><td>Payable at
HAMBURG，GERMANY</td><td colspan="2">Place and Date of Issue
SHANGHAI，2023-07-15</td></tr>
<tr><td>Total Prepaid</td><td>No.of Original B（s）/L
THREE（3）</td><td colspan="2">Signed for the Carrier
COSCO CONTAINER LINES
李全</td></tr>
</table>

同步训练

一、单项选择题

1. 下列属于大西洋航线的有（　　）。

A. 远东—加勒比 / 北美东海岸航线

B. 北美—东南亚航线

C. 澳大利亚、新西兰—北美东海岸航线

D. 西北欧 / 北美东海岸—好望角 / 远东航线

2. 承运人费用是指在出口货物海洋运输中的承运人收取的费用，主要包括运费、（　　）与操作费用三种。

A. 货代费用　　B. 运输附加费　　C. 单证费　　D. 保险费

3. 装船时间必须符合出口合同与信用证的相关规定，否则，（　　）将承担违约责任，且信用证项下货款将被拒付。

A. 卖方　　B. 承运人　　C. 货代公司　　D. 买方

4. 在运输附加费中，PSS（Peak Season Surcharge）附加费的名称为（　　）。

A. 燃油附加费　　B. 码头操作费　　C. 旺季附加费　　D. 超重附加费

5. 航空运单（　　）。

A. 代表物权，经背书可转让

B. 代表物权，但不能转让

C. 不代表物权，也不能凭以向承运人提货

D. 不代表物权，但可以作为提货凭证

6. The risk of leakage is considered to be the（　　）.

A. Free of Particular Average　　B. With Average

C. General Additional Risks　　D. Special Additional Risks

7. 中国保险条款的保险险别一般分为主险（基本险）、（　　）和特别附加险。

A. 一般附加险　　B. 平安险　　C. 水渍险　　D. 一切险

8. 以下不属于国际铁路联运特点的是（　　）。

A. 涉及国家多　　B. 要求高

C. 运输时间长、成本低　　D. 比海运节省时间

9. 以下不属于 21 世纪海上丝绸之路主要航运站点的是（　　）。

A. 泉州　　B. 广州　　C. 吉隆坡　　D. 旧金山

10. 在集装箱运输中，以（　　）规格的集装箱为标准箱。

A. 30 英尺　　B. 45 英尺　　C. 40 英尺　　D. 20 英尺

二、判断题

1. 国际贸易采用的运输方式主要有海洋运输、航空运输、铁路运输、公路运输等，其中以航空运输最为常见。（　　）

2. 上海港是远东—北美航线上的主要港口。(　　)

3. 电放提单是正本提单，单据表面往往有“telex release”或“surrender”字样。(　　)

4. 出口货物采用内装箱时，外贸公司在收到国际货运代理公司发出的发货通知书或进仓通知书后，凭此将指定货物送至指定货运站，完成货物装箱。(　　)

5. 货代提单是货代基于船东提单出具的提单，无须再向目的港的指定代理换取船东提单即可办理提货。(　　)

6. According to China's Insurance Clause，special additional coverage，such as war risks，strikes and so on must he effected together with F.P.A.，W.P.A. or All Risks. (　　)

7. 集装箱铅封不是一次性的，可反复使用。(　　)

8. 某出口商以 CIF 价出口一批货物，部分货物因货轮在航程中遇碰撞事故而遭受损失，该出口商投保了平安险，因此可以获得保险公司的赔偿。(　　)

9. 在出口货物运输环节，出口货物运输投保是关键一环。在 CIF 术语下，由进口商负责办理出口货物运输保险。(　　)

10. 在 FCL/FCL（整箱交 / 整箱收）的集装箱交接方式中，CY to Door 指的是“场到门”。(　　)

三、案例分析题

中国深爱华五金建材有限公司向美国某公司出口五金器材一批，价值数十万美元，付款方式为即期 D/P 托收，因货物须经日本转船而由某船公司出具转船联运提单。货到美国后，因原进口公司倒闭，货物全部被另一家公司以伪造提单取走。待深爱华五金建材有限公司将正式提单及其他单据寄送到美国后，发现无人赎单付款，委托国外银行凭提单提货时也提货不着。于是，深爱华五金建材有限公司凭正本提单向船公司提出索赔，但是船公司以它只是第一承运人为理由拒赔。

请分析：船公司的拒赔理由能否成立？为什么？

拓展训练

2023 年 6 月 17 日，嘉兴长长服装有限公司通知浙江新力进出口有限公司外贸跟单员马斌，M3045 款男式外套预计在 3 天后能完成生产，数量为 14 400 件。具体装箱信息为：纸箱尺寸 600mm × 450mm × 400mm，每箱毛重 13 千克，净重 12 千克。由于该款男式外套不需要办理报检，因此马斌联系买方指定货代开始着手办理货物出运及报关工作。

外贸跟单员马斌的工作任务如下：

【工作任务 1】协助办理服装出口订舱手续。

经与货代联系订舱事宜，马斌得知，订舱可用的箱型有 3 种，如表 7 - 22 所示。

表 7-22　可用箱型

集装箱规格	内部尺寸 / 米（长 × 宽 × 高）	预计可配货毛重 / 吨	预计可装体积 / 立方米
20′C	5.898 × 2.352 × 2.385	20	28
40′C	12.032 × 2.352 × 2.385	23	58
40′HC	12.032 × 2.352 × 2.698	23	68

请帮马斌计算装箱量，确定需要订何种规格的集装箱及所需集装箱数量。

【工作任务 2】协助办理服装出口集港工作。

【工作任务 3】委托报关。

【工作任务 4】提单确认，结算费用。

项目八

出口结汇跟单

知识目标

通过学习，熟悉出口制单、审单工作要求，熟悉不同结算方式下的出口结汇工作流程和注意事项。

能力目标

通过学习，能制作和办理出口单据，办理出口结汇手续。

素养目标

培养零差错、高效率的精益求精单证观；强化结汇风险意识、一丝不苟的单证责任意识。

业务背景

2023 年 7 月 12 日，杨华收到货代寄来的正本提单。根据订单的支付条款（Payment：30% deposit to be paid upon proforma invoice with 5 working days by T/T. Balance to be paid by D/P at sight），杨华需要将整套单据提交给托收行中国银行浙江省分行办理托收结算。

微课视频

出口结汇跟单

工作任务

【工作任务 1】审核托收单据。

【工作任务 2】填写托收委托书，办理托收业务。

知识准备

外贸跟单员在出口货物装船发运后就要着手进行制单结汇工作。如配有专业单证员，则外贸跟单员只需要协助制作单证即可。但有的公司外贸跟单员兼做单证工作，那么外贸跟单员就要自己着手制作结汇所需的各种单证。

一、出口制单操作

（一）出口制单的工作要求

出口制单的工作要求是正确、完整、及时、简明、整洁。

1. 正确

正确是外贸单证工作的前提，单证不正确就不能安全收汇。这里所说的正确包括两方面的内容：

（1）各种单证必须做到“四个一致”，即单证一致、单约一致、单单一致和单货一致。前面“三个一致”是针对单证处理而言的。在信用证结算方式下，要求做到单证一致和单单一致；在汇款和托收结算方式下，要求做到单约一致和单单一致。单货一致使单证代表真实出运的货物，确保正常履约和安全收汇，同时为企业树立良好的信誉。

（2）各种单证必须符合有关国际贸易惯例和进口国的有关法令和规定。信用证结算方式下的单证，要与《跟单信用证统一惯例》（UCP600）和《关于审核跟单信用证项下单据的国际标准银行实务》(ISBP）条款一致；托收结算方式下的单证，要与《托收统一规则》(URC522）条款一致。

2. 完整

单证的完整性是构成单证合法性的重要条件之一，是单证成为有价证券的基础。单证的完整性一般包括下列几层意思：

（1）单证的内容完整。单证的内容完整是指每一种单证本身的内容（包括单证本身的格式、项目、文字和签章、背书等）必须完备齐全，否则不能构成有效文件。

（2）单证的种类完整。单证在通过银行议付或托收时，一般都是成套、齐全的而不是单一的。遗漏一种单证，就会使单证不完整。如在 CIF 交易中，出口商向进口商提供的单证至少应有发票、提单和保险单。出口商只有按信用证或合同规定备齐所需单证，银行（或进口商）才能履行议付或承付的责任。

（3）单证的份数完整。单证的份数完整是指出口商必须按信用证或买卖合同的要求如数交齐各种单证的份数，不能短缺。目前，国外有些地区开来的信用证所列单证条款非常复杂，所需单证类别甚多，除发票、提单、保险单等主要单据外，还有各种附属证明，如检验证书、产地证书、船龄证明、邮政收据、电报副本等。这些单证都需要经过一定手续和事先联系才能取得。因此，在单证制作和审核过程中，相关人员必须密切关注，及时催办，防止遗漏和误期，以保证全套单证的完整性。

3. 及时

单证的及时性体现在及时出单和及时交单两方面。

（1）及时出单。及时出单是指各种单证的出单日期必须合理可行，每一种单证的出单日期不能超过信用证规定的有效期限或按商业习惯的合理日期。例如，保险单的出单日期不能迟于提单的签发日期，提单日期不得迟于装运期限等。

（2）及时交单。及时交单是指出口商必须在信用证规定的交单期内向银行交单，过期交单将会遭到拒付。出口业务中，单证工作是一项涉及多环节的综合性工作，单证工作不及时会严重影响相关部门的工作。如订舱、报关、结汇等工作，都是以单证为纽带，环环相扣，一环脱节，下一环的工作就无法进行。

4. 简明

单证的内容应力求简明，切勿加列不必要的内容，以免弄巧成拙。简化单证不仅可以减少工作量和提高工作效率，而且有利于提高单证的质量和减少单证的差错。

5. 整洁

整洁是指单证表面的清洁、美观、大方，单证内容应清楚易认，单证内容记述应简洁明了；单证格式的设计和缮制力求标准化和规范化，单证内容的排列要行次整齐、主次有序、重点项目突出醒目、字迹清晰、语法通顺、文句流畅、用词简明扼要、表述恰如其分。

如果说正确和完整是单证的内在质量，那么整洁则是单证的外观质量。单证的外观质量在一定程度上反映了企业的业务水平。单证是否整洁，不但反映出外贸单证员制单的熟练程度和工作态度，而且直接影响出单的效果。

（二）出口制单的主要依据

出口制单的主要依据是外贸合同、信用证、有关商品的原始资料、国际贸易惯例、国内相关管理规定等。

在信用证结算方式下，出口制单的主要依据是信用证、有关商品的原始资料、UCP600、ISBP 和国内相关管理规定。

在托收结算方式下，出口制单的主要依据是外贸合同、有关商品的原始资料、URC522 和国内相关管理规定。

在汇款结算方式下，出口制单的主要依据是外贸合同、有关商品的原始资料和国内相关管理规定。

有关商品的原始资料，一般来自生产企业提供的交货单和货物出厂装箱单等单据，包括货物具体的数量、重量、规格、尺码等。

（三）出口单证的种类

出口单证的种类繁多，可以按照以下方法进行划分：

1. 按性质划分

出口单证按性质可分为金融单据和商业单据两种。

（1）金融单据。它是指汇票、本票、支票以及用于收款的其他单据。

（2）商业单据。它是指发票、提单、权利证书及其他不属于金融单据的所有单据。

2. 按使用频率划分

出口单证按在出口贸易中使用次数的多少来划分可分为基本单据和附属单据。

（1）基本单据。它是指出口商在一般情况下必须提供的单据，包括发票、提单和保险单三种。

（2）附属单据。它是指在某种特殊情况下，买方要求卖方协助提供的单据。这些单据又可分为两类：一类是进口国官方要求的单据，如领事发票、海关发票、产地证书、商检证书、出口许可证、装船证明等；另一类是买方要求说明货物详细情况的单据，如装箱单、重量单和品质证书等。

3. 按 UCP600 划分

UCP600 将信用证项下的单据（汇票除外）分为以下四大类：

（1）运输单据。它包括海运提单，非转让海运单，租船合约提单，多式联运单据，空运单据，公路、铁路和内陆水运单据，快邮和邮包收据等。

（2）保险单据。它包括保险单、保险凭证、承保证明、预保单等。

（3）商业发票。

（4）其他单据。它包括装箱单和重量单、各种证明书。

4. 按签发制作人划分

出口单证按照不同的签发制作人可分为自制单证、官方单证和协作单证，如表 8－1 所示。

表 8－1　出口单证分类

单证类型	具体说明
自制单证	商业发票、装箱单、受益人证明、汇票、装船通知等须由出口商自己出具的单证
官方单证	商检证书、各类产地证书等须由官方部门签发的单证
协作单证	出口商与船公司、保险公司协作出具的提单、保险单、船龄证明等

（四）出口单证之间的时间关系

（1）商业发票日期应在各单证日期之首。

（2）提单日期不能超过信用证规定的最晚装运期，也不得早于信用证规定的最早装运期（如有）。

（3）保险单的签发日期应早于或等于提单日期，但不能早于发票日期。

（4）装箱单日期应等于或迟于发票日期，但必须在提单日期之前。

（5）产地证书日期不能早于发票日期，不能迟于提单日期。

（6）商检证书日期不能晚于提单日期，尤其是鲜货及其他容易变质的商品。

（7）受益人证明日期应等于或晚于提单日期。

（8）装船通知日期应等于或晚于提单日期后三天。

（9）船公司证明日期应等于或早于提单日期。

二、出口审单操作

（一）审单的原则

1. 单证一致

“单证一致”是指所提交的单据在种类、份数和内容上都要与信用证的要求一致。“单证一致”具体体现在：（1）单据与信用证条款相符；（2）单据与 UCP600、ISBP 等信用证国际惯例相符。

2. 单单一致

“单单一致”是指所提交单据内容之间要一致。在进行“单单一致”审核时，要以发票为中心来审核各单据之间的一致情况。

3. 单约一致

“单约一致”是指各单据要与出口合同条款一致。

4. 单货一致

“单货一致”是指单据要与实际装运货物一致。

（二）审单的依据

在信用证结算方式下，审单的依据包括信用证、出口合同、UCP600 和 ISBP 等；在托收和汇款结算方式下，审单的依据主要是出口合同。

（三）审单的要点

1. 综合审核要点

（1）规定提交的单据是否齐全（包括所需单据的份数、种类）；

（2）所提供的单据名称和类型是否符合要求；

（3）有些单据是否按规定进行了认证；

（4）单据之间的货物描述、数量、金额、重量、体积、运输标志等是否一致；

（5）单据出具或提交的日期是否符合信用证要求；

（6）更正处是否已签字、盖章；

（7）各单据的出单日期是否合理、符合惯例；

（8）信用证中对单据的特殊要求是否都有体现。

2. 商业发票审核要点

（1）单据名称是否与信用证规定一致；

（2）商业发票的抬头是否与信用证规定一致；

（3）签发人一般情况下应为出口商；

（4）商品的描述是否完全符合信用证的要求；

（5）商品的数量是否符合信用证的规定；

（6）单价和价格条件是否符合信用证的规定；

（7）提交的正、副本份数是否符合信用证的要求；

（8）如果以影印、自动或计算机处理或复写方法制作的发票，作为正本者，应在发票上注明“正本”（ORIGINAL）字样，并由出单人签字；

（9）发票的金额是否有大写，大小写是否一致，币种、数额是否有误；

（10）是否按信用证规定减除了佣金、折扣或其他费用；

（11）有无列明商品的总包装件数、总毛 / 净重和总尺码；

（12）信用证要求表明和证明的内容是否有遗漏。

3. 装箱单审核要点

（1）装箱单内容是否与商业发票、提单、保险单等其他单据的内容一致；

（2）装箱单一般不显示货物的单价、总价；

（3）单据名称是否与信用证规定一致；

（4）重量一般以千克为单位，体积一般以立方米为单位；

（5）装箱单是否体现了货物总的外包装件数；

（6）“C/NO.”是否填写了不同货号商品的包装序列号；

（7）是否有外包装件数的大写；

（8）装箱单出单日期不得早于发票日期，最好与发票日期一致，也可晚于发票日期1～2天。

4. 运输单据审核要点

（1）运输单据的类型是否符合信用证的规定；

（2）启运地、转运地、目的地是否符合信用证的规定；

（3）装运日期 / 出单日期是否符合信用证的规定；

（4）收货人和通知人是否符合信用证的规定；

（5）商品名称可使用货物的统称，但不得与发票上货物说明的写法相抵触；

（6）运费预付或运费到付是否正确标明；

（7）正、副本份数是否符合信用证的要求；

（8）是否有已装船批注；

（9）运输单据上是否有不良批注；

（10）包装件数是否与其他单据相一致；

（11）唛头是否与其他单据相一致；

（12）全套正本提单是否盖妥签发人的印章及签发日期章；

（13）应加背书的运输单据是否已加背书。

5. 保险单据审核要点

（1）保险单据是否由保险公司或其代理人出具；

（2）投保金额是否符合信用证的规定；

（3）保险险别是否符合信用证的规定并且无遗漏；

（4）保险单据的类型是否与信用证的要求一致；

（5）保险单据的正、副本份数是否齐全，如保险单据注明出具一式多份正本，除非信用证另有规定，所有正本都必须提交；

（6）保险单据中的币制是否与信用证中的币制一致；

（7）保险理赔的地点和币种是否与信用证规定一致；

（8）保险公司在目的地的保险代理人是否有全称和详细地址；

（9）包装件数、唛头等是否与发票和其他单据一致；

（10）运输工具、启运地及目的地是否与信用证及其他单据一致；

（11）如转运，保险期限必须包括全程运输；

（12）除非信用证另有规定，保险单据的签发日期不得迟于运输单据的签发日期；

（13）保险单据应按信用证要求背书。

6. 汇票审核要点

（1）汇票的付款人名称、地址是否正确；

（2）汇票上金额的大、小写是否一致；

（3）付款期限是否符合信用证或合同（非信用证付款条件下）规定；

（4）汇票金额是否超出信用证金额，如信用证金额前有“大约”一词，可按10%的增减幅度掌握；

（5）出票人、收款人、付款人是否符合信用证或合同（非信用证付款条件下）的规定；

（6）币制名称是否与信用证和发票一致；

（7）出票条款是否正确，如出票所依据的信用证或合同号码是否正确；

（8）是否按需要进行了背书；

（9）汇票是否由出票人进行了签字；

（10）汇票份数是否正确，如“只此一张”或“一式两份”。

7. 其他单据审核要点

其他单据，如产地证书、商检证书等，均须先与信用证的条款进行核对，再与其他有关单据核对，以求单证一致、单单一致。

三、出口收汇操作

（一）信用证结算方式下的出口收汇

信用证结算方式是纯单据买卖，出口商（受益人）要想及时、安全地收汇，应在信用证规定的交单期和信用证的有效期内，将单证递交开证行指定的银行请求付款，即交单。

1. 交单时间的限制

受益人制单后，应在规定的交单期内向信用证中指定的银行交付全套单据。若信用证中没有规定交单期限，银行将不接受自装运日起21天内提交的单据，且在任何情况下，单据的提交不得迟于信用证的有效期。若信用证到期日或交单日的最后一天，适逢接受单据的银行终止营业日，则规定的到期日或交单期的最后一天将延至该银行开业的第一个营业日。但若该银行中断营业是因为天灾、暴动、骚乱、叛乱、战争、罢工、停工或银行本身无法控制的任何其他原因，则信用证规定的到期日或交单期的最后一天不能顺延。

2. 交单地点的限制

所有信用证必须规定一个付款或承兑的交单地点，或在议付信用证的情况下必须规定一个交单议付的地点，但自由议付信用证除外。若开证行将信用证的到期地点定在本国其营业柜台，而不是受益人国家，这对受益人极为不利，因为受益人必须保证于信用证的有效期内在开证行营业柜台前提交单据。

3. 议付行对不符单据的处理

（1）凭保函议付。如果单据有非实质性的不符点，且受益人信誉较好，议付行可凭受益人出具的保函议付，并向开证行寄单索汇。在这种情况下，有的议付行会表提不符点（即在面函上注明单据的所有不符点），通知开证行此信用证凭受益人出具的担保议付，请求开证行接受不符点；大多数议付行则是将受益人出具的保函存档，不表提不符点，与处理相符单据一样，向开证行寄单索汇。

（2）电提不符点。如果单据金额较大，不符点较严重，为保证收汇安全，议付行可以采取电报、电传、SWIFT 等方式把不符点告知开证行，要求其回电授权付款、承兑或议付不符单据。在取得开证行同意并授权付款、承兑或议付时，议付行可按单据相符的方式，直接议付单据并照常索汇。采取电提不符点，可较快地明确开证人是否接受不符点，有利于受益人及时处理。受益人应配合议付行与开证行联系，加快沟通速度。不过，即使开证行授权议付，在偿付时，仍可能从偿付货款中扣除不符点费和电报费。

（3）托收寄单或征求意见寄单。若单据中含有严重不符点，在受益人征得进口商同意，且进口商资信较好的情况下，寄单行可将单据寄给开证行作托收处理，并在寄单面函上列明不符点。这种托收寄单方式可减少业务手续和费用，但也使得受益人完全失去了开证行的付款保证，单据是否被接受取决于开证申请人的商业信用。

（4）退单。若单据严重不符，受益人不愿做托收处理，议付行可将单据退回。

4. 信用证项下不符单据的处理与救济

（1）审核开证行提出不符点的前提条件是否成立。开证行提出不符点必须同时满足的前提条件包括：在合理的时间内提出不符点，即在开证行收到单据次日起算的 5 个工作日之内向单据的提示者提出不符点；无延迟地依电讯方式将不符点通知提示者；不符点必须一次性提出，如第一次所提不符点不成立，即使单据还存在实质性不符点，开证行也无权再次提出；通知不符点的同时，必须说明单据代为保管听候处理，或退给交单者。

（2）审核开证行所提的不符点是否成立。外贸单证员应根据信用证条款、UCP600 和 ISBP 认真审核开证行所提的不符点，判断其是否成立。

（3）若不符点成立，且条件允许，可补交相符单据。信用证项下不符单据的救济是指当单据由于存在不符点而遭开证行拒付之后，受益人可在规定的时间内及时将替代或更正后的相符单据补交给开证行。根据 UCP600 的规定，单据经审核存在不符点，且开证行决定拒付时，则开证行所承担的信用证项下的付款责任得以免除；但如果受益人在规定时间内补交了符合信用证规定的单据，开证行必须承担其付款责任。如果受益人在前期操作过程中浪费了大量时间，就会丧失补交单据的时间。

（4）若不符点成立，但受益人无法补交相符单据，则要积极与开证申请人洽谈。开证行拒付并不意味着开证申请人拒付，如果开证申请人最终放弃不符点，尽管开证行并不受开证申请人决定的约束，但一般会配合开证申请人付款。所以开证行拒付后，如果不符点确实成立，且无法补交相符单据，受益人应分析与开证申请人之间的关系以及此笔交易的实际情况，以决定怎样与其交涉，说服开证申请人接受不符点并付款。只要货物质量过关，商品市场价格较好，开证申请人一般不会以此为借口拒绝接受单据。另外，也可以采取降价的方式，使开证申请人能付款赎单。

（5）若不符点成立，且开证申请人拒绝接受不符单据，受益人可以设法在进口国另寻买主，毕竟受益人拥有对单据的处理权。但前提是信用证要求递交全套正本提单，若 1/3 正本提单已寄给开证申请人，2/3 正本提单提交给银行，则可能会陷入“钱货两失”的境地。

（6）退单退货。如果受益人无法在进口国寻找到新买主，就只有退单退货了。不过在做出此决定之前，受益人一定要仔细核算运回货物所需的费用和货值，确定是否有利可图。若运回货物有利益，应迅速安排退运，因为时间拖得越久，费用（港杂费、仓储费等）就越高；若运回货物得不偿失，还不如将货物放在目的港，由目的港海关处理。

（二）T/T 结算方式下的交单收汇

如果是装运前 T/T 结算方式，出口商在装运前已收到进口商电汇的合同金额，在装运之后，可直接把包括海运提单在内的所有单据寄给进口商，或指示船公司把提单电放给进口商。

如果是装运后凭提单传真件 T/T 结算方式，出口商在装运后，把海运提单传真给进口商，等进口商把合同金额电汇到出口商银行账户之后，出口商才把包括海运提单在内的所有单据寄给进口商。

如果是装运后 T/T 结算方式，出口商在装运后就把包括海运提单在内的所有单据寄给进口商，等进口商收到货物之后一段时间内，进口商采用电汇方式把合同款项付给出口商。

（三）托收结算方式下的交单收汇

选择托收结算方式时，出口商装运货物后，应及时将有关托收单据交托收行办理托收。托收交单较灵活，单据种类、单据内容、交单时间由出口商根据合同和进口商情况决定。交单时，出口商应向托收行提供明确的托收指示书。

需要注意的是，托收行没有审核单据的义务，只是根据委托人的指示和 URC522 办理，不能擅自超越、修改、疏漏、延误委托人的指示。

代收行是指接受托收行（或中间行）的委托，向付款人办理收款并交单的银行。如果在进口商没有付款或承兑的情况下，代收行未得到出口商授权而擅自交单，将由其承担损失责任。

专题：外贸与中国

深耕跨境金融 中国银行助力外贸保稳提质

党的二十大报告提出“加快建设贸易强国”，为我国对外贸易发展指明了方向、坚定了信心。长期以来，中国银行充分发挥外汇外贸专业优势，驰而不息支持外贸发展。

2022 年，中国银行先后出台《中国银行支持对外贸易高质量发展 做好跨周期调节稳外贸行动方案》《抢抓 RCEP 自贸区新机遇 助力构建双循环新发展格局行动方案》，并率先发布《中国银行支持外贸企业“出海抢单”跨境金融服务方案》。为配套实施“稳外贸”各项行动方案，中国银行在商务部指导下组织开展“百场万企”支持贸易高质量发展系列活动，在全国范围内举办了 150 多场惠企促贸活动，直接服务覆盖超过 3.3 万家外贸企业。

2022 年，中国银行境内机构服务的跨境结算客户数再创新高，国际贸易结算市场份额提升，同业领先优势持续扩大。全年直接服务于进出口的贸易融资投放超过 5 000 亿元人民币，累计开立涉外保函近 200 亿美元，牢固占据市场领先地位。紧跟跨境贸易投资便利化改革前沿，截至2022年末，跨境资金集中运营业务客户保持市场份额领先，本外币一体化资金池累计外币交易量达百余亿美元，人民币交易量近2 000亿元。

2022年，中国银行推出“中银跨境汇款直通车”汇入汇款直入账服务，实现秒级自动入账。优化“中银跨境e单通”服务，在疫情邮路不畅背景下大力推广国际单证结算电子交单服务。加强“航运在线通”产品推广，整合推出“航运直通车”，为航运平台企业及上下游客户提供线上运费收缴服务，全年处理支付交易近百万笔，为中远海运、中外运、荣易达等航运企业提供超千亿元线上资金结算服务。推出《中欧班列交易银行综合产品服务方案》，强化场景化金融服务支持。

2022年，中国银行全力服务国家人民币国际化战略有序推进，集团跨境人民币结算量继续领跑全球，境内机构跨境人民币结算市场份额大幅提升，领先地位进一步巩固。在首届中国－阿拉伯国家峰会召开前夕，“中银跨境e商通”助力中国和沙特阿拉伯完成首单跨境人民币业务。依托“一体两翼”战略发展格局，中国银行不断加强重点区域跨境人民币服务与推广，境内机构大力推动跨境人民币在横琴粤澳深合区、自贸区（港）应用，境外机构全年在“一带一路”沿线国家和地区、RCEP成员国的跨境人民币结算量同比增长超过73%、31%。

近年来，跨境电商、市场采购贸易等外贸新业态为我国外贸发展提供了新动力，也对金融机构的服务提出了更高要求。中国银行一直致力于为外贸新业态提供优质的跨境收付体验，多年来持续打磨优化“中银跨境e商通”“中银跨境e采通”等产品。随着我国海外仓企业在境外布局越来越广，实现集团资金集约化管理的需求愈发迫切。中国银行为精准支持海外仓企业对外投资和跨境资金调拨需求，在全球开户、经营租赁保函、内保外贷、银团贷款等综合服务基础上，进一步丰富提供跨境人民币双向资金池服务。2022年，中国银行深圳市分行全程协助某海外仓企业客户准备材料获取监管部门审批，最终为企业顺利办理了跨境人民币双向资金池业务。

资料来源：深耕跨境金融 中国银行助力外贸保稳提质 [EB/OL]. 中国金融网，2023-03-24.

操作指导

工作任务1　审核托收单据

因为金苑公司与SKY公司约定的余款结算方式是即期付款交单（D/P at sight）方式，在D/P结算方式下，国外进口商SKY公司是凭单付款，所以出口商金苑公司需要将整套单据交给托收行办理托收，确保单据正确无误，进口商凭单付款。为此，杨华协同公司外贸单证员小李审核了本笔业务办理托收所需的汇票、商业发票、装箱单和提单。经过审核，所有单据正确无误，可以交单。

工作任务2　填写托收委托书，办理托收业务

杨华会同公司外贸单证员小李填写了中国银行托收委托书（见表8－2），并提交了汇

票、商业发票、装箱单和提单等托收单据，交单给中国银行浙江省分行办理托收业务。

表 8－2　托收委托书

中国银行
BANK OF CHINA

托收委托书
COLLECTION ORDER

致：中国银行浙江省分行　　　　　　　　　　　　　　　　　　　　　　　日期：2023 年 7 月 13 日

兹随附下列出口托收单据，请贵行根据国际商会《托收统一规则》(URC522）及/或贵行有关票据业务处理条例予以审核并办理寄单索汇。

托收行（Remitting Bank）: 名称：BANK OF CHINA ZHEJIANG BRANCH 地址：NO.321 FENGQI ROAD，HANGZHOU 310018，CHINA	**代收行（Collecting Bank）:** 名称：BANK OF CHINA HAMBURG BRANCH 地址：RATHAUSMARKT 5，20095 HAMBURG，GERMANY
委托人（Principal）: 名称：ZHEJIANG JINGYUAN IMP.&EXP.CO.，LTD. 地址：NO.118，XUEYUAN STREET，XIASHA，HANGZHOU 310018，CHINA	**付款人（Drawee）:** 名称：SKY CORPORATION 地址：RATHAUSMARKT 100，20095 HAMBURG，GERMANY

付款交单 D/P（ √ ）　承兑交单 D/A（　） 无偿交单 FREE OF PAYMENT（　）	期限/到期日： AT sight
发票号码/票据编号：JY23018	国外费用承担人：☐付款人　☐委托人
金额：USD65 542.40	国内费用承担人：☐付款人　☐委托人

单据种类	汇票	发票	提单	空运单	保险单	装箱单	重量单	产地证	FORM A	检验证	公司证明	装船证明			
份数	2	3	3			3									

特别指示：

1. 邮寄方式：☑快邮　　☐普邮
2. 托收如遇拒付，是否须代收行做成拒绝证书（PROTEST）：☑是　　☐否
3. 货物抵港时是否代办存仓保险：☑是　　☐否
4. 如付款人拒付费用及/或利息，是否可以放弃：☑是　　☐否
5. ____________________

付款指示：

请将收汇款划入我司下列账户：

开户行：<u>中国银行浙江省分行</u>　　　　账号：<u>40135832××××××</u>

公司签章

2023 年 7 月 22 日，金苑公司财务通知杨华，SKY 公司已将本业务下 70% 余款共计 65 542.40 美元通过银行划入公司账户，本笔业务项下的货款全部顺利收汇。至此，外贸跟单员杨华的跟单工作圆满结束。

同步训练

一、单项选择题

1. 审单原则中的“单单一致”，指的是要以（　　）为中心来审核单据之间的一致性。

A. 保险单　　B. 发票　　C. 海运提单　　D. 装箱单

2. 下列不属于托收结汇方式下出口制单主要依据的是（　　）。

A. 外贸合同　　B. URC522

C. 有关商品的原始资料　　D. UCP600

3. 下列不属于金融单据的是（　　）。

A. 提单　　B. 汇票　　C. 本票　　D. 支票

4. 下列单据中，对发票起补充作用的是（　　）。

A. 装箱单　　B. 运输单据　　C. 结汇单据　　D. 保险单

5. T/T、M/T、D/D 的中文含义分别是（　　）。

A. 信汇、票汇、电汇　　B. 电汇、票汇、信汇

C. 电汇、信汇、票汇　　D. 票汇、信汇、电汇

6. 以下属于 D/P 结算方式下单据审核依据的是（　　）。

A. L/C　　B. UCP600　　C. ISBP　　D. 外贸合同

7. D/P 付款条件下，出口商业汇票上的受票人应是（　　）。

A. 代收行　　B. 托收行　　C. 出口商　　D. 进口商

8. The presenting bank may release the documents against the buyer's acceptance of a (　　) draft on documents against acceptance basis.

A. usance　　B. sight　　C. bank　　D. commercial

9. 按照 UCP600 惯例，信用证（　　）。

A. 未规定可否撤销，即为不可撤销；未规定可否转让，即为可转让

B. 未规定可否撤销，即为可撤销；未规定可否转让，即为不可转让

C. 未规定可否撤销，即为可撤销；未规定可否转让，即为可转让

D. 未规定可否撤销，即为不可撤销；未规定可否转让，即为不可转让

10. 下列审核装箱单内容表述不正确的是（　　）。

A. 装箱单一般不显示价格　　B. 装箱单名称与信用证一致

C. 装箱单内容与提单中内容一致　　D. 出单日期应早于发票日期

二、判断题

1. 在出口制单工作中，审单原则可以归纳为“四个一致”，即单证一致、单约一致、单单一致和单货一致。(　　)

2. 保险单的出单日期不能迟于提单的签发日期，但可以早于发票日期。(　　)

3. 远期汇票一经承兑，该汇票的主债务人就由出票人转移为承兑人。(　　)

4. 商业单据是指发票、提单、支票、权利证书及其他不属于金融单据的所有单据。(　　)

5. 商检证书日期不能晚于提单日期，尤其是鲜货及其他容易变质的商品。(　　)

6. 在信用证结算方式下，审单的依据包括信用证、出口合同、URC522 和 ISBP 等。(　　)

7. 在信用证结算方式下，商业发票的抬头与信用证规定可以不一致。(　　)

8. 在保险单审核中，要特别注意审核保险理赔地点和币种是否与信用证规定一致。(　　)

9. 议付信用证下，出口商开出的汇票如遭付款人拒付，议付行有追索权。(　　)

10. 托收是商业信用，所使用的汇票是商业汇票。信用证是银行信用，所使用的汇票是银行汇票。(　　)

三、案例分析题

2022 年 10 月，江苏 A 公司外贸跟单员小刘通过阿里巴巴平台结识了土耳其进口商 Henry。通过磋商，双方达成了买卖 600 件 100% 绵羊皮女式外套的合同。合同约定采用空运，贸易术语为 FCA 南京，结算方式为 D/P at sight。2022 年 11 月上旬，A 公司按期完成货物生产并发货。小刘在发货完成后，准备好整套单据，委托中国银行南京分行办理托收业务。交单一周后，A 公司接到托收行中国银行南京分行反馈：土耳其进口商 Henry 拒绝付款。小刘得知消息后马上电话联系 Henry，Henry 表示由于疫情影响销售，需要 10 天左右时间筹款。小刘觉察到有问题，随即通知托收行中国银行联系土耳其当地代收行代为保管货物。3 天后，土耳其当地代收行来电告知，货物已经被 Henry 提走。小刘多次通过电话和邮件联系 Henry，但再也无法与之取得联系。

请分析：本案中出口商江苏 A 公司遭受损失的原因是什么？有何启示？

拓展训练

2023 年 6 月 23 日，浙江新力进出口有限公司外贸跟单员马斌收到了货代寄来的全套正本提单。外贸订单中，浙江新力进出口有限公司与进口商 PRINCE 公司约定的付款方式为“100% of the value to be paid within 7 days against the fax copy of B/L by T/T”(100% 货款凭提单传真件在 7 天内通过电汇支付)。为顺利完成出口结汇跟单工作，外贸跟单员马斌的工作任务如下：

【工作任务 1】协助制作出口单证。

【工作任务 2】将提单传真给进口商 PRINCE 公司。

【工作任务 3】货款到账后，通过快递将整套单据寄送给 PRINCE 公司。

参考文献

[1] 阿里学院. 外贸跟单 [M]. 北京：电子工业出版社，2013.

[2] 张海燕，肖旭. 进出口跟单操作 [M]. 北京：高等教育出版社，2008.

[3] 章安平. 进出口业务操作 [M]. 北京：高等教育出版社，2012.

[4] 包咏瓒，朱仕友. 外商验厂通过手册 [M]. 北京：人民邮电出版社，2008.

[5] 黎孝先，王健. 国际贸易实务 [M]. 7 版. 北京：对外经济贸易大学出版社，2020.

[6] 中国国际贸易学会商务专业培训考试办公室. 外贸跟单理论与实务：2015 年版 [M]. 北京：中国商务出版社，2015.

[7] 王革辉. 服装材料学 [M]. 3 版. 北京：中国纺织出版社，2020.

图书在版编目（CIP）数据

外贸跟单操作 / 范越龙，刘雪主编. --3 版. -- 北京 ：中国人民大学出版社，2024.2
新编 21 世纪高等职业教育精品教材. 经济贸易类
ISBN 978-7-300-32444-9

Ⅰ. ①外… Ⅱ. ①范… ②刘… Ⅲ. ①对外贸易—市场营销学—高等职业教育—教材 Ⅳ. ① F740.4

中国国家版本馆 CIP 数据核字（2024）第 009988 号

高等职业教育国际经济与贸易“新专标”配套教材
新编 21 世纪高等职业教育精品教材・经济贸易类
外贸跟单操作（第三版）
主编 范越龙 刘 雪
Waimao Gendan Caozuo

出版发行	中国人民大学出版社		
社　址	北京中关村大街 31 号	邮政编码	100080
电　话	010－62511242（总编室）		010－62511770（质管部）
	010－82501766（邮购部）		010－62514148（门市部）
	010－62515195（发行公司）		010－62515275（盗版举报）
网　址	http://www.crup.com.cn		
经　销	新华书店		
印　刷	北京宏伟双华印刷有限公司	版　次	2015 年 9 月第 1 版
开　本	787 mm × 1092 mm　1/16		2024 年 2 月第 3 版
印　张	14.75 插页 1	印　次	2024 年 2 月第 1 次印刷
字　数	335 000	定　价	45.00 元